第二轴心时代文丛
The Second Axial Age Series

顾　问：苏伟平　王晓朝　卓新平
主　编：王志成
编委会：黄　铭　梁　慧　戚印平　思　竹　王　蓉　王志成
　　　　汪建达　闻　中　张新樟　周伟驰　章雪富　朱彩虹

末世论

Eschatology
Escatologia

肖恩慧 ◎ 著

宗教文化出版社

图书在版编目（CIP）数据

末世论/肖恩慧著. -北京:宗教文化出版社,2012.12(2023.1 重印)
ISBN 978-7-80254-654-7
I.①末… II.①肖… III.①末世论 IV.①B972
中国版本图书馆 CIP 数据核字（2013）第 004783 号

末世论

肖恩慧 著

出版发行：	宗教文化出版社
地　　址：	北京市西城区后海北沿 44 号　（100009）
电　　话：	64095215（发行部）　64095265（编辑部）
责任编辑：	王志宏
版式设计：	范晓博
印　　刷：	河北广森印刷科技有限公司

版权专有　　不得翻印

版本记录：	640 毫米×960 毫米　16 开本　15.25 印张　250 千字
	2013 年 1 月第 1 版　2023 年 1 月第 4 次印刷
书　　号：	ISBN 978-7-80254-654-7
定　　价：	60.00 元

目 录

前言 爱与死 / 1

第一部分 末世论概念与现实意义

一、末世论在神学体系中的位置 / 3
二、默示录和末世论 / 5
三、定义 / 9
四、研究对象 / 12
五、研究方法 / 14
六、题目的发展 / 16
七、末世论的现实意义 / 17

第二部分 末世论的历史发展与演变

一、古代哲学背景中的末世观 / 23
二、现、当代哲学家思想中的末世观 / 24
三、圣经中关于末世的观点 / 26
  1. 旧约中的末世观点 / 26
  2. 新约的末世观：
    人的绝对未来天主和天主的合作者人 / 36
  3. 伪经中的末世观 / 42
  4. 基督宗教救恩论与进化发展观 / 43

四、末世关注在教会历史上的发展 / 46
  1. 初期教会 / 46
  2. 早期教父 / 48
  3. 中世纪末世关注 / 52
  4. 现代末世论 / 58
  5. 当代末世观点 / 61
  6. 官方训导 / 71
  7. 天主教与东正教、新教关于末世观点的区别 / 76
  8. 当今末世论的神哲学范畴 / 77

第三部分　末世论论题

第一章　普遍末世论 / 81
壹、世界末日与基督来临 / 81
一、"他还要光荣地降来，审判生者死者" / 81
二、世界末日的征兆 / 84
三、世界末日和基督来临的时刻 / 88
四、基督再来的性质 / 91

贰、死者复活 / 93
一、圣经和教会历史中关于复活的观念 / 94
  1. 复活在旧约中 / 94
  2. 复活在新约中 / 96
  3. 复活在教会传统中 / 105
  4. 教会训导 / 107
二、复活的力量及基督徒人论的根源 / 108
三、复活后的状态 / 112
四、复活后的身份特征 / 115
五、复活的几种模式 / 118
六、基督徒对于复活的态度 / 119

叁、最后的审判 / 120
  一、善恶赏报的主持人 / 120
  二、个人的心路与人类的历史 / 123
  三、悔改的时间与期待的时间 / 124
  四、审判的标准 / 126
  五、永恒的礼仪共融 / 129

肆、宇宙更新 / 129
  一、物质还会存在吗 / 129
  二、今世的建设与未来的更新 / 132

第二章 个人末世论 / 135

壹、天堂 / 135
  一、天堂 / 135
    1. 天堂的向往 / 135
    2. 基督宗教信仰中的天堂 / 137
  二、永恒生命在基督荣耀内 / 138
    1. 永恒生命在圣经和教会文献中 / 138
    2. 永生是天主的自我给予 / 139
  三、荣福直观 / 141
    1. 圣若望文件中的荣福直观 / 143
    2. 荣福直观与爱在保禄观点中 / 144
    3. 爱与认识——荣福直观在教父观点中 / 145
    4. 荣福直观在教会文献中 / 146
    5. 关于荣福直观的神学 / 147
  四、天堂的永恒性 / 148
    1. 人的自由与永恒生命 / 149
    2. 永生的永恒和完满 / 151

天国 / 156
  一、天国临近了 / 156
  二、圣经中的天国 / 157
  三、进入天国的条件 / 159

四、天国与教会 / 162

千禧年 / 164

一、千禧年观点的历史 / 164

二、千禧年主义在今天 / 166

贰 地狱 / 167

一、真的有地狱吗？地狱里有很多人吗？ / 167

二、什么是地狱 / 168

三、教会关于地狱观点的训导 / 169

四、地狱里的痛苦 / 170

五、地狱来于罪恶的后果 / 171

六、地狱的永恒与天主的慈悲 / 172

七、地狱之火 / 174

八、地狱里有什么？ / 176

九、什么罪导致地狱 / 182

第三章 过渡阶段末世论 / 183

壹、死亡 / 183

一、生死之间 / 184

二、魄落哪里，魂归何处？葬礼为何？ / 188

三、天主没有创造死亡 / 191

四、死亡来于罪恶 / 196

五、我信永生 / 198

六、死亡，盖棺论定 / 199

七、爱，消除罪恶、战胜死亡 / 201

八、与生命之主同死同生 / 204

九、神学家观点 / 205

贰、私审判 / 207

一、私审判 / 207

二、圣经依据及在教会中的演变 / 208

三、私审判的性质 / 210

叁、末世过渡阶段及灵魂的幸存 / 213

一、灵魂，古来的信仰 / 213
　二、教会信仰中今天面临的问题 / 216
　三、圣经和教会中关于灵魂的观点 / 219
肆、炼狱 / 221
　一、有炼狱吗？ / 221
　二、炼狱学说发展的历史 / 222
　三、对炼狱之说的反对 / 226
　四、炼狱问题的本质及其当代思考 / 227
　五、炼狱之火 / 228
　六、炼狱的罪怎么赦免 / 231
　七、炼狱的痛苦和目的 / 232
　八、共融的教会 / 232

前　言

爱与死

　　神学以爱回应苦难，以感恩表达人生，以信仰探索宇宙，以希望面对未来；神学使人超越毁灭，使人生在感动人心的故事中充满生机和希望，使人把日常生活变为节日，把腐朽升华为神奇，使人与神结盟而成为神。神学是人与神的对话，是对人类心中的盼望在天主的启示中尝试给出回答。

　　爱、美、善、真，构造了人类的历史，养育了人类的生命，震颤着人类的心灵，激荡着人类的血液，美丽着人类的容貌。人类生命是由爱、美、善、真组成的，而不是死亡。让人们恋恋不舍的不是死亡，而是生命中荡漾心神的爱，惊叹灵魂的美，迸流热泪的善，惊天动地的真，温馨豪迈的感恩。留在我们记忆中的是父母的微笑、朋友的情谊、人间的正义、心中的良知；灿烂的太阳、宁静的星月、蓝天上的云彩、大地上的花草、河中的鱼嬉、林间的鸟鸣、欢舞的牛羊、奔腾的江河、树上的美果、土中的五谷……我们的生命充满着美丽，我们的生活充满生命，我们的爱和敬畏来于养育我们的生活，我们的感恩来于宇宙万物对我们的馈赠，我们不属于死亡。"天何言哉，万物生焉"。孩子的成长，我们的成长，小草的成长，树木的成长，虫鸟的繁殖，花儿的开放，果实的成熟，石头的生成，细胞的繁衍，流水的丰盈……生长是个奇迹，奇迹遍布天地，奇迹充满我们的生命。

　　生命之火代代相传、生生不息，万物以蓬勃的生命述说着奇迹，以辉煌的奇迹荣耀着生命。因为"在祂内有生命，这生命是人的光"。(若1：4)我们为拥有生命而歌颂你，我们为享受美丽而光荣你。"我们为了你无上的光荣,赞美你、感谢你"。① 使生命绽放的是爱,使我们拥有尊严和荣耀的是爱,为我们的生命赋予意义的是爱。"没有比为朋友牺牲性命更大的爱了"。(若 15∶14)无数人为了爱、为了正义把自己的生命牺牲。无数人以爱超越死亡,期待死亡不是终极,相信死亡不是压倒一切的力量,死亡不可以把人的一切彻底毁灭。死亡使我们痛苦,因为我们热爱生活,因为我们有人留恋,因为我们仍然在爱。为了爱,人可以牺牲生命;因为爱,我们拒绝生命的结束。爱要求永远的生命,创造永远的生命,爱反抗死亡。我们感恩,我们敬畏,因为我们被赋予生命,因为我们被爱,因为我们被神的牺牲作担保我们不会腐朽,我们属于永恒。

但是世界会有个末日,或者某种大转化,在今天的自然科学背景下几乎已成定论。科学家们发现地球和宇宙是有个开始的,不论自然界还是人类世界都有开始、有结束。宇宙有始终,人的生命也有始终。其实关于末世的担忧自古就有,各宗教和文化里都不少见。如中国古代杞人忧天就是一个例子,杞地(今河南)的一个人日夜担心天崩塌、地陷落,而忐忑不宁、寝食难安。"世界末日"近半个多世纪以来被影视和文字传得沸沸扬扬。16 世纪法国医生诺查丹玛斯预言"1999 年 8 月 18 日世界末日";起因小行星"图塔蒂斯"的"预言"告诉人们 2004 年 9 月 29 日它要撞在陆地上摧毁半个地球,或者落入海洋在全球范围掀起滔天巨浪,淹没包括纽约和新加坡在内的沿海城市。最新一个预言,来自中美洲玛雅,认为 2012 年 12 月 21 日将是地球文明消失的时间。半个世纪以来,科幻电影乐此不疲地表现这一题材。1955 年的美国经典电影《孤岛世界》靠唤起人们对彗星撞击的恐惧大赚票房;1996 年的美国电影《独立日》描述外星人毁灭地球的情景;还有人宣称"9·11"事件在《圣经》中早已经有预言描述。学术界也不乏声音,在上个世纪 90 年代最重要的国际政治著作中,佛兰西斯福山(Francis Fukuyama,1952 -)的《历史的终结及最后之人》促生了"终结论"的诞生,提出人类社会的发展会走向一个终点,而当我们到达这个终点时,人也会进化为"最后之人",然而这"最后之人"并不能使我们乐观。

不仅环境危机、全球贫困、国际冲突让人们丧失信心,同时行星碰撞对

---

① 感恩祭。

地球的摧毁、宇宙能的衰退冷寂或者宇宙的碎裂将导致一切熄灭都更加让人们无可奈何。但最现实的是每一个人都肯定会死去,这可能比任何其它的灾难来得都早、都实在。那么,个人死亡或者宇宙毁灭是否意味着一切的结束、人的散灭、人类的消失?这个终结到底是什么呢?终结之时还会发生什么吗?人类的挚爱、奋斗、和牺牲,人类的盼望、努力和祈祷,到底会不会最后得到回报?无数的牺牲,惊心动魄的奋斗,浩瀚的哲学和宗教探索,杰出的艺术成果,社会的发展,政治的组织,科学技术的发明,这一切的一切到底有没有结果?整个人类的努力难道有一天会彻底烟消云散、无影无踪在浩渺宇宙?

而另一方面,随着现代科学的进一步发展,社会的复杂化,人类越来越清晰地认识到自己的有限,同时也更加向往广阔的未来。大爆炸是我们关于宇宙的最后认识吗?奇诡的波粒子神秘的暗物质、幽灵一样的暗能量,是最后的神秘吗?今天的自然科学认为,宇宙已经存在了137亿年,而人类才只有10到20万年左右的历史。人的身体是由质子和中子组成,它们只含有宇宙中4%的物质成分,对此4%人类的认知仍然寥寥无几,而对于96%的暗物质和暗能量,我们更是一无所知。宇宙大大超越人类存在的大小尺寸和时间尺度,它的绝大多数组成物质我们难以理解。[①] 神经系统科学、生物学、物理学、天文学、宇宙论似乎对人类充满希望和辉煌的未来生命不断发现着新的依据;人文科学和社会科学界关于一个更加公正与富有人性社会的预测点燃着人们眼中的激情,和平乌托邦、政治和经济的努力也鼓励着人们向往一个更加美好的未来。末世论已经走出神学的专区,成为人类共同的关注。人在宇宙中到底处于什么样的地位?人的生命有什么意义?个人和人类的未来到底是什么?

宇宙那难以置信的浩瀚辽阔、复杂有序、慷慨丰富,生命那远远超出人类认识力、让人震惊的奇迹,人自身奇妙难测远远超出人类想象力的奥秘,一切似乎都要见证生命的辉煌、造化的神奇、具有伟大创造力的爱,怎么死亡和寂灭会成为终极?坟墓并非人类的最后归宿,死亡也不应该是我们最

---

① 参考:戴博拉·哈斯玛著,"基督教和无神论者对于大爆炸宇宙论的回应",梅尔·斯图尔特、郝长墀编,《科学与宗教的对话》,北京:北京大学出版社,2007,第212页。

后的结局;天堂才应该是人类永久生活之所,永生才是我们美好而真实的未来。古教父尼撒的格列高里把死亡比作阴影,相信光明来到时它必将逃逸:"由于恶的本性有必然的边界,我们的旅程将会再一次置身于善之中。正如那些精于天文学的人所告诉我们的那样,整个宇宙是充满光明的,黑暗是由于地球的阻挡而造成,而且太阳光把这黑暗部分切断,把它局限在一个地球的锥形区域,黑暗区域之外就是光明。由于太阳比地球大许多倍,以自己的光环抱着地球的每一面,同时与锥形的边界相互衔接,因此如果有人能够跑过这个阴影地带,他就肯定会发现自己处于完全没有黑暗的光明之中了。同样,我想我们也应该这样来理解我们自己,当我们走出邪恶边界的时候,将再一次进入到光明中,因为善在恶面前实在是浩大无比。因此天堂必将恢复,天主肖像的荣耀也将恢复。"① 人类的感官是非常有限的,很多色彩和物体我们看不到,很多声音我们听不到,人类的领域比动植物开阔很多,但是仍然被限制在一个非常有限的区域,人的想象力、人心灵的能力超越感官,为什么不让它们飞翔。人在宇宙中的意义不在于物理上的大小和组成,而是在于我们在天主心中的位置,在于天主在我们生命中留下的记号。所有的宗教、文化,所有的人都向往永生、热爱美善,人类的未来怎么会不荣耀。

成都四川修院
2012 年 6 月 12 日

---

① 尼撒的格列高里著,张新樟译,《论灵魂与复活》,上海世纪出版社,2005,第 130 页。

第一部分

末世论概念
与现实意义

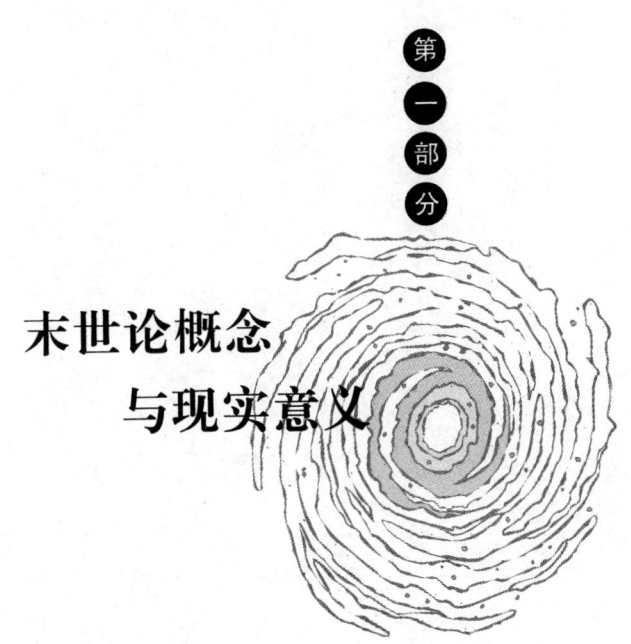

1. 末世论在神学体系中的位置

自然科学和社会科学的挑战,人类饥渴心灵的呼求,使得"末世论"在神学领域重新成为关注焦点。20世纪天主教会两位最伟大的神学家之一巴尔塔萨说:"末世论是当代神学的时代标志。所有的暴风雨都是由这一学科产生,并且威胁到神学领域的各个方面,可能带来摧毁,也可能带来丰沃和新鲜活力。"[①]自20世纪,除了宇宙毁灭论或者行星碰撞的科学论断,两次可怕的世界大战和惨无人道的奥斯威辛事件,以及科学发展所经历的辉煌和挫折,还有心理学和社会学的影响,使基督信仰中的末世圆满受到前所未有的挑战,而另一方面近几十年来高度发达的自然科学和社会科学却又为末世论打开了新的可能性,使末世论重新开始掀起狂风巨浪,甚至达到前所未有的高潮,成为神学思考的中心,被认为是"教义神学的顶石与王冠",我们这个时代也被认为是一个帮助我们深入认识末世论的黄金时代。

末世论,在各宗教和哲学里一直都是个备受关注的重要问题,在基督宗教历史上更是占有举足轻重的地位,甚至一直是核心地位,如新教神学家莫特曼说:"基督宗教神学根本上都是谈论同一个问题——末世。末世论是神学所有研究的终向和目的,甚至就是神学本身。"在神学界,末世论被认为是整个神学领域的基础和目标,其它部分都必须从末世论得到最后结论。新教神学泰斗卡尔巴特也说:末世论是用另一种方式称呼神学,另一种方式称呼基督信仰的本质。事实上,基督徒信仰宣誓的《信经》中宣告:我信他(基督)要从天降来审判生死者……我信死人的复活,我信永恒的生命。基督信仰中最重要的祈祷辞《天主经》中也祈祷:我们的天父,愿你的名受宣扬,愿你的国来临……求你救助我们脱离罪恶。那么这宣誓和祈祷的内容到底是什么意思呢?

天主教末世论,是从天主教的角度关注人、人类和宇宙的未来。不过它不是告诉我们宇宙怎么样结束,或者人、人类怎么样终结,而是探索他们为什么会终结,终结对人类可能意味着什么,其指向是人类历史的最终圆满和实现,人类和宇宙的最后归宿;那不是生命的终结,或者历史的终结,或者宇宙的终结,而是一个决定性的开始,一次诞生。所以,"末世"是指天主决定

---

① H. U. von Balthasar, *I novissimi nella teologia contemporanea*, Brescia, 1967, p. 31.

性的救恩已经临在于人间,救恩已经进展到人类历史的最后阶段,也是人在基督内完满回应天主启示的时候。人类的辛苦努力所以有价值,就是因为有一个可期待的辉煌末世①,人会达到肖似于天主肖像,融合于"完美的人和人的完美"基督。在末世论中,希望是其基础,目标是不断承诺的天主,引导人类不断走向完满、持续超越自己的天主。

虽然末世问题在教会生活中举足轻重,但是在过去的二千年中它一直属于教义神学上最不成体系的部分,而且在整个神学系统中常常处于从属地位,以附注或者补充部分出现,在其它问题的讨论中被捎带,因为末世论被看作是一种宇宙论或者人类学,而不是完全意义上的神学。耶稣的宣讲中末世内容占非常重要的成分;初期教会核心问题之一是迫切期待耶稣再来,圣经和教父著作中也讨论很多末世问题。但是后来随着教会的发展,目光从初期教会的迫切盼望基督再来转为关注现实,圣统制、礼仪、伦理体系建设成为核心,教会在某种程度上代替了耶稣宣讲的来临中的天国,未来世界不再特别被关注,直到20世纪初末世问题领域一直风平浪静。唯一被关注的末世问题只留下炼狱,那些没有完全洁净的人死后的状态成为被特别担忧的题目,这就涉及为亡者祈祷和赎罪等。这种过度关注导致新教改革非常反对炼狱说,认为是天主教会为了赚钱而发明和杜撰的。到了理性主义发展起来的18世纪,未来更加被置之脑后,灵魂不死仅仅保留在理论概念上,后来的进化论几乎遗忘了灵魂。神学家们也漠视耶稣的末世教训,只重视伦理观念,试图以伦理建设现世、以伦理赢得未来;当代哲学接着推波助澜,结果,关于末世的思考完全让位给今世,永生的幸福被社会期望所替代,传统中精神圆满的最高境界、灵魂得救的追求更换成为建设现世进步的努力,死人复活及末世的荣耀都由陶醉于今天的快乐所满足。而我们这个时代的人们甚至尝试把死亡遗忘,把死亡从视线中驱逐。

末世论作为一个学科诞生在12世纪。成为一个系统化的学科需要两个基础,一是圣经和历史,二是定义和逻辑,也就是要有圣经和历史依据,以及有合适的定义和体系。但是末世论的巨大转折点是来于20世纪。这个转折点表现在两个方面:末世论由神学领域的一个附注而成为一个真正的独立

---

① 梵二会议《牧职宪章》GS39。

学科，由 De Novissimis"关于末世的事情"的讨论，而成为有系统的 Eschatology"末世论";甚至它不仅成为神学构架的一部分,而是成为整个神学领域的基础和目标。今天在神学上所期待的不只是改良末世反省以适合现代人的需要,而是将末世思考作为指导思想贯穿到整个神学领域,以末世论为参照而建设现实。①

末世论在神学系统中的位置,自从新学院派以来一直被放在最后一部分,用来讨论"最后的事情"(de novissimis)。这个题目涉及:世界的最终结局、人类灵魂和肉体的最终命运、死亡和复活、审判、炼狱、地狱、天堂等等。而在广阔的西方文化思想史上,"末世论"已经演变成一个精神隐喻,新希望升起的地方,包含着结束一个动荡年代或者枯燥的死气沉沉的年代、开辟一个崭新时代的美好愿望,影响着方方面面。

2. 默示录和末世论

末世论(eschatology)和默示思想(thinking apocalyptic)是神学概念中甚多相似但大不相同的两个名词。默示 apocalyptic 是希腊文形容词,由 kalyptein(隐藏、盖住)和 apo(显露、拿去)所组成的,指将盖子或者遮盖物掀起而看到某物或者事情真相,也就是揭示隐秘的事情;狭义方面指天主之奥秘的显示。许多人以 apocalyptic 当 apocalypticism(默示思想,默示主义)的简写。严格而论"默示"是犹太宗教及初期基督宗教以文学类型的方式所表达的一种未来观,这种方式的出现大约在公元前 3 世纪到公元后 2 世纪左右。

默示录文学的形成有三个源流:先知传统、外来文学和时代背景。默示录文学首先是一种文学体裁,同时也是一种宇宙学,还是一种世界观。作为一种文学体裁,常用叙事手法借助各种奇异形象如天使、魔鬼、怪兽等表现世界末日。作为一种宇宙学,描述天堂、地狱,宇宙的破坏和重建。作为一种世界观,主张善恶道德二元论,其空间二元论认为世界是天界的影像,其

---

① 比如基督论,不是停留在历史的耶稣身上,局限于两性一位和天主子、默西亚来解读他的身份,而且要关注他作为将要光荣来临并结束历史的那一位来理解。在这个动态的神学中,光荣的基督不只是教会的创立者,也是基督徒的希望所在,是今天和明天,而不只是过去。

时间二元论谈论末日前后。作者名字一般是借用假名,或者某位旧约人物之名,背景常常预设在很久很久以前,以预言"未来"。

先知们往往立足现在、回顾过去,以史为鉴,展望未来。默示录风格与其类似之处在于对未来的期望。但是先知是以现世为中心期待未来;而默示录所关注的是未来,未来是中心。在主题方面,"上主的日子"是先知宣讲的普遍题目,阿毛斯先知谴责以色列人的不正义时宣告:

> 凡弃正义于地的,是有祸的!他们憎恨在城门口主持公道的人,厌恶讲真话的人。……我知道你们欺压义人,接受贿赂,在城门口冤枉穷人……这是邪恶的时代。……为此,万军的天主,吾主上主这样说:"人必在一切广场上哀悼,人必在各街道上说:哀哉!哀哉!并且召集人们来吊唁,叫会哭的人来痛哭。……上主的日子为你们有什么好处?那是黑暗和无光明之日。"(5:5-19)

上主的日子对于不义的人将是惩罚。依撒意亚先知也宣告:"当上主起来震撼大地时,你要潜入岩穴,躲在土中,为逃避上主的威吓和他显赫的光辉。目空一切的人必被抑制,性情高傲的人必被屈服:那一日,唯有上主受尊崇。"(2:10-11)对于宇宙性的末世灾难耶肋米亚先知堪为默示录前声:

> "我的肺腑,我的肺腑!我痛苦欲绝,我心已破碎,我心焦燥不宁,我不能缄默!因为我亲自听到了角声,开战的喧嚷。真是毁灭上加毁灭,全地尽已破坏;我的帐蓬突然倒塌,我的帷帐忽然毁坏。我瞻望敌旗,闻听角声,要到几时?这是因为我的人民愚昧,竟不认识我,是些无知的子民,没有明悟,只知作恶,不知行善。我观望大地,看,空虚混沌,我观望诸天,却毫无光亮;我观望山岳,看,它在战栗,我观望,看,一个人也没有,连天空的飞鸟都已逃遁;所有的丘陵都在摇撼。我观望,看,农田尽变为荒野,所有的城邑尽毁于上主,毁于上主的烈怒。原来上主这样说:全地固然要荒芜,但我却不彻底加以毁灭。为此,大地要悲伤,在上诸天要昏暗;因为我说了,再不后悔;决定了,再不撤回。全城的人听到了骑兵和弓手的喧嚷,都四散逃命,有深入森林的,有爬上山岩的;所有的城市都被放弃,没有人居住。你已被蹂躏还有什么企图?即使你身被

紫锦,佩带金饰,以铅华描划眼眉,使你漂亮,也是徒然!你的爱人蔑视你,想谋害你的性命。的确,我听到了仿佛产妇的叫声,仿佛首次分娩的呻吟,是熙雍女儿在伸开双手喘息哀叹:我真可怜.因为我的生命已陷在残杀者手中!"(4:19-31)

在外围影响方面主要是古波斯、埃及和希腊文学体裁。不过对默示录文学影响最深、最直接的是时代背景。默示思想源于公元前3世纪,当时散布于希腊色娄苛王朝(Seleucid dynasty)中的帝国主义思想日益浓厚,他们希望将希腊文化倾注于它所征服的各个民族文化中,甚至以各种强制手段破坏被征服的国家中原有的宗教习俗。在高压政策下,埃及、波斯、巴勒斯坦等地的人民饱受摧残,对现世失去信心,而将希望寄托在未来世界。此外,充军中的犹太人,可能吸收了古代波斯宗教改革的主张,认为这个世界将有二个时代,一个时代充满了物质,更弥漫了罪恶;另一个时代则与此世无关,是纯净的,精神界的。至于那充满罪恶的、物质的时代也将于三千年之后毁灭,那时,有一位救主将降来,死人要复活,人类也会生活在一个净化的光荣世界中(依43:18;65:17)。就在这些历史背景及思想的影响下,促生了默示文学。有关默示文学的最古文件出现于公元前3世纪末,即达尼尔书2:28-45的记载。

至于新约中的默示录则是在基督信仰的光照下所写出来的默示文学式的作品。以色列人中有两种人将默示文学的思想加以发扬。他们首先是热忱者,这些人不愿受新希腊文化的影响,如谷木兰团体;或是想要保存以色列的传统文化,如法利塞人。还有政治行动者,如玛加伯兄弟等人(加上13:41-49)。

默示思想是根据默示文献推论出来的思想。一般来说,默示文献常常特别谈论有关末世终局的问题。默示思想与旧约末世观点有一些不同,他们相信天主已经为人类准备了一个圆满境界,一个新天地,它与人生过程没有关系,而是由天主的安排决定性地造就,在此新天地来临前会有大灾难。他们强调灾难是末日来临的特殊征兆。而旧约末世观是在对雅威的信仰下,反省天主在人类历史中的工程,对人类的呵护,确认人类经过历史会达到一个与天主完满共融的时刻。其中密切联系、不可分离的是人类历史和新天地的关系,美好而有保证的未来是现世生活的精神力量,而不是让人放弃现世,或者与现实无关。

尽管如此,默示文献与旧约末世观仍然深刻地彼此影响,互相渗透。圣经指出,天主使自己的奥秘经由人的默想、神视、梦境等,以预言和智慧的混合形式显示于人①(罗 16∶25;格后 12∶7;弗 1∶17;伯前 4∶13;默 1∶1)。所以流传于世与基督信仰有关的默示录有很多,不过都在伪经列,不属于圣经正典。比如《亚巴郎默示录》,叙述亚巴郎的悔改及异象,约成于公元后 1 世纪。《索福尼亚默示录》,讲灵魂不死。《梦书》,达尼尔同时代的作品讲肉体复活。《哈诺克书信》讲天地更新。《巴路克默示录》,以希腊文描述巴路克见七层天的景象。还有《喜年书》(*Il libro dei giubilei*),《艾斯德尔书》(*I Libri di Esdra*),《十二圣祖约书》(*Il Testamento dei dodici patriarchi*),《梅瑟升天记》(*L'ascensione di Mose*);与新约有关的有《伯多禄默示录》,是 2 世纪的产物,被认为是最重要的默示录,内容相似于伯多禄后书。还有《保禄默示录》、《巴尔多禄茂默示录》、《多默默示录》、《玛利亚默示录》、《斯德望默示录》。在圣经正典中除了普通书信中少数经节外,带有强烈默示色彩的经文只有《达尼尔》和《默示录》两本。《若望默示录》(*Apocalypse*)是新约圣经中的最后一卷,也是新约中唯一的一卷默示录,题材上属于默示文学类,以默示文学方式(apocalyptic literature)劝勉、鼓励、谴责小亚细亚的七个信徒团体,借先知性神视,描绘基督信仰终将胜利及新天新地的来临。

默示文献一般都具有浓厚的象征性和私人主观性,阐释有关世界终局的异象和预言。普遍来说,这种文献的作者都自称有天主(神)独特的启示或默示。他们在梦中或者神视中看到某种景象,或者在静观中获得某种神秘体验,与灵界有某种交通,或自称是灵界或神计划的中介,曾经历与神或天使的独特对话,得天独厚、蒙神封立为末世的先知式代言人,宣告天主的审判和惩罚,作天主毁灭世界前的先驱。他们通常都是在社会、政治、经济极艰难的时代中出现,带着号角性的信息给人盼望和曙光或唤醒人的良知,邀人悔改,以浓厚的道德复兴或政治复兴信息震动人心。

默示文献在解读上常常模棱两可,带有浓厚的神秘感。他们对人类有

---

① 神学辞典,Clery 修会出版。

关神学和哲理性的疑难常有独特异象性的阐释,对人间苦难、冤屈、历史动态、天主的计划和公义也有特别见解。作者常常自称是为有特别兴趣和特别蒙恩者所写。

基督宗教大背景中的默示文献有两种,一是宇宙性末世的默示文献;二是历史性末世的默示文献。公元前3世纪到公元后2世纪间犹太教中盛行的那种宗教文献属于宇宙性的默示文献。初期教会特别是在受迫害时期,也盛行许多这类文献。历代以来,当教会面临苦难或信仰和伦理的挑战时,也会有这类文献的出现。这类文献,重于解释宇宙和灵界之谜,专注天堂地狱的景象,为宇宙末日描述一种剧终幻象,也有的以密码作解经原理,加强神秘性。

历史性末世的默示乃是天主启示的一环。末世论是历史性的默示研究,其方式、内容及重点和以上的宇宙默示文献大不相同。历史的终局不是在宇宙的剧变下形成,而是取决于基督荣耀的来临,是在天主永恒计划的范畴里推进,是天主的绝对主权和全智的汇合。圣经的奥秘也不是一个谜语,乃是天主的启示,在基督耶稣里显明。圣经末世观的中心是基督的降生、受死、复活和再来。

3. 定义

"末世论",是天主教的翻译,新教翻译为"终末论"。希腊文 eschatologos,拉丁文 De Novissimis,英文 eschatology,源自希腊文 eschaton 终、末,及 logos 语言、讨论、道理。希腊文中 eschaton 在空间上指最远的、最高的、最低的;时间上指最后的时刻、最终的时刻;也用作质量上指最好的、最差的;数量上指最大的、最小的;也指感觉、感官对于客观事实的相符状态,最符合;也指边界。这个词在七十二贤士译本中以形容词、名词、动词等形式出现,新约中一共54次。

Escatology 却不是希腊词汇,而是1677年威登伯格(Wittenberg)的路德宗神学家亚伯拉哈(Abraham Calov,-1686)在他的十二卷教义学著作中将这个词汇首次引入神学领域,指关于死亡、最后审判等人和世界最后事情的研究。1805年另一位威登伯格神学家伯莱斯勒(K. G. Bretschneider)将其希腊原意引入这个学科。所以,末世论的研究对象在神学上指有关末世的事情,包括人类和宇宙的层面。它与创世论对称，一个是关于世界的创造和人类善恶缘由问题，一个是世界的结束和人及人类历史最终的命运，善恶报应。

从一般的意义上来理解末世论，它就是研究历史终结的可能性并探讨其所涉及的各个方面的理论，这里的"历史"主要指人类的历史，"世"主要指人类现实世界。然而，末世论也可以成为一种哲学方法，即"根据其终结来研究所有问题"的方法。这样，我们就可以把"世"的含义进行拓展，既可以指人类世界，也可以指自然界，甚至可以指一段特定的历史世界；"终结"的意义既可以是相对的，也可以是绝对的。这样，人类历史可以成为自然史的终结，自然史可以成为人类历史的终结，每一种自在自然向人化自然的转化或者说相反的"退化"也可以是某种终结，甚至于每一个作为个体的人的一次创造性的实践都可以成为以往所有历史（无论是人类历史还是自然史）的终结。

"末世论"过去在传统上被称为"关于最后的事情"，天主教会在过去一般将其翻译为"万民四末"。"最后"，不只是时间概念上的，也是逻辑上的，包括人和宇宙的目的、终点，核心是耶稣基督。康德（I. Kant, 1724-1804）说：末世论是对基督信仰三大问题之一"我们可以希望什么？"所做的方法性、系统性的答复。刨左（C. Pozo）说，末世论是"关于最后事情的神学研究，也就是个人和人类在尘世历史以后的事情"。凯勒（M. Kehl, 1942-）认为末世论是讨论个人、教会和人类历史以及整个宇宙决定性的未来，这未来的基础是基督徒的希望。"论"是指整体性、方法性、系统性的学问。沃格利勒（H. Vorgrimler, 1929-）认为末世论是基督徒神学在教会现世生活的灵感中，从耶稣基督的降生、死亡及复活事件出发，系统性地反省未来将要发生的决定性的事实，以能更恰当地改善现今的世界。李高斯（B. Rigaux）解释说，末世论是"对于天主在时间内给予干预的期待，因此，现在的状况将停止存在，或者转化成为天主新的规划和创造"。裴纳（J. L. Ruiz de la Pena）认为，末世论"是关于基督徒期待中的对于未来的承诺的神学反省。它不是关于人对于另一个世界的好奇的回答，而首先是为了帮助人更好地生活在现在。"马时（W. D. Marsch）说，末世论"是人向天主开放的历史，展示现在的'已经'，在每一个人的信仰和效法基督中，对于全人类在未来普遍达到的目标"。乌比亚理（S. Ubbiali）认为，末世论讨论的"是人类最终可能达到的决定性的自由"。舒兹(C. Schutz)认为末世论"是关于最后的事情,但不只是关于最遥远的,也包括内在的……简单的、决定性的和无条件的内在的事情"。潘能伯格认为,"末世救恩的内容和中心都是天主和祂的国。"理伯尼(J. B. Libanio)说,末世论"是从耶稣的认识出发,根据他的宣讲、他对教会的建设,而关注基督徒在改造世界的奋斗中所担负的社会责任"。莫特曼认为终末论(末世论)谈论的是历史的将来(die Zukunft der Geschichte),也就是说历史的目的,而不是将来的历史(zukünftige Geschichte)①。他认为终末论(末世论)有四个层次:对上帝(天主)荣耀的盼望;对上帝更新世界的盼望;对上帝关于人类历史和大地之目的的盼望;对上帝使人复活和得永生的盼望,是关于基督徒希望的学问。②

对于基督徒末世论来说,末世,虽然不否定未来的幅度,但是根本上来说,是指一个人:耶稣基督。最后的日子并不是指时间上的将来,而是指耶稣基督充分临在的日子。末世论也就是在基督内,人、人类和宇宙史可能达到的结局。亦如《启示宪章》所指出:"天主曾多次、以多种方式,藉着先知说话,之后,'在这末期藉着圣子对我们说了话'(希 1∶1-22)。天主派遣自己的圣子,即光照所有人的永远圣言,居于人间,并给人讲述天主的奥秘(参阅若 1∶1-18)。所以耶稣基督,化身血肉的圣言,被派遣为'人对人''讲论天主的话'(若 3∶34),并完成了父托给他的救援工作(参阅若 5∶36;17∶4)。因此,谁看见了他,就是看见了父(参阅若 14∶9)。他以自己整个的临在和表现,并以言以行,以标记和奇迹,特别以自己的死亡及从死者中光荣的复活,最后藉被遣来的真理之神,圆满地完成启示,并用天主的证据证实:他就是天主与我们同在,为从罪恶及死亡的黑暗中拯救我们,并使我们复活而入永生。"(DV 4)基督是永恒的天主圣言 Word、创造世界的道 Logos,也是道成肉身的圣言,历史中的耶稣基督、圣经中的圣言、其它所有宗教和文化中的神圣种子、天和道。

---

① 莫特曼,《来临中的上帝》,上海:三联书店,第 8 页。
② 莫特曼,《来临中的上帝》,上海:三联书店,第 6 页。

4. 研究对象

末世论可分为二个层面：一方面是讨论末世论在研究工作上的特色、历史、变化等等，被称为学术历史上的末世论；另一方面则是内容，包括所有末世事件，如死亡、审判、基督来临、天堂、地狱等。世界各大宗教大体上说，比较强调内容上的末世观，但是在当代神学中对其特色、历史和演变也很重视。

在内容方面，我们需要澄清，末世论不是描述关于人，或者宇宙，未来在物理学上或者地理学上或者宇宙论上的状态，或者以神学语言讲述物质方面和经验层面宇宙终结时的情况。末世论也不只是讨论人死后的所谓"最后"的事情。末世论首先涉及的是天主救恩规划的最后和决定性展示，是基督来临对历史的影响，是天主的恩宠如何在个人和人类身上具体地实现。它关注人和世界存在的意义，人和全人类是不是有一个美好的未来，死亡对于人是灰飞烟灭还是另外有意义，人类和宇宙的未来是否会分享天主的光荣，但是基督宗教相信，人的存在价值和人的意义已经得到天主决定性的、毫无反悔的肯定，人类和宇宙有一个美好的未来，这个未来已经由耶稣基督天主圣子所确认。人的这种朝向天主开放的状态和意义是建设在创造论和末世论的基础上。创造和末世典型地启示了天主自己是人和宇宙的"初始"和"终结"（依41：4；默1：18；22：13）、原则和意义，人类和宇宙的存在就是为了分享天主的生命，所以基督是核心。

严谨的末世论是建立在启示的基础上，而不是靠人的研究。它是对于天主给人的自我启示最终实现的解读，主要通过基督论和圣神论来表述，其高峰是耶稣基督——"最后的亚当"（格前15：45）——最后的人。天主借祂的独生子给予人类最终启示，并且倾注圣神在这最后的时代（宗2：17；格前15：52；弟前4：1；弟后3：1；伯前1：5、20），这两条是基督宗教末世论的核心和枢纽。天主通过耶稣基督告诉我们，世界的创造者也是世界和人类的完结者和完美者，是三位一体天主制订了并且引导着人类和世界的历史走向完满，他是起始也是终结，是原则也是目的，是阿尔法和奥米格，是天和道。所以说，末世论是创造论的完成，因此它也是整部神学的方向，救恩在此获得"圆满"。所以，末世论是基督徒信理基本构架中必不可少的一部分，是基督徒的希望之所在。如《牧职宪章》指出："只有在道成肉身的天主圣言奥迹内,人的奥迹才可能得到解释。亚当,第一个人,是未来亚当——主耶稣基督的预像。基督,最后的亚当,在揭示圣父及其圣爱的奥迹时,也向人类彻底揭示了人之为何及人的崇高使命。所以,不必惊奇,一切真理,均以基督为基石、为极峰。祂号称为'无形天主的肖像'(哥1:15),是一个完人;祂将因原罪损坏的相似天主的肖像,给亚当子孙恢复起来了。……藉着他,生命和死亡,皆被祝圣,并获得新的意义。天主的独生子成为许多弟兄中的长子。……人的奥秘是这样如此的伟大,这个基督信仰启示给我们的奥秘照亮所有信徒的心灵。在基督福音之外,压抑我们的痛苦和死亡之谜,靠着基督、在基督内得到光照。他以自己的死亡摧毁了死亡,以自己的复活赐予我们生命,从而使我们在圣子内成为天主义子,在圣神内呼号祈祷:'阿爸,父呀'。"(GS 22)

  基督宗教末世论虽然向往未来的完美及世界末日的完满,但是也强调"现在"。在相信、希望和爱内,人已经与天主合一,已经决定性地分享天主三位一体的生命,"现在"与"未来"不是时间的延续,而是生命的趋向完满。末世论与一般的发展进步观点最大的不同就是末世论的"超越性"。欧美历史观相信历史不断向前发展,以人的自由与平等理想为基础通过建设社会秩序而逐步完美。它的基础是科学、技术,是人的理性。而末世论虽然也关心世俗的希望,肯定人的能力,但不只停留于此,天国与地上之国是不能相混淆的,天国是人类终极的目标,它的实现者是天主,在于人心灵对圣言和圣神的接纳,在于心中的神圣之爱。在这方面,教会史中的某些事件值得借鉴,比如解放神学提倡的正义革命与历史上宗教的圣战是不是相似,人对科学技术的迷信是不是对伊甸园的智慧树上苹果的再次崇拜。基督徒希望的绝对性和世俗希望的暂时性是不一样的。

  相信世界有一个结束的人很多,但一般是指一种包含在历史之内的发展,而基督信仰的末世不能缩减为历史中的社会、经济、政治秩序的更替、发展,尽管它包括这些。神学关心世俗事务,如政治、经济、社会、文化,但是反对使其绝对化的企图。天主之国与任何地上王国都是不一样的,宗教与政治领域的重叠已经被基督宗教冲破。耶稣曾经回答比拉多:"我的国不属于这世界。"(若18:36)基督信仰相信,人希望在将来达到圆满的理想最终会实现,不过不是靠人的努力,而首先是天主的礼品,是人心对天主的接纳。

这个末世的实现不是在世界或者历史之内,而是人类和宇宙都要超越自己,达到内在生命的圆满。① 这个圆满是爱的共融,爱的交换。那时,邪恶、罪恶、死亡及一切与之有关的战争、压迫、憎恨、谋杀、嫉妒、贪婪、恐惧、焦虑、饥饿和怀疑都将被克服。是这个绝对希望引导现在每一天的步伐。

5. 末世论研究方法

在语言表达和现实意义之间本来就存在差距,而神学是人讲述天主,用人的智力尝试领悟和阐释天主的启示。神学语言要表达的是一个奥迹,天主的奥迹。我们常说"得意忘言"、"言不达意",对于人间的事情,语言与现实之间尚且如此难以吻合,何况对于天主,因此否定神学指出当人类在为天主下定义的时候就已经局限了天主,以人言为天主命名的时候就是亵渎了天主,因为天主远远超出人类的想象和语言能力。因此神学语言与其意义之间有着相当大的距离,只是一种努力,努力在讲述天主奥迹中让我们自己更加靠近天主。末世论语言属于神学语言的一环,把天主视为人类的绝对未来是末世论语言的特色。末世论研究的又是"未来"的事情,人死后的事情,宇宙结束的事情,这是任何人没有经历过的事情,其语言限度更大,语言和现实之间的张力也更大。

因为语言的言不达意,需要图像来补充,这也是末世论方面图像非常多的原因,不论在哪一种宗教。图像在天主教会被广泛使用起于经院神学家的推动,他们认为人的认识能力中有一定的想象成分,它们以图像形式出现。今天的实验心理学研究也证实,在人类的思想里,不论是多么抽象的概念都伴有一定的图像,图像是人类沟通表达的一种重要方式。在这种图像与概念并存的人类认识情况下,有时无法辨别图像和内容,往往使概念消失在图像之中,而图像进入内容中。那么就需要分析二者,批判辨别哪些是图像哪些是概念。一般来说物质性概念与图像之间的距离小,精神性概念与图像距离更大。在末世论研究中,区分图像与内容非常重要,因为末世论图像含有非常浓厚的神话色彩,需要剔除神话因素,辨别图像和概念的界限,一方面使末世概念凸显,同时不使图像消失。《天主教教理》提出既要尊重

---

① 参考薛迈斯:《末世,人的最终命运》,上海:光启社,2000,第 207 页。

图像语言,也要持批判态度,慎重研究其内容,破除神话因素,提炼真正的启示。

另外对于"默示思想"和"末世论"需要注意其重要的区别和联系。默示录是圣经文学类型中的一个,而末世论属于教义神学,是整个神学思考的导向。

其次,末世论会影响到心理学层次。关于未来的事情,或多或少知道的或者猜想的,或者希望的,都会通过害怕或者希望而对今天产生影响,对目前的生活方式、言行给予鼓励或者产生压力。根据托马斯的观点,关于人类伦理生活的讨论都是由这个"最后"问题决定的。所以他在神学大全中关于伦理的讨论是从末世论开始的。教会也一直强调末世对今天生活的意义,也就是末世论对于现实的影响,一个人对于末世的观点会影响他现实生活的态度。

心理和现实这两个层次决定性地影响到人的生活,但是我们也需要知道末世论是个难题。人的想象力可能会产生错误和偏差,甚至可能陷于幻想。没有任何活着的人完整地体验过末世,世界末日还没有来到,而所谓的死亡经验也不是真正的死亡,我们也不知道灵魂与肉体分开后怎么生活,不知道永恒的生命到底是什么。不论是圣经还是神学都不能为我们提供关于未来生命的足够灵感。而信仰事实上是非常简朴的,不需要太多的理由和推断,人心会为其需求而找到满足。

在方法论上的特点是:天主准备末世,那是在祂永恒的计划中设计了的。另一方面,人不能完全想象到天主爱的慷慨、慈悲的限度、祂与人合一的愿望。所以,末世论,是非常有限的,是对于天主启示深刻、严谨而慎重的探测。

教会"也注意到自己自古至今努力传扬福音、肯定未来,但是没有在学术上发展末世论",梵二会议也没有给出一个系统的末世论,但是在《教会宪章》中第七章对近代末世思想综合概览的背景下强调尘世教会与天堂教会的关系。《牧职宪章》在引言和第三章谈及末世论,着重指出今世和末世的关系,其中也涉及德日进神父(P. Teilhard de Chardin, 1881-1955)所提出的神秘演化论思想(22)。1979年5月教义部发布《关于末世论的一些问题》使用了20世纪普通学术界关于末世论的概念。教会训导中既注意现实和未来生活的一致方面,也关注二者的不同,同时也考虑到一般信徒的想象。要求在讨论末世论时避免天真的进化主义和恐怖末世论,注意个人与普世、现世与未来的张力,以释经学和知识论为基础,将末世论放在与其它科目的关系中以便使神学发挥其末世的整体性和指导性向度。

6. 题目的发展

末世论的概念涉及整个神学的基本概念和基本问题,比如:天主、启示、世界、人,另外还涉及比较普遍的问题:灵魂不死、肉体的未来、人类进化,与宇宙能量的融合,最后的审判等等。一般来讲,末世论涉及两个大领域:个人的归宿和世界的终结,我们另外还讨论一个关于过渡末世论的问题,也就是包括个人末世论、普遍末世论和过渡末世论。

(1) 普遍末世论

这个问题谈到的是自我启示的天主与作为历史性的,和有灵性及肉体双重性的创造物人个体的相遇。基督信仰相信,这个世界是被创造的、短暂的;由于人伤害了天主也伤害了人自己,所以这个世界也是被伤害的;它将会有一个终结,那时腐败、痛苦、死亡和罪过都将不存在,因人类的罪恶而被伤害的万物将重获自由和荣耀。所以涉及的题目包括:基督的第二次来临、死者复活、最后的审判、宇宙更新。它们互相之间密切联系,因为是再来的基督复活死者、审判众生,同时也是死者复活才使末日审判成为可能,最终迎来新天地。

我们主要讨论的问题及基本原则是:所谓最后的事情在根本上是天主的工程,是恩宠与救恩。所以基督信仰中的末世论联系的是生命,是圣言和救恩工程,是新盟约的中介人耶稣基督;同时末世的实现也取决于人的行动,取决于人对于天主在基督和圣神内给予人类的恩宠和救恩的回应。所以对于末世的期待推动人生活在警觉中,在对天主的开放中完善自我、创造正义的世界,其每一个时刻都对人的伦理生活和精神境界提出要求,对人在社会上的工作和生活提出要求。

(2) 个人末世论

它讨论个人死后的事情:永恒的生命、天堂、赏善罚恶、恶人永远的惩罚、在地狱里真的有人吗?涉及的是每一个个体人与天主自我启示的相遇。

从个人自由和意志倾向方面来看,它涉及一个人在尘世生活的全部方面,并且延伸到死亡和个人审判,在爱内清洁和完善的可能性(也就是炼狱),最后是决定性地在爱内融合于天主(天堂),或者决定性地反对天主的爱(地狱)。

(3)过渡末世论

在个人死后到世界末日全人类大审判之间或许有一个"中间状态",也就是个人离开尘世到人类历史结束的时期。末世论目前比较困难和热门的话题也在这一部分:死亡的意义、灵魂不死的问题、个人审判、炼狱、在个人末世与集体末世及人类行为之间的互相关系等等,争论非常激烈。

7. 末世论的现实意义

当人想到自己的终局时,会自然地想到永恒的问题,伦理和道德关注就会加深。俗话说:人之将死,其言也善。但宗教带给人的是一种超越个人的关注,包括全人类和宇宙的终剧。由哲学分析来说,末世论对宗教的伦理价值有极重要的意义。宗教性的关注使人感悟到人死的日子胜过人生的日子。人死的日子,是人活着时就应当关注的事,这样,人的永恒性,就会如哲学家康德所说:"是人伦理道德的必然前提。"人之为善是因为他期盼有所善终。

但是教会强调,自己不只是有伦理性的终极关怀。在关注以上两方面问题的同时,教会在讨论和解释末世论时,有一个独特的要素:耶稣基督。没有基督就没有正确的末世观,因为天主不但在这末世藉他的儿子晓谕我们(希1:1),也藉他晓谕末世。耶稣降生、受苦、受死和复活不只是为死亡赋予意义,更为生命赋予意义。我们的个人末世观并不是因为怕死,也不是为了有善终的盼望,而是基于基督的复活,是本着他的应许:因为我活着,你们也要活着。死后的结局和审判并不是基督徒伦理道德生活的前提。我们的前提是,在基督里成了天主的儿女,行事为人都应该与所蒙受的恩宠相称(弗4:1),以天主子的身份活在世上,活出天主的荣耀。所以说基督宗教的末世论不是以死为主题,人的死亡也不是我们的终极关切。我们的主要关切是天人关系,是生、是活、是爱、是荣耀,是在基督里死而复活的生命事实,是因基督的死和复活而确定了的真实的末世价值。

末世论的第二关注是宇宙的终剧和世界的末日。一般来说,宇宙性末世论都以预言性的启示形态出现。这类末世性预言和启示不但都带着极浓厚的隐意和寓意的文学色彩，也带着极深的醒世、悟世和警世功用，其伦理价值自然是无可厚非的。对末世的盼望唤醒人的自律，促成团结、热诚，开放大公思想，以求在世界末日时，看到信仰、生活和工作的效果。

基督宗教的宇宙性末世论有其明确和单纯的特色。道成肉身的事实就是末世的开始，基督的受死和复活是末世的确定，而基督的再来是末世的实现（GS22，DV4、5）。基督再来是基督宗教末世论的中心思想。既然基督的再来是末世的终结和完满，那么基督的再来就必然成了一个重要信息。

基督对他的再来虽有明确的预言和说明，但是没有指示明确的日期。基督宗教虽确信基督的再来，但是从不鼓励信徒对再来的日期作无谓的推测。基督再来的真理是重要的，但不是紧迫的；是必然的，但是不应该"干扰"信徒的正常生活。基督再来的真理应该帮助信徒确定正常的、积极的生活，而不是使信徒因为基督再来的紧迫性而放弃正常生活的规范，以至仅仅追求预备迎接基督的再来而忽略了生命历程的现实生活。

神学上对基督的再来有两种不同的观点。一是深信基督随时会再来；二是深信基督即刻会再来。前者以随时性（immanency）为生活动因，后者以即刻性（immediacy）为生活动因，二者虽貌似，但实质大不相同。随时性自然地带有即刻性的内涵，但即刻性的关注却失去了随时性的要义。当我们把随时性和即刻性混淆时，许多极端的教训和异端就可能产生。

即刻性的关注将基督再来的真理，从紧要性变成了紧急性和紧迫性。他们认为基督即刻就来，世界的末日马上会到，我们应当放下一切，急迫预备迎见主。所以我们应当不惜任何代价，放下生活，专注末世，传扬福音，抢救灵魂，免得空手见主。而基督再来的随时性关注并不忽略这些方面的责任，所不同的是当我们关切到他会随时再来时，再来的事实不再是一个外在的推动因素，而是一个内在的生命基因，渗透生命的每一部分。既要传福音、救灵魂，也生活好今天，尽本份作好公民，从事文化、改良社会，关注伦理问题……等等，而不需要放下一切迎接基督的再来。末世准备是随时准备，在日常生活中期待他、预备他的再来。这样，生活和事奉就从紧急性（urgency）和紧迫性（emergency）转向必然性（necessity），不会因为害怕刑罚、为得赏赐，而勤奋工作，而是因为内在生命的动力和真理的呼召而事奉。

末世研究在于立足未来探讨现在,把基督化的末世论渗透到人整个的生活领域,将人从不自由中解放,在生活中培养与基督神秘交往的经验,领悟三位一体天主在历史中和自己生命中真实的临在。

末世论,拉辛格指出,是为所有的人寻求正义,而保证这正义的是那位为了全人类获得生命而牺牲自己的基督。末世论是鼓励和鞭策我们追求正义和真理,投入我们的生命为了真理、为了正义、为了爱作出贡献。这就是基督徒末世论的本质。①

---

① J. Ratzinger, Escatologia, Assisi, 1976, p. 116.

第二部分

末世论的历史
　　发展与演变

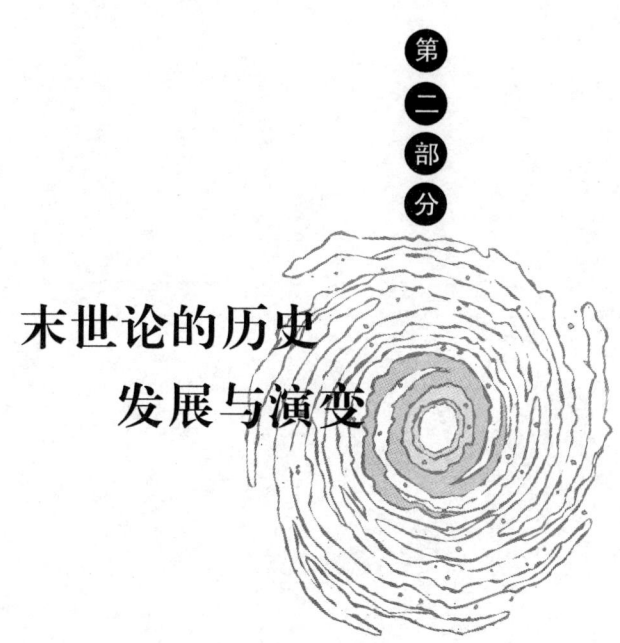

一、古代哲学背景中的末世观

关于个人和人类最后的命运问题,在古今东西哲学和宗教中一直占有重要地位。苏格拉底(469-399 B.C.)相信灵魂不灭,又信善人必受善报,恶人必受恶报。西塞罗叙述苏氏对于来生的信仰说:"这一位无比的哲学家,坚决主张,人类的灵魂乃是一种永远不灭的神圣的本质,死亡不是生命的终点,乃是转到灵界的道路,但只有义人可获得进入天堂的捷径。"

希腊二元论思想代表人物柏拉图(427-347 B.C.)相信灵魂不灭,人死后,灵魂仍然继续存在。他认为灵魂与物质是对立的,灵魂降临在物质世界是个堕落。堕落和死亡是肉体的命运,灵魂是不死的,灵魂有能力接受理念世界的美、善、真。理念世界是永恒的,不受世界的变化而变易,所以灵魂有能力进入永恒。在理念世界,灵魂已经先于肉体而存在,而进入肉体就是进入坟墓、监狱。柏拉图认为灵魂有能力进入永恒是由于它与神性的内在关系。

亚里士多德不承认人的认识来于灵魂对于先前存在的记忆。他的作品《论灵魂》认为灵魂和肉体合为唯一的整体,不可分离。灵魂有理性、感觉和营养的功能,使肉体完善,使肉体达到它应该达到的程度。没有肉体的灵魂是不可想象的。灵魂与肉体同时生,同时死。人身体的不同形式、尺寸恰是灵魂的不同而形成。一个灵魂只能有一个身体,但是可能存在一个包容所有人的宇宙大智慧,大脑袋,合一人类的灵魂。在这个大智慧里人才会不死。所以个人存在不会是永恒的,因为灵魂离开肉体是不可能的。

斯多亚学派认为人是被赋予理性灵魂的动物,这灵魂就是弥漫在人体中的神的一丝呼吸。灵魂是火,是炽热的呼吸。灵魂当人还是胎儿在母腹中时,就塑造了人形。人在7岁的时候,灵魂得到充分发展,而在14岁的时候灵魂就有能力繁殖生命。芝诺认为灵魂在人死后仍然生存,直到它自己解体为止。克郎特(Cleante)认为人死后,灵魂会融合于宇宙能量中。克里斯颇(Crisippo)认为肉体死后,恶人的灵魂立即消失,而善人的灵魂会仍然生活在世界上,从宇宙中吸收能量。

在中国,对于人生归宿问题,孔子没有答案,"未知生,焉知死",一句话封闭了多少中国人的思路。道家把死视为人生变化的过程,人生与天地同寿。但是几乎遍布整个中国的汉代丧葬艺术作品画像砖和画像石则记录了普遍流传民间的对未来生命信仰。其中盛行的升仙主题表达了当时人们所拥有的魂魄观念和对永恒生命的期望。

二、现当代哲学家思想中的末世论

根据卡尔·罗威(Karl Löwith,1897-1973)的分析,诸如费尔巴哈、马克思、基要进化论、实用主义对基督宗教的批判,都是仅仅表现在他们的末世论观点上[①];而尼采和佛郎兹(Franz Overbeck,1837-1905)放弃希伯来和基督宗教对于宇宙有始有终,最后进入与天主的合一的观点,却简单而贫乏地接受了希腊宇宙永恒及无穷轮回的观点。这些对于基督宗教末世论的批判是发展在一个以人和世界为中心,而神本主义被摧毁的时代。一些伟大的题目,比如:天主、自由、永生都成为人作为伦理人自我实现的工具。这种观点将人的实现放在文化、科学和劳动上,而天主对于人来说只是对手,这种观点在文艺复兴中已经展露苗头,后来则成为启蒙主义的基本和主导思想。宗教和形而上学所宣告拥有的真理受到怀疑主义和反灵智主义的痛批。宗教信仰成为个人的私事,在国家、法律、政治伦理和经济秩序上都采用自然认知系统,以实用主义为原则。在这种自负和经验主义思想引导下,超然启示成为异己分子,它被认为威胁人的理性和伦理自主。

英国有神论尝试脱去宗教的超然权威,而在人的天生理性范围内重建宗教信仰,也就是所谓自然神论。赫博特(Herbert Cherbury,1581-1648)提出的自然神论观点认为,天主造了世界、造了自然律和道德律之后,就把它交给了人,自己离开了,不再干预,任其自行发展。人只要遵循规律就好,没有必要敬拜一个道成肉身的天主,不需要神圣启示,所有的宗教都相信一个美善的至高存在,死后善恶报应也是普遍观点。他的主张在托兰德(John Toland)的《基督教非神秘论》(1696)和廷德尔(Matthew Tindal)的《基督教

---

① Karl Löwith, Weltgeschichte und Heilsgeschehen, Stuttgart 1953, 11; trad. It: Storia e fede, Laterza, Bari, 1985.

与创世同龄》(1750)中被推进。他们不接受道成肉身和奇迹。属于自然神论的神学家伏尔泰也拒绝接受教条，认为"把一切诉诸良心和理性的公决"就足够了。他相信存在一位天主，但是认为那是绝对秘密，人的努力是枉然的。休谟(David Hume)基于精神体的不死性，支持灵魂不死的观点。不过灵魂对于他不是人性精神层次的携带者，也不是天主完美人的目标，而只是一个能够接受感应的地方。灵魂将与肉体一同消亡。

莱辛则承认在另外一个世界可能的继续发展，但是拒绝接受永恒的地狱之说，认为这与天主的美善及天主教育人的目的不符合。他也不承认耶稣复活。对于康德、黑格尔和施来尔马赫，仍然试图在古典基督宗教信仰的末世论和现代经验科学及理性主义哲学之间寻找调和，但是对于个体不死的问题犹豫不决。费尔巴哈否认个体不死，只承认人的普遍存在性是不死的，因为那是神性的一部分。不过这种神性不是在来世实现，而是在今世。普遍人性表现在人类的不断完善过程中。但是每一个个体人都会在自己的人性中预先感受到这种完善，这是通过性感觉，在男女性结合的经验中，或者精神和本性结合中等到体验。在他这里，与天主爱的超然合一经验被人性的合一感觉经验所代替。天主的末世王国被转化成为人的普遍实现和性享受，在这其中个体人体验与宇宙普世的合一。卡尔·马克思，批判普通大众对于一个空间性的天堂和地狱的想象，认为这只是约束人犯罪或者麻痹人民的功能。人应该做的是建设今生世界。宗教只为人提供幻想的幸福，为了得到这种幸福，我们需要的是在现实中创造条件，而不是虚幻未来。马克思并不是否定末世论，而是要在现在的世界建设天堂。这个天堂来于人的努力，而不是天主的恩赐，是人的成果，与天主无关。共产主义，所以说，是自然主义的。而马丁·海德格尔比较悲观，他的名言是：人是为了死亡的存在。人一出生就在走向死亡。所以他规劝人真实地活出自己就好了。最后尼采喊：上帝死了。彻底否定末世论。

理性和进步的目的，被无限扩大的大众主义和多元主义及疯狂的经济利益所阻碍。人性不可思议的疯狂在奥兹威辛得到充分表现，成为残忍人性可能达到的限度的概括表现。所以恩斯特(Ernst Bloch)谈到"希望原则"以引导具体的人类规划和行动朝向一个理想的乌托邦。对于人类疯狂的可怕经验和人类所犯的令人发指的邪恶，以及无辜者惨痛的苦难，这一切都使人类对"完全另外一个"产生了深刻的乡思(Max Horkheimer)。而希伯来-基督信仰表达一个"希望——尽管不正义侵扰着世界,但是不可以允许不正义成为最后的语言"①。

三、圣经中关于末世的观点

1. 旧约中的末世观点

(1)直线型历史观:历史有结束、有目标

对于历史和时间的观点犹太人很有特色。初民大多数看宇宙万物,是处于生死往返、周而复始的循环反复中,而以色列却认为整个历史是向着将来一个目标前进,历史有始有终,有目标,强调直线性、发展的时间观。

这种历史观表现在圣经中。圣经,是一本书,但它是一本盟约书。旧约是天主与以色列的盟约,新约是天主与全人类的盟约。盟约意味着至少双方的介入,意味着义务和责任,意味着关系,意味着故事。旧约的盟约基础是法律,新约的盟约基础是爱。

与人类定盟约的天主,不只是超越的,也是时间中的天主、历史中的天主。"他深富人情味,不断进入历史,在时间中展示自己的爱情,许诺着未来,并且和人共同在爱的创造中更新着一切"②。圣经中的天主是一个尊重历史、与人类共走历史的天主。他创造了宇宙和人类,并且亲自参与到宇宙和人类的历史中,在历史中逐步实现和完成他对于人类的救恩计划。所以以色列末世论的中心思想,并不在于对世界终穷及其更新的期待,而是期待雅威在时日结束时来临,主持公道,取回统治世界的权柄。这样的末世论期待不是奠基于神话,而是植根于西乃的启示。所以期待雅威将来统治世界是以色列末世论的核心。

旧约中关于末世的思想片段是在历史中逐渐产生的,其思想根源来于他们对雅威的经验。雅威是与以色列结盟的天主,是有计划、有未来的天主。雅威赐予健康、长寿、家庭幸福、家族强大繁荣。他们那时注意到的是

---

① M. Horkheimer, Die Sehnsucht nach dem ganz Anderen, Hamburg, 1970, p. 61; trad. It., La nostalgia del totalmente altro, Queriniana, Brescia, 1990, pp. 74-75.

② 张春申:《神学中的人学》,上海:光启社,第20页。

今世的幸福,而没有想到死后,或者另外一个世界。亚巴郎的梦想是拥有一块自己的土地,成为一个强大民族的先祖,但是这个梦想得以实现的保证,甚至其促生的根源是天主:"离开你的故乡,你的家族和父家,往我指给你的地方去。我要使你成为一个大民族,我必降福你,使你成名,成为一个福源。我要祝福那祝福你的人,诅咒那诅咒你的人。地上万民要因你获得祝福。"(创12)

  天主雅威是旧约人民以色列人日常生活中的天主,是他们祖先的天主,"亚巴郎的天主,依撒格的天主,雅格的天主",一个与以色列一代代人的命运联系在一起的天主,属于以色列人生命历史中的天主。这个天主不只是在伊甸园中与亚当、厄娃一起散步,也插手亚伯与加音的兄弟残杀事件,为了亚伯的血而质问加音。这个天主用洪水铲除人间不义,又用船拯救人类。这个天主接受亚巴郎的款待,赏赐年老的亚巴郎儿子,也考验他的忠诚。这个天主帮助在埃及做奴隶的以色列人逃出,帮助他们制定法律,帮助他们获得土地,也监护他们的社会正义。以色列的历史就是天主雅威与以色列人共同创造的历史,共同走过的日子。曾经向亚巴郎讲话的天主也向他的孙子雅格讲话,重申同样的承诺:"我是上主,你的祖先亚巴郎的天主,依撒格的天主。我要将你所躺的地方,赐给你和你的后裔。你的后裔要多如地上的灰尘;你要向东南西北扩展,地上万民要因你和你的后裔蒙受祝福。我必与你同在,你不论到哪里,我必护佑你,领你回到这里。我决不离弃你,直到实践了我对你的承诺。"(创28:13-15)

  以色列终于有了自己的国家。在王国时期,他们期望达味王朝中将有一位伟大的后裔使达味的王权永远不倒(依7;咏2:21;45;72;110),这里又是天主向达味承诺:"当你的日子满期与你祖先长眠时,我必在你以后兴起一个后裔,即你所生的儿子;我必巩固他的王权。他要为我的名建立殿宇;我要巩固他的王位直到永远。我要作他的父亲,他要作我的儿子;若是他犯了罪,我必用人用的鞭,世人用的棍,来惩戒他;但我决不由他收回我的恩情,就如在你以前由撒乌耳收回我的恩情一样。你的家室和王权,在我面前永远存在,你的王位也永远坚定不移。"(撒下7:12-16)公元前722年北国以色列灭亡,公元前587年南国犹太也被毁灭,人民被充军巴比伦。永恒的王国在哪里?他们认为灾难是由于他们远离天主,不遵守诫命而受到的惩罚。如依撒意亚先知宣布:"是的!上主抛弃了自己的百姓——雅各家族——因为他们充满了术士和占卜者,有如培肋舍特人一样,且与无信的人民握手言欢。他们的地域充满了金银,财宝不可估计;他们的地域充满了马匹,战车不可胜数。遍地都是偶像,人人崇拜自己手做的东西,崇拜自己手指的造像。如此,人自甘卑下,自甘堕落,对他们决无救援。当上主起来震撼大地时,你要潜入岩穴,躲在土中,为逃避上主的威吓和他显赫的光辉。目空一切的人必被抑制,性情高傲的人必被屈服;那一日,唯有上主受尊崇。因为万军的上主必有一日,要攻击所有骄矜自夸和自高自大的人,并加以抑制。必要攻击黎巴嫩的一切高大香柏树和巴商的一切樟树;必要攻击一切高山和耸峙的山岭,一切高塔和一切坚固的城墙,塔尔史士的一切船只和一切美观的画舫。人的傲慢必被屈服,人的骄矜必被抑制:那一日唯有上主受尊崇。上主必要完全毁灭偶像。当上主起来震撼大地时,你们应潜入岩洞,躲在土穴中,为逃避上主的威吓和他显赫的光辉。那一日,人必将把自己制造来崇拜的银像和金像,抛给鼹鼠和蝙蝠,以便在上主起来震撼大地的时候,逃避上主的威吓和他显赫的光辉。"(依2:6-21)先知警告人:"你们不要依恃人,因为他只有一口气在鼻孔里,他可算得什么?"(依2:22)

在流放巴比伦时期,他们的心中燃起对"雅威日子"的盼望,这日子是审判之日,也是救恩之日,囊括普世宇宙在内(参考依45-55)。有些概念特地用来描绘这个时刻:"必有一日"、"那一日"(依1:24-5:30)、"上主伟大的日子"、"上主愤怒的日子"(索1:14-15),"上主的震怒"(编下28:11、13),"审判之日"(友16:17)、"末日"(依2:2)等等。它告诉我们,天主是人类历史的主宰,他要除去罪恶,惩罚恶人,重整世间秩序,"创作新天地"(依65:17;66:22)。而这个时代,就是上主为王君临熙雍山的时代(依2:2;米4:1、7;则38:8;达10:14)。天主雅威要匡复的正义首先是复兴以色列,惩罚曾欺压以色列的外邦人,归还以色列民族正义。依撒意亚预报:"那一日,叶瑟的根子将成为万民的旗帜,列邦必将寻求他;他驻节之地,将是辉煌的。那一日,吾主将再举起自己的手,赎回他百姓的残存者,即残留于亚述、埃及、帕特洛斯、雇士、厄蓝、史纳尔、哈玛特和海岛上的人。他将向列邦高举旗帜,召集以色列的流徙者,由大地四极聚集犹大的离散者。……上主将使埃及海湾涸竭,借烈风向大海挥手把它分成七个支流,使人穿着鞋即可渡过。为他百姓的残存者,即存留在亚述中者,将有一条大道,有如为当日由埃及地上来的以色列一样。"(依 11:11-12)

《旧约》中论述终极正义较多的主要著作是《先知书》。先知们将希望寄托于天主。天主是历史的主宰,施与救恩和祝福、解放和胜利,也主持正义、惩罚罪恶。北国以色列灭亡前 20 多年,先知亚毛斯首先开始宣讲"雅威的日子",这在圣经中是第一次出现。"那仰望上主日子来临的人是有祸的!上主的日子为你们有什么好处?那是黑暗和无光明之日,好似人逃避了狮子,又遇到了狗熊;进到房屋里,手扶在墙上,却被蛇咬伤。上主的日子岂不是黑暗而没有光明吗?那日实在幽暗而漆黑!"(5:18-20)他谴责礼仪外表化、崇拜异邦神、为富不仁、穷人被剥削、孤儿寡妇得不到照顾。"正义的日子"将是天主向对这些对向天主说了"不"的人们说"不"的时候。"他们为了银钱出卖义人;为一双鞋,出卖无辜的人。他们把穷人的头踏在尘土里,侵夺卑微人的权利;儿子与父亲走近同一少女,以致亵渎了我的圣名;他们靠近每个祭坛,躺在抵押者的衣服上,在他们的神庙内喝剥削来的酒。……你们竟叫献身者喝酒,又吩咐先知说:'别传神言!'看,我要使你们脚下的地摇荡,好像满载禾捆的车摇荡一样,以致疾行者无法逃遁,强有力者无法施展,武士救不了自己,弓手不能屹立,捷足者不能逃脱,骑马者不能自救。在那一天,武士中最勇敢的,也仅能赤身逃走。"(毛 2:6-16)

审判是一个工具,通过它天主实行救恩,为一个永无终结的与天主和好的新时代揭幕(耶 3:21;4:1;31:2-5、18-22;则 40:48;依 40:1-9;54:7-10)。人民与天主恢复一种新关系,这关系如此密切甚至可以用新郎和新娘来比喻:

"看,时日将到——上主的断语——我必要与以色列家和犹大家订立新约,不像我昔日——握住他们的手,引他们出离埃及时——与他们的祖先订立盟约;虽然我是他们的夫君,他们已自行破坏了我这盟约——上主的断语——我愿在那些时日后,与以色列家订立的盟约——上主的断语——就是:我要将我的法律放在他们的肺腑里,写在他们的心头上;我要作他们的天主,他们要作我的人民。那时,谁也不再教训自己的近人或弟兄说:'你们该认识上主',因为不论大小,人人都必认识我——上主的断语——因为我要宽恕他们的过犯,不再记忆他们的罪恶。"(耶 31:31-34;参考欧 2:18-25;依 62:4)。

在这个新的盟约中,耶路撒冷是全民朝圣的中心(依 2:2-4;米 4:1-5),在那里人们享受雅威的和平与救恩(依 60:2;则 2:14)。那时将是新伊甸园的时间:

"豺狼将与羔羊共处,虎豹将与小山羊同宿;牛犊和幼狮一同饲养,一个幼童即可带领它们。母牛和母熊将一起牧放,它们的幼雏将一同伏卧;狮子将与牛一样吃草。吃奶的婴儿将游戏于蝮蛇的洞口,断奶的幼童将伸手探入毒蛇的窝穴。在我的整个圣山上,再没有谁作恶,也没有谁害人,因为大地充满了对上主的认识,有如海洋满溢海水。"(依 11:6-9)。

天主将以正义统治他的王国(耶 23:5;依 32:1)。这个末世天国将由达味的后代、天主敷油的默西亚来建设,白冷是他的住所(米 5:1-5)。他要宣告雅威的救恩和解放:

"吾主上主的神临到我身上,因为上主给我傅了油,派遣我向贫苦的人传报喜信,治疗破碎了的心灵,向俘虏宣告自由,释放狱中的囚徒,宣布上主恩慈的喜年,揭示我们天主报仇的日期,安慰一切忧苦的人,给熙雍悲哀的人一项冠冕来代替灰尘,喜乐的油以代替丧服,颂赞以代替沮丧的心神。他们将被称为正义的橡树,上主为光荣自己所种植的园地。"(依 61:1-3)

将是这一篇宣言成为耶稣首篇讲道的读经,成为耶稣自己使命的宣言书。

虽然早期先知认为,天主要在历史内施行审判与拯救,这思想被另一更具突破性的神学取代,他们找到一种解决历史悬谜的方法,就是相信天主必战胜邪恶,天主之国必战胜邪恶之国,建立永久的救恩时代,也出现了对死后世界的期待。这思想成了两约间默示文学(Apocalyptic Literature)的特性。他们采用一些神秘的象征和图形来描述自己的视见,传达上主的信息:

> "上主对我说:'人子,这些骨头就是以色列家族。他们常说:我们的骨头干枯了,绝望了,我们都完了! 为此,你向他们讲预言说:吾主上主这样说:看,我要亲自打开你们的坟墓;我的百姓,我要从你们的坟墓中把你们领出来,引你们进入以色列地域。我的百姓! 当我打开你们的坟墓,把你们从坟墓内领出来的时候,你们便承认我是上主。我要把我的神注入你们内,使你们复活,叫你们安居在你们的地域内,那时,你们便要承认我,上主言出必行-吾主上主的断语。"(则 37:11-14)

在天主的救恩与反天主的力量之间存在着战斗,不仅是普遍的,而且是宇宙性的。这种战斗也被解释为有信仰的人与无信仰的人们之间的战斗,爱与冷漠之间的战斗。旧约中的默示录文献有:则 38,岳 4:9-17,匝 13,达 2,依 24-27。还有前面提到的许多伪经文献。这些书普遍的特色是对于世界末日迫切的盼望,期待一个崭新的开始,这个迫近的结束来于宇宙灾难,时间的结束也就是历史的结束,在尘世历史与未来之间存在一定的联系,最终义人会得救,可见的天国从天而降。如岳厄尔先知宣告:

> "太阳和月亮昏暗了,星辰失去了光芒。上主从熙雍怒吼,从耶路撒冷发出自己的声音,天地为之震动;但上主却是自己百姓的避难所,是以色列子民的堡垒。那时,他们必要知道:我上主是你们的天主,我住在熙雍,我的圣山上。那时,耶路撒冷必要成为圣地,外人不能再从那里经过。到了那一天,山岳必要滴下新酒,丘陵必要流下乳汁,犹大的一切河流必要涌流清水;从上主的殿里,将有一清泉流出,浇灌史庭山谷。"

在希腊文化扩张时期,以色列形成了智慧文学流派,以韵文、诗词或者故事、寓言来表达末世讯息,智者继承了先知的角色成为犹太民族良心的忠告者。智者更加重视伦理,形成以人和现实世界为中心的转向。这个时期对善恶报应、人的存在、痛苦的意义和死亡问题产生了新思考。过去以色列人相信报应就在今生,但是人在今生常常看不到天主的正义,义人常常在世受尽苦难,恶人反而青云直上,弱小的以色列历经战争蹂躏,主的传令人先知们都被折磨而死,天主的正义到底在哪里?《训道篇》深刻地表达了对人生的悲观和无奈：

> "的确,世人的命运,同走兽的命运,都是一样：前者怎样死,后者也怎样死；气息都一样,人并不优于走兽：因为都是虚无。都同归于一处；既都出于尘土,也都归于尘土。人的气息是否向上高升,走兽的气息是否下降地下,有谁知道？因此,我看出：人最好还是享受自己劳苦所得,因为这是他的命运；有谁能领他去看他自己身后的事？"（3：19-22）

面对生命的有限和死亡这个事实,人束手无策,哀怨悲苦,心力交瘁,死亡沉重黑暗地压在人的心头,是个似乎连天主雅威也无法解开的谜：

> "上主我天主,我白天祷告,我黑夜在你的面前哀号。愿我的祈祷上达你前,求你侧耳听我的呼喊。因我的心灵饱受灾难,我的性命已临近阴间；我已被列在进入坟墓的人中,我已变成与无气力的人相同。我的床榻铺在死人的中间,与葬入坟墓者的尸身作伴,你已不再纪念他们,你已不再照顾他们。你把我放在极深的坑间,你把我置于黑暗和深渊。你的忿怒气焰重压着我,你的大浪巨涛苦害着我。你叫我的知己弃我远去,你使我被他们痛恨厌恶；我的眼睛因痛苦而憔悴,上主,我天天在呼号着你,也把我的双手向你举起。难道你还要给死人发显奇迹,或者去世的人会起来称谢你？难道在坟墓里还有人称述你的仁慈,或者在阴府内还有人宣扬你的信义？难道在幽暗处能有人明了你的奇迹,或者在遗忘区还有人晓得你的正义？但是上主,我现今呼号你,我的祈祷早晨上达于你；上主,你为什么舍弃了我的灵魂,又为什么向我掩起了你的慈容？我自幼受苦,几乎死去,受你的威吓,万分恐惧；你的盛怒将我淹没,你的威吓使我死掉,像水一样常环绕着我,由四周齐来紧围着我。你使亲友同伴将我离弃,黑暗成了我的家人知己。"（咏88）

苦苦祈祷,苦苦索问,但是没有答复。然而人生不能陷于如此绝望和沉重的境况中,以色列仍然只能从天主那里找到安慰：

> "我常将上主置于我的眼前,我决不动摇,因他在我右边。因

此我心高兴,我灵喜欢,连我的肉躯也无忧安眠。因为你绝不会将我遗弃在阴府,你也绝不让你的圣者见到腐朽,请你将生命的道路指示给我,唯有在你面前有圆满的喜悦,永远在你右边也是我的福乐。"(咏16:8-11)

以色列的思想在这时获得超越,目光由现世伸展到死后,而且今生和未来有着密切联系。

以色列的信仰历程从亚巴郎领受天主的许诺和考验,天主便密切地进入了他们的生活,贯穿了以色列人的历史,弥漫他们的生命,是他们的盼望、安慰和依靠。后来这种民族与雅威的关系成为普世的、末世性的、宇宙性的和历史性的,末世观点也从历史终结转向到超然目标。未来对于有信仰的人不再是遮蔽的,因为他们知道天主坚定不移地引导着历史,走向祂指定的目标,天主自己成为末世的方向、人类的未来。

(2)人观:拥有天主气息的陶俑

生命,在旧约中被认为是天主赐予的最大恩宠,是人与天主相遇的地方。长寿而智慧是希伯来人最大的理想。天主是生命的赐予者,当然死亡也是天主决定的,所以死亡对于希伯来人没有困难,而是自然的。亚当(Adam),希伯来文的意思就是陶俑,人来于土(adamah),也归于土。① 天主拓土造人,又为他吹入气息,天主的呼吸与来于陶土的人形浑然成为一体,这呼吸使人成为人。死亡是失去生命活力(nefeš)。死人不再呼吸,肉体(bâsâr)回归尘土,由天主吹入鼻孔中来的呼吸(rûah)回归天主。与希腊文化不同的是,希腊文化中精神与物质二元分立,精神降落在物质世界是一种堕落和束缚,所以历史没有价值,时间毫无意义;而希伯来文化中认为精神与物质浑然一体,共同组成人类生命,人由肉体物质和天主的呼吸组成,缺一不可,历史和时间是人类生命展开的必要环境。

但是在接受死亡这个无法逃避的事实同时,他们也为此悲剧而反抗②,心塞苦涩,尤其是对于未成年人的死亡人心实在无法解脱沉重的压抑。死

---

① 创3:19。
② 列下20:1-3。

亡摧毁人的努力,摧毁一切与天主与亲人的关系。死亡把人带入阴暗的地下,没有呼吸 rûah,居住在远离活人的阴府 she'ôl。① 对于来生的希望是在充军时期慢慢发展起来的。但是具体的出现是在公元前 250 年左右默示录文体流行时期,以及希腊文化的影响。不过以色列人仍然与希腊观点不一样,他们仍然不讲灵魂不死,而是雅威在人死后仍然让人像被创造时那样由土和天主的呼吸再生。依撒意雅先知的默示录认为雅威会永远消灭死亡(25∶8),死人将会再生,尸体会复活(26∶19)。最明显的还是达尼尔先知 12∶1-3:"许多长眠于尘土中的人要醒起来,有的人要入于永生,有的人要永远蒙受耻辱。贤明之人要发光有如穹苍的光辉。"马加伯书中七个兄弟也盼望复活:"雅威给了我们由祂将我们复活的希望。"(加下 7∶14)以色列由于对于天主的坚定信心,相信雅威从无中创造了世界(加下 7∶28),也相信全能天主的审判会将祂的神圣能力和永恒生命分享给那些在对祂的依靠中死去的人们。

旧约中谈到个人的得救总是与团体得救的希望联系在一起。厄则克尔先知在一个神视中看到以色列人的枯骨生肉复活,雅威将以色列人从坟墓中救出,把他们重新带回以色列,为了让他们认识雅威是主(37∶11-14)。不过对这段经文很有争议,到底是比喻被流放的以色列重回家乡如同枯骨复活,还是真的说死去的人的枯骨复活。

这个时期希腊文化对灵魂不朽的信念影响了以色列,引发他们认真思考有关死亡、审判和永生的问题。在《智慧书》中已经出现了灵魂不死的说法,不过并不像希腊文化中对灵魂的认识,而是与义人的生命相联系,仍然保留了人是一个整体的传统观念。

"义人的灵魂在天主手里,痛苦不能伤害他们。在愚人看来,他们算是死了,认为他们去世是受了惩罚,离我们而去,仿佛是归于泯灭;其实,他们是处于安宁中;虽然在人看来,他们是受了苦;其实,却充满着永生的希望。他们受了些许的痛苦,却要蒙受绝大的恩惠,因为天主试验了他们,发觉他们配作自己的人:他试炼了他们,好像炉中的黄金;悦纳了他们,有如悦纳全燔祭。他们蒙着

---

① 约 10∶21-22。

顾时，必要闪烁发光，有如禾秸间往来飞驰的火花。他们要审判万国，统治万民，上主要永远作他们的君王。倚恃上主的人，必明白真理；忠信于上主之爱的人，必与他同住，因为恩泽与仁慈，原归于他所选拔的人。"（智3：1-9）

对于人生他们为其赋予伦理思考：

"义人纵或夭折，亦必获享安息。因为，可敬的老年并不在于高寿，也不在于以年岁来衡量；其实；人的老年是在于有智慧，高寿是在于生活纯洁。这样的人悦乐了天主，也为天主所爱，因他生活在罪人中间，所以天主把他接去。他被接去，免得邪恶改变了他的心意，虚伪迷惑了他的心灵；因为罪恶的蛊惑，使人丧失天良；情欲的风暴，毁坏纯朴的心灵。他在短期内成为完人，与满享高寿无异。他的灵魂使天主悦乐，因此，天主迅速将他从邪恶之中提去。世人见了，并不明了，也不存心细想；他拣选的人，必获恩宠和仁慈；对他虔诚的人，必蒙眷顾。死去的义人，是判定活着而不虔敬的人有罪；夭折的青年完人，是判定高寿而不义的老年人有罪。这般人虽然看到智慧人的结局，却不明了上主对他有什么计划，也不明了上主为什么使他平安无恙；他们见了，反而嗤笑，但上主却要讥笑他们。最后，他们将成为一具卑鄙的死尸，是亡者中的永远的耻辱，因为上主要将他们打倒在地，使之俯首无言，连根拔除，彻底破坏，长处于痛苦中，永无纪念存在。在清算他们的罪恶时，他们将战战兢兢前来受审，他们的邪恶要起来作证，控告他们。"（智4：7-20）

他们虽然接受了人是由肉体和灵魂两个不同的自然属性组成的思想，但是其中谈到人的不朽时，基础仍然是创造论："天主创造了人为了他不朽，天主将人造成祂的肖像。"（2：23）他们不是像柏拉图那样把灵魂看作本身是不朽的神圣本质，而是因为天主创造了人，所以人可以期望不朽（3：4），因为人的灵魂肯定是在天主的手中。对于天主的信念和对于盟约的正义性才是"不死的根本"（15：3）、"不朽的基础"（6：18）。直到耶稣时代，犹太教中并没有形成有定式的关于死者复活的概念。撒杜赛人否定复活，法利赛人肯定（玛22：23；宗23：8）。

而关于死去的人的状况,旧约认为死者要去 She'ôl 阴间,那是一个有去无回的地方(约 7:9;38:17;依 14:10)。雅威的力量虽然不会在阴间的边界结束(咏 139:8),但是已经不再施加影响(咏 88:6),那个地方与天主没有联系(训 3:20),在阴间人不能再歌颂雅威(咏 6:6;88:11)。天主是生者的天主,只管理生者。但是以色列人相信他们的虔诚和正义使他们可以靠近天主,尽管所有的人都需要去阴间,不过虔诚和正义的人会在阴间的最上层,而邪恶的人停留在死者王国的底层。由此而产生了人死后存在的一个中间暂居地带,在那里每一个人离开天主远近不等,等待新的创造。

比较明确谈到灵魂不死是犹太默示录的新发展。公元前 4 世纪的《神视者之书》(*Il libro dei Vigilanti*)是犹太文化中第一本谈到灵魂不死的书,认为灵魂是纯精神,所以在肉体腐烂后仍然可以存在。而关于肉体复活的观点是犹太默示录普遍的共性。最后的审判也出现在犹太默示录中,在历史的结束,天主,坐在宝座上来施行审判,首先审判魔鬼,然后是罪人,以及所有反叛的天使,把它们打入地狱;①而义人要被接入天堂。

2. 新约的末世观:人的绝对未来天主和天主的合作者人

旧约末世观主要在于对"默西亚时代"的期盼,新约则发展"默西亚时代"为"最后的时期"(弟前 4:1;伯前 1:5;犹 18;若一 2:18),开启了一个新的历史阶段,即"末世"。它与默西亚的诞生有关,是默西亚开始新纪元,新时代。已经诞生的默西亚完成了两种作为:天国的宣布和建立;耶稣基督的死亡和复活。这就是新约末世观的中心。

耶稣取了先知及预言文学的思想形式,却给它们注入了具决定性的新意:以色列人等待已久的天主国,已经透过耶稣基督来到人间(谷 1:15)。但天国还未完全实现,因为人尽管已预尝了天主特别的赐福,罪恶、死亡与生命的谜团仍然存在;因此要天国完全成就,仍得等待将来,即人子再来的时候(谷 13:26)。新约末世论的要旨,特别是保禄神学,就在乎既济(already)与未济(not yet)之间的张力;即济者,是因为基督已经来到;未济者,是因为基督还要再来。

---

① Libro dei sogni.

基督信仰是朝向未来注目的宗教,基督徒生活在历史中,在历史中迈向未来,在历史中实现救恩。天主是基督徒绝对的未来,在天主自我赠予中人类最终完满分享天主的恩宠。而道成肉身与圣神降临已经开启末世时代,天主已经把自己给予造物。人类对这个恩宠的分享也进入了末世时代,正在走向完满。

终极完满的目标引导着历史中人类前进的脚步,安慰着飘动的灵魂。天主恩宠中的人回应天主的召叫,在天恩照耀的历史中建设着人类、完善着人类,推动着天主规划中完美人类的实现。朝向终极完满的人不只是埋头于现实和今天,也远瞩着未来、高瞻着圣善、聆听着天言。一个生活在终极完满目标中的人是有理想的人,是前进的人,是开放的人,有安慰的人。一个以天主为目标的人是走向完善的人。

(1) 对观福音

对观福音以天国为末世思想的基础,耶稣基督来到人间把天国带到了世界,但必须到人子乘云荣耀降来时,天国才得以圆满。耶稣宣讲的核心和特色就是天国:"时期已满,天国临近了;你们要悔改,相信福音。"(谷1:15)天国临近了,末世时代开始了。末世时代是人类历史之期待的实现。天主是历史的主人,历史是有目标的,那是天主规定的,这目标在末世要实现。

对天国的宣讲在若翰已经开始,但是他宣讲的是预备天国,而耶稣告诉人们天国临近了,未来的实现已经开始了。这天国由宣布喜讯的耶稣基督开启,以他的言行昭示人间,以奇迹被见证,最首要的是他自己的临在。路加强调救恩的"现实"幅度。耶稣赦罪、治病、驱魔,这些都是新时代来临的记号,在他的天国里:盲人看到,瘸子跳跃,癞病人恢复健康,聋子听到,奴隶解放,囚徒自由,穷人听到福音,死者复活。(路4:18-19;7:22)也就是依撒意亚所预言过的新时代,现在来到了。

耶稣并没有为他宣讲的天国下定义,但是指出这不是军事王国,也不是经济王国,不是人们习惯的历史上出现过的那种国家,"人不能说:看呀,在这里;或:在那里",但是天主的国就在你们中间(路17:21)。天国在耶稣宣讲的救恩中,在他的言语和行动中,在人被耶稣的话语深刻触动内心并且接受这种触动的皈依中,在他自己的临在中。天国在人心里。不是政治、经济或者文化创造天国,而是人心创造天国。这个天国对于没有信仰的人是隐藏的,直到世界末日:"当人子在自己的光荣中,与众天使一同降来时,那时,他要坐在光荣的宝座上。一切的民族都要聚在他面前……那时君王要对坐在他右边的说:我父所祝福的,你们来吧!承受自创世以来为你们准备的国度吧!"

圣子是圣父最后的启示者和天主国来到世界的携带者(路10:21)。因为他,天国决定性地来到了。玛窦相信耶稣是天国的末世完成者,他被赐予全世界的权能和力量:"天上地下一切权柄都交给了我"(玛28:19),不论是人间的,还是大自然的,还是天上的。他在各地的会堂宣讲福音,治愈百姓的各种疾病和残障(玛4:23、24);他平息风浪(玛8:23-27;14:22-33)、增加食物(玛14:19-21);他驱除魔鬼(玛8:28-32);他对百姓循循善导,教导人新伦理:山中圣训(玛5:3-12)。他告诉他的弟子们要像他一样:"你们要各处周游,大声宣讲:天国临近了!病人,你们要医治;死人,你们要复活;癞病人,你们要洁净;魔鬼,你们要驱除。你们白白得来的,也要白白分施。"(玛10:7-8)

对观福音还谈到终末的征兆,比如自然灾害、假先知、战争、饥荒、迫害、偶像崇拜(谷13:3-27;路12:11-12;若一2:18-19)。劝告我们要醒悟(谷13:28-37;玛24:45-51;25:1-13;25:14-30)。对观福音的核心思想都是人子光荣的来临(谷8:38;14:62;玛16:27;路9:26;22:69)。伴随着主的来临,会发生死人复活(谷12:18-27)和最后的审判(玛25:31-46)。天堂和地狱则将是最终结局(玛8;25)。天堂是天国的最终实现。

(2)保禄文献

保禄将耶稣的十字架和复活看作人类历史的转折点,所以他的末世思想中心是逾越奥迹:"假如基督没有复活,那么,我们的宣讲便是空的,你们的信仰也是空的。"(格前15:14)耶稣是天主对于人类一切承诺的实现:"天主子耶稣基督,并不是'是'而又'非'的,在他只有一个'是'。因为天主的一切恩许,在他内都成了'是',为此也借着他,我们才答应'阿们',使光荣藉我们归于天主。"(格后1:19-20;参考迦3:16)法律、罪恶、死亡,旧时代的力量已经被超越,在耶稣的死亡和复活中救恩已决定性地来到。通过耶稣的死亡,天主对罪恶已经审判,同时通过耶稣的复活已经开始了救恩的新时代。天主将人类罪恶带来的诅咒放在了耶稣身上,并且已经审判:"因为他曾使那不认识罪的,替我们成了罪,好叫我们在他内成为天主的正义"(格后5:21;参考迦3:13),以便向人类展示人类远离天主及失落状态的可怕。复活,对于保禄来说是信仰的基础:

> "我们既然传报了基督已由死者中复活了,怎么你们中还有人说:死人复活是没有的事呢?假如死人复活是没有的事,基督也就没有复活;假如基督没有复活,那么,我们的宣讲便是空的,你们的信仰也是空的。此外,如果死人真不复活,我们还被视为天主的假证人,因为我们相反天主作证,说天主使基督复活了,其实并没有使祂复活,因为如果死人不复活,基督也就没有复活;如果基督没有复活,你们的信仰便是假的,你们还是在罪恶中。"(格前15:12-17)

基督已经被天主复活了,这是新人和最后的亚当的最终及决定的形式:

> "基督从死者中复活了,成为所有安眠者初熟的果实。因为死亡既因一人而来,死者的复活也因一人而来;就如在亚当内,众人都死了,照样在基督内,众人都要复活;不过各人要依照自己的次第:首先是为初果的基督,然后是在基督再来时属于基督的人,再后才是结局……基督必要为王,直到把一切仇敌屈伏在他的脚下。最后被毁灭的仇敌便是死亡。"(格前15:20-26)

> "既然因为一个人的过犯,死亡就支配了众生。那么,承受了丰沛恩宠和正义恩惠的人们,也将通过耶稣基督一个人而掌握生命。因一人的过犯,众人都被定了罪;同样也因一人的赎罪行为,众人都被带回到通向生命的成义之路。因一人的悖逆,使众人沉溺于罪恶;同样,因一人的服从,大众都成了义人。……罪恶怎样借死亡为王,恩宠也怎样借正义而为王,使人借着我们的主耶稣基督而获得永生。"(罗5:17-21)。

谁生活在基督内就已经是新创造、新人,已经与天主和好,在自己的日常生活和伦理道德上要有改变以迎接基督荣耀再来：

"当基督,我们的生命显现时,那时,你们也要与祂一同出现在光荣之中。为此,你们要致死属于地上的肢体,致死淫乱、不洁、邪情、恶欲和无异于偶像崇拜的贪婪,为了这一切,天主的义怒才降在悖逆之子身上;当你们生活在其中时,你们也曾一度在其中行动过,但是现在你们却该戒绝这一切：忿怒、暴戾、恶意、诟骂和出于你们口中的秽言。不要彼此说谎;你们原已脱去了旧人和他的作为,且穿上了新人,这新人既是照创造他者的肖像而更新,为获得知识的。"(哥3：5-10)

基督徒就是与天主和好了的,被矫正了的、重置的(giustificato)、圣化了的,是生活在圣神内的,有能力战胜旧力量的诱惑："凡属于基督的人已把肉身和私欲都钉在十字架上了。我们要因圣神而活,让圣神领导"(迦5：24-25)。

不只是人类更新,万物也在期待着自由,从人类罪恶的后果中挣脱,恢复自己原来的美丽。"受造物本身终有一天会摆脱腐朽,享受作天主子女的自由与荣耀。我们看得出受造物都在痛苦中呻吟,好像产痛那般。我们既然已经得到了最大的恩赐—圣神的来临,但我们也渴望着成为天主的子女,期望我们的肉身得到救恩"(罗8：21-23)。得救包括肉体,它由物质组成。历史的结束就是圣子消灭一切邪恶势力,完满实现天国的时候："在末日的号角响起时,所有死去的将复活,成为不朽的,我们也必要改变。我们会腐朽的身体将变为不朽的,可死亡的身体将成为不死的。……那时将应验经上所记载的话：'胜利了！死亡已被吞噬！死亡,你的胜利在哪里？死亡,你的毒刺在哪里？'"(格前15：52-55)

复活是靠着基督来临,基督来临是保禄思想的中心之一。"在发命时,在总领天使呐喊和天主的号声响起时,基督要亲自从天降来,那些死于基督内的人先要复活……"(得前4：13)那一天,每一个人都会面对基督,接受赏善罚恶。在那天主义怒审判的日子,启示之火将会让每个人和所有的人明白自己的作为,对于言行和工程的审判将会产生赏善罚恶："将来,每一个人的作为都会显露出来。因为在审判的那天,一切要经过火的考验,每个人的工程真貌将被披露"(格前3:13)。

(3)若望文献

若望文件中的末世观点着重强调永生。生命因圣言而出现,永生因着耶稣基督已经来临,而在末日达致圆满。"圣言在起初就与天主同在,万物是借着他而造成的。……在他内有生命,这生命是人的光"(若1:2-4)。基督是永恒的圣言,在天主内,是天主(若1:1),借着道成肉身进入世界,带着恩宠和真理:"那普照每一个人的真光正在进入这世界……圣言成了血肉,寄居在我们中间。我们见到了他的光荣,那是父独生子的光荣,满溢恩宠和真理"(若1:9、14)。当他在尘世的生命中,他向世界展示自己是光明和生命,是通向天主父的道路和真理;他通过死亡和复活去天堂为信徒准备家园(若14:1)。对于若望,救恩目前的临在是首要的,天主居住在所有相信祂、爱祂的人心中,在心中天主圣神创造不止,直到基督再次光荣来临时获得圆满。

末世的末世与现在的末世不矛盾,而是在一个张力中。若望的末世观重点首先是已实现的末世论,在现世人已经有了永生:"听我的话,相信派遣我来的,已有永生,不受审判,已经出死入生"(若5:24);如果人不信,现在就要受到审判:"天主竟这样爱了世界,甚至赐下了自己的独生子,使凡信他的人不至丧亡,而获得永生。因为天主没有派遣子到世界上来审判世界,而是为了让世界借他而获救。那信从他的,不受审判,那不信的已经被审判。因为他没有信从天主独生子的名字。审判就在于此:光明来到了世界,世人却爱黑暗胜于光明,因为他们的行为是邪恶的。事实上,凡作恶的都憎恶光明"(若3:18-20);但是若望也强调了末世的未来向度:"凡看见子,并信从子的,必获得永生;并且在末日,我要使他复活"(若6:40);"谁吃我的肉,喝我的血,必得永生,在末日我要叫他复活"(若6:54)。现在的末世与未来的末世在基督荣耀再来时合而为一,达到完满,二者互相补充:"拒绝我,及不接受我话的,自有审判他的;就是我说的话,要在末日审判他"(若12:48);"时候要到,且现在就是,死者要听到天主子的声音,凡听从的就必生存。就如父是生命之源,照样他也使子成为生命之源,并且赐给他行审判的权柄,因为他是人子。……时候要到,那时,凡在坟墓里的,都要听到他的声

音而出来。行过善的,复活进入生命;作过恶的,复活而受审判。"(若5:25-29)

永恒的生命就是天主自己的生命。"在他内有生命,这生命是人的光"(若1:4);"永生就是认识你,唯一的真天主,和你所派遣来的耶稣基督"(若17:3)。最后的复活也是来于天主,天主就是原因,圣子分享这个能力:"就如父唤起死者,使他们复生,照样子也使他所愿意的人复生"(若5:21)。而由于信德的力量,末世事件现在已经预显:"我就是复活,我就是生命。信从我的,即使死了,仍然活着;凡活着而信从我的人,必永远不死。"(若11:25-26)

《若望默示录》是新约圣经中唯一的一部默示录。它不是解释宇宙末日,而是解释人类历史事件及其在基督内与天主的关系。末日图像只是为了服务于图解救恩剧目。它告诉我们,历史的主人是天主,在基督内正义的力量已经战胜邪恶力量:"恩宠与平安由那今在、昔在及将来永在者,由在他宝座前的七神,并由那忠实的见证,死者中的首生者,和地上万王的元首耶稣基督赐予你们。"(默1:4-5)最后以对话文体描述末日里天上与地下互相呼应,欢呼为人类做了祭献的羔羊的荣耀。教会与圣神一同呼求她新郎的来临,在羔羊的婚宴中实现完满:"凡口渴的,请来吧! 凡愿意的,可白白领取生命的水。"(默22:17)

3. 伪经中的末世观

伯多禄默示录在1886年冬天被发现在埃及一个僧侣的坟墓里。那是2世纪中期的作品。主要谈到最后的审判、义人和恶人的最后命运、天堂和施与惩罚的地方。最后的审判与基督荣耀再来联系,所以那一天也被称为"主的日子"、"惩罚的日子"、"主审判的日子"。审判官是基督,他被天主圣父所派遣。"我要与我所有的圣人和天使同来。我的父在我的头上为我戴上冠冕,让我审判生死者,根据每一个人的作为施以赏罚"(一,6:25-26)。在审判的日子,天主要让死人复活,"土地要归还一切,而且土地也要与其它一切接受审判,天空也一起接受审判"。所以,那将是宇宙式的,是世界的结束。火浪翻滚,淹没地球;海洋燃烧,天空喷火;星体要被炽热的火焰熔化,闪电刺穿大地;亡灵也如火球穿梭;活着的人们由东方跑到西方,由西方跑到东方,由南方到北方,由北方到南方,不论哪里都被火焰追逐。而基督施行审判的地方是耶路撒冷,燃烧火焰的宝座从天而降,无数活物围绕,耶路撒冷内外挤满人群。在那一天,善人和恶人要永远被分开。恶人将第二次死亡,永远落在火海里,被毒兽恶虫折磨。善人不会第二次死亡,也不会被火吞噬,天使要带着他们享受永恒的幸福。

保禄默示录是除了正典《若望默示录》以外流传最广的。成书在3世纪上半叶的埃及,受到犹太默示录风格和希腊神话的影响。保禄默示录主要叙述个人死后的命运,每一个人死后的灵魂旅程,以及在旅程中看到的天堂和地狱。保禄说自己被天使带到第三层天,看到善人和恶人的灵魂出离肉体的情况。善人死后,天使把他的灵魂从肉体中取出,那个肉体要在这个人复活的时候重新结合灵魂。从这个时候起,灵魂在他的护守天使的陪伴下开始旅行,直到把他带到天主面前,天使还负责把这个人在世界上的一切作为禀告天主。天主对于善人的审判是慈悲的,由米佳勒大天使把他带入喜乐的天堂,那里充满圣人。而恶人死后在旅程中一直不断地被自己的天使揭发他一生中的恶行,直到最后被扔入永远的火海。灵魂旅程看到的地狱是火焰滚滚却阴暗的,而天堂是金光闪闪的,鸟语花香,蜂飞蝶舞,流水清澈。

4. 基督宗教救恩论与进化论发展观

基督宗教末世论关注的是一个持续地引导人走向未来的天主,所以具有进化色彩。但是它与一般进化论不一样。

人被原罪所彻底败坏的观点在16世纪引起人们的反抗心理,对人性提出挑战,有人站出来宣告:人类在进步,在发展,人类不是败坏的。那是近代文化兴起的时候,人类理性和科学开始得到广泛的解放,人们以积极乐观的态度看待自己,对自己充满信心,发现历史和大自然都有自己的"自然律"。过去它们被称为"天主的智慧",在理性和科学的时代,人们开始认为天主的智慧就是宇宙中的自然律,而人靠着理性和科学可以去认识、掌握这种自然律,这种智慧。

这种观点把人类从神话和迷信中解放,从大自然的控制和束缚中挣脱而获得自由,但是也开始误导人类,助长人类的骄傲和自私。启蒙主义时代开始,人类进步被等同为理性和科学上的进步,人们不再认为自然律是天主的智慧。否定了天主在人类中的救恩史,使末世论完全消失。世界失去了神秘气氛。人的理性和科学被绝对化,被视为人类的圆满终结,并且把它们当作神祇一样崇拜。直到卡尔巴特,他彻底否定理性和科学的进步就是人类的进步,指出所谓的这些进步对人类实际上毫无价值。

基督宗教末世论拒绝把人本身视为终极圆满,而宣告基督再来才带来人类的圆满,只有天主才是人类的圆满。人是在时间中完成和实现自己,而最后的完成和实现在于天主,整个人类的历史是与天主共写的历史。天主对宇宙、人类和每一个人都有一个规划,天主亲自担保并且陪伴整个规划的实现。认为人类已经成熟,不再需要宗教和神明的支持,这种进步观点只能把人类带向毁灭。

天主是人类的绝对未来,祂和历史进步没有冲突。人类在历史中创造的进步属于自然科学和人文科学的研究范畴,这是人类的使命,在伊甸园中人类从天主那里接受的第一条命令就是照顾世界,教会从来不反对科学研究和以造福人类为目的的进步,但是教会以其先知性职能告诉人,任何理论和进步都不是绝对的,只有天主才是绝对的;人不能把任何理论、学说、科学技术、或者进步当作神明一样崇拜,人永远需要从天主那里汲取能力,不断地反省、超越自己,向天主寻求圆满。同时教会深知世界进步是人类的责任,一直鼓励人们积极推动社会发展,参与人类进步的工作。《牧职宪章》34号讨论人类活动的价值时谈到:"毫无疑问,有信仰的人认为,人类所有个人及团体的活动,也就是历来人们设法改善生活条件的努力,本身都是吻合天主圣意的。人作为天主的肖像,曾经接受了驯服大地上一切造物,以圣德和正义管理万物的使命;目的是使人类承认天主是宇宙万物的创造者,并把自己本身的存在和整个宇宙归于天主,使万事万物在人类的领导下荣耀天主于普世。"人类的成果与天主的引导和规划相辅相成,毫无矛盾:"由人类的智慧和勇气所获得的成果,不仅不与天主的权威矛盾,作为理性造物的人类不仅不是天主的竞争者,相反,我们承认人类的胜利是天主之伟大和天主奇妙计划的标志。但是当人类的能力越来越壮大,人类的责任也就越来越广阔,不论是个人的还是集体的。所以,基督宗教的教导,不是阻止人们建设世界,或者忽略人类自身的福利,而是鼓励人们更加热忱地投身于这个义务中。"

人类的每一次进步都是救恩工程不断的实现,也使人类有更多的自由向信仰开放。《牧职宪章》44条指出:"世界应当承认教会是一个历史的社会现实和酵母,同样重要,教会也承认自己从历史和人类进步所获得的益处。通过历史的经验和科学进步,以及隐藏在各种人类文化形态下的宝藏,人类本性更加充分地得到表达,通向真理的道路也得到更多的扩展,这一切对于教会也是有益的。教会自古以来……就鼓励各国人民以自己的才能,根据自己的方式阐释基督的信息,同时促进教会与各民族不同文化之间的生命交流。……教会一方面帮助世界,同时也从世界获得帮助,其目标是天国来临人间,实现全人类的得救。"人类社会的进步不只是人的责任,同时教会也相信现代世界的进步会帮助人类更加充分地认识天主的启示,人类进步与天国来临不矛盾,爱主与爱人也从来不能分离。基督"是'阿尔法'和'奥密伽',是初始和终结,是原则和目标"。(GS 45)

基督信仰一方面防止人们把某些学说绝对化,另一方面鼓励人们积极参与世界上的工作,负责任地迎接新天新地:

"对人类和大地终穷的时刻,我们一无所知,我们也不知道宇宙会以什么方式被转化。但是被罪恶所扭曲、所玷污的这个世界必将逝去。从天主的启示我们知道,祂将为我们准备一个新居所、新天地,那里充满正义,丰盈的幸福会满足并且超出人心所能够想象到的所有和平愿望。死亡将被击败,天主的儿女将在基督内复活,曾经播种下的是脆弱和腐朽的,却将成为不朽的;将获得仁爱和她所有的美果,天主为人类所创造的一切也将从人类的虚妄中获得解放。基督告诉我们,人若丧失了自己,即使获得全世界,也毫无益处。但是对于新天地的期望并不能被削弱,而是应该增加我们对建设这个世界的投身热诚,因为就是在这里新人类的雏形得以滋长,获得预显,新世界的轮廓得以成型。因此,虽然应该严谨区别世界的进步与基督之国,但是,这种进步有益于改善人类社会的秩序,对天国的来临也很重要。"(GS 39)

四、末世关注在教会历史上的发展

末世思想在教会初期曾经是基督宗教信仰的特色,但是后来出现过很长时期的沉寂,直到梵二会议时才重现生机。沉寂的主要原因一是由于末日延期,二是希腊文化二元论影响;其近期的新生则是由于自然科学、心理学、医学、宗教学等等的发展。

1. 初期教会

这个时期,教会在思想上,与灵智派和希腊、罗马文化相遇;在生活上是残酷迫害的痛苦经验和建立体制、礼仪的迫切需求;在团体上是新型基督徒团体的兴起,比如隐修院。

最早在犹太战争影响下(66-70年),接着是新生基督徒团体在小亚细亚一带受到迫害,使末世关注在当时显得非常重要。这个时期主要表现出两种思想:一是默示录中宇宙性的变化(默20:11-21:5;伯前4:7;雅5:7-8;伯后3:10);另一个是在期待基督再度来临态度上的改变,即从初期基督徒对基督来临急迫期待的心态,逐渐的在几十年后转变成一种盼望基督在较长远未来来临的期待(伯后3:3-9)。可以概括为几个方面:a.天主与反神圣力量之间的战斗,以宇宙性变化和恶的消亡为结束的新时代的来临。b.在被迫害中,对于天主莅临的迫不及待的期望,对于历史快速发展,天主的审判、天主的正义之日子赶快来到的期盼。c.对于最后审判或者末世审判的期望。这审判既是对个人的也是对团体的,赏善罚恶,建设一个公平正义的新世界。d.旧时代的结束向新时代的来临的过渡期观点,在这个过渡期内,雅威还不是直接统治,而是通过默西亚天主子。e.天国的最后来临,携带着所有美善的救恩,比如:自由、统一、没有痛苦和压迫。

由新约著作看到,宗徒们和第一代基督徒对基督再来的期待是非常迫切的。由于耶稣基督的复活,他们充满了对末日来临的期盼,大部分人认为在他们有生之年,末日就会来临。后来的教难更加强了这盼望。但是末日一再推迟,从第2世纪开始,教会的注意力不再是基督是否立刻再来,而是个人死后的情况,以及基督徒在今世生活中罪过得赦免的问题,逐渐呈现出强烈的伦理意识,教会开始重视个人末世论,忽视了教会本身作为朝圣者的角色,教会团体作为末世象征的意义被大幅度削弱。拜占庭教会着重于个人净化,进入永恒;拉丁传统受奥古斯丁影响,强调苦修,战胜自己。

末日延迟使得教会本身的现世建制变得非常重要。末日延迟在基督徒中引起了焦虑,教会为了生存和完成在世界上的使命,面对罗马帝国,需要在某种程度上与其接轨,建设信仰团体,规范日常生活,牧灵、礼仪、圣事、管理机构都成为迫切问题。加上过激的蒙丹派神恩运动,强调圣神的力量而否定一切组织,反而促使教会组织化步伐加快。许多注意力集中于发展现世的教会组织,末世意识便逐渐淡薄、消退。

同时天国的概念也发生了变化。天国是对观福音的末世论主导思想,耶稣提到它时具有浓厚的末世色彩,给人感到逼在眼前的力度,以及其来临-已经来临、正在来临、将要来临的动态性。天国已经因耶稣基督而来临,并且正在来临于历史和每一个人的生命中,可是到第二代、第三代基督徒,已经把天国与天堂混为一谈,它处于未来的世界。

另一方面在希腊文化影响下,其精神与物质二元论深刻影响了初期教会关于天国的概念。柏拉图主张精神是永恒的,不灭的,降生在物质中,但仍然是纯粹的精神。精神是实有,物质只是幻象。这种思想使天国成为完全超越的、精神性的、历史之外的。教会是天国降临人间,但是如同灵魂降落肉体,历史世界也是天国的囚牢,所以天主的历史与人类历史或者世界历史是脱节的。①

后期犹太主义思想也对教会末世观产生了影响。犹太主义后期,把上主来临的最后时日称为"默西亚时期",这是天主绝对胜利的时期,人们过着幸福和平的生活,历史进入千禧年,不再有任何变化。那时教会把自己看作千禧年时期,实现的天国,也大量削弱了成长的、警醒中的、期待中的末世观。

由于末世延期,而个人却一个个要死去,这促使教会不得不严肃地面对

---

① 这是梵二以后所特别注意避免的,而强调教会所具有的朝圣者使命,她是天国在人间的幼芽和开端(LG 5)。不存在一个神圣历史和一个世俗历史的区别,而只有一个历史,那就是人类的救恩史,是天主与人共走的历史。天国和天堂不是两个截然无关的概念,二者有关系,但是不能混为一谈。天堂的标记是天主统治的完满临在,是完满的天国。

个人未来的问题,所以复活问题、炼狱问题、忏悔问题都成为重要问题。这也促成了新思想的出现,即在人死后和新天新地之间有一种中间状态,与此概念接近的是炼狱思想,这思想在教会的祈祷和补赎中一直非常有生命力。为亡者祈祷在地下墓窟壁画中就已经非常普遍。逐渐地教父们整合了希腊思想的灵魂不灭概念,另一方面,靠启示又给予它一新的意义,强调灵魂与肉体合一的重要性,以及人今生和未来的某种延续性。

2. 早期教父

教父时期,肉体复活是中心问题。耶稣的复活是众人复活的基础,也是个人和全人类得救的具体表现。在起初,基督徒对于复活的信仰只是单纯地接受,没有觉得需要什么解释。但是很快基督徒信仰遇到了灵智派,他们不接受肉体复活。优斯定为肉体复活坚定辩护,指出这首先是天主的恩赐,不属于人的可能性范围,而是属于天主无限能力的范围。他认为人死后灵魂仍然有感觉,但是在基督再次来临时灵魂重新获得自己的肉体。

阿泰纳哥拉(Atenagora)的《关于死人复活》是从哲学方面讨论问题,提出4点。第一,复活的必要性,因为人是被天主创造为了接受永生的,而只有复活,人才可能有永生。第二,人是由肉体和灵魂组成的,所以人需要同时拥有二者才可能永生,那么自然需要肉体复活。第三,谈到伦理,末世的酬报不只是涉及灵魂,而且也必须有肉体参加。第四,人被注定是要享受幸福的,那是另外一种生命,与尘世不同。他没有引用圣经和基督复活的事件,只是从人类学和哲学的角度来展开的。

依肋内是肉身复活教义的伟大捍卫者。他在《反异教》中从人类学的角度讨论肉体对于人的必要性,反对灵智派对肉体的诋毁。其中第五书的整个第一部分都讨论复活问题。他把人类学、救恩论和末世论三结合,指出耶稣的复活是人最后复活的唯一理由,耶稣的复活宣告不朽和不死,也就是完满的救恩。人复活的肉体也像耶稣一样由圣神主宰。"哪里有圣神,那里就有生活的人,有精神的血液……被圣神拥有的肉体,其属性会被圣神所同化,变得相似于天主圣言。因此,在尘世间我们作为天主的肖像,在天乡将拥有天人的形象"。他反对灵智派和摩尼教,也反对柏拉图和皮塔哥拉。

德尔图良(Tertulliano)《论复活》、《论灵魂》都谈到肉体复活和灵魂不死。天主是肉体的创造者，基督是肉体的拯救者，所以肉体需要回归天主、属于基督。复活是天主的事情，祂既然创造了人的肉体，也可以让它重新回来。所以，复活是每一个信徒的必然命运，他们将拥有自己在尘世所拥有的那个肉体。他相信复活的肉体将是精神性的。

灵魂不死的问题也是教父们关注的重点。亚历山大学派的克来孟（Clement Alesandrino）和奥力金（Origene），他们受到柏拉图和皮塔哥拉风格的人类学理论影响，认为人的实质是灵魂，不过他们不认同柏拉图关于肉体是恶的观点，而对灵魂不朽问题的发展做出了重要贡献。对于克来孟来说，人本身就是被召叫永远生活的。不朽如同一粒种子在人的生命中成长，使人渴望不朽。所以说人的自然属性不是应该死亡的。不朽的种子是天主栽植在人的生命中的，那是天主的恩赐，是圣神的成果。所以，不朽是人所获得的一个恩赐，应该持续不断地获得，这获得要求个人的努力。在人获得不朽的过程中，天主一直陪伴着人。贯穿这个过程的是天主圣言，不朽的道，基督，他为此不朽生命给予滋养。他没有忽略基督再来，但是讨论核心是灵魂不死。

奥力金，亚历山大传统的首要代表。他很容易接受灵魂不死的观点。他把灵魂不朽分为两类，一类是自然属性的，一类是天主恩宠。由于灵魂的自然属性，它是不朽的，因为是按照天主的肖像创造的。灵魂是在肉体被造之前就存在的，所以肉体死亡后灵魂仍然会生存。由于恩宠，灵魂是不朽的，因为联系着基督。这种特恩是少数人的专利。他也谈到肉体复活，不过着重复活肉体的精神性。

在教父时代，千禧年是一个重要的学说，但是从来没有被教会接受。千禧年观点认为在最后的审判和世界末日前会有一个千年国度，那是一个全新的世界，新耶路撒冷从天而降，义人复活在那里与基督共同管理世界，享受无限的幸福和恩宠。义人在这时的复活是第一次复活。千年后会有普遍的复活和最后的审判。千禧年传说在犹太教中有古老的传统，但是基督宗教千禧年说主要是由优斯定、依肋内和德尔图良发展起来的。根据依肋内的观点，千禧年除了天上的耶路撒冷降临，他的特殊解读是千禧年如同第七个千年，结束由创造世界到结束的七千年历史。天主在创造世界的时候用了六天，然后在第七天休息，规定其为安息日，同样万物也将在六千年完成被造的目的,而在第七年达到完满。而且,义人统治的千年王国是一所学校,在这里人的肉体逐渐完成其精神性的过渡,充分发展从造世以来就拥有的恩宠,为最后的审判之后所拥有的荣福直观做准备。德尔图良也认为千禧年的首都是从天而降的耶路撒冷,此千年之后世界会毁灭,然后在一瞬间转化为新天地,天国。

但是很快,奥力金就批评千禧年观点,后来有奥古斯丁更加彻底的批判而几乎熄灭了千禧年思想。

关于个人死后的问题教父们谈论比较含蓄、不确定,而对于殉道人死后的情况谈论比较肯定。巴西略(Basilio)、罗马的克来孟(Clement Romano)、安提约基雅的依纳爵(Ignazio Antiochia)都谈到死亡和审判。而优斯定是第一个对个人死后问题表示关注的教会作家,他尤其关注人死后到基督再来之间人的灵魂状况。他认为义人死后,灵魂会去一个好一些的地方,而恶人的灵魂会去一个差一些的地方,各自在那里等待最后的审判。他完全否认人死后灵魂直接升天,而特别肯定人需要复活,在最后的审判时接受赏罚。依肋内和德尔图良也肯定复活和最后审判时赏善罚恶,但是对于殉道者的命运德尔图良认为他们会马上进入天堂领受赏报。

4世纪的末世论主要在卡帕多其雅三教父。巴西略特别谈论到最后的审判。他区分个人审判和最后审判。个人审判在人死后马上得到,审判者是魔鬼,为了查看灵魂的罪恶,探查是否可以成为魔鬼的奴隶,如果不能做魔鬼的奴隶,灵魂就被交还给基督。[①] 最后的审判是由基督进行审判,由圣神陪伴,以爱和法律的标准查看人的作为。最后审判的场景是基督高坐宝座上,面对公众宣告判决。等待罪人的是恐怖、阴暗、火、毒虫,以及面对天主美善而产生的羞愧。

格列高利纳兹昂用他的诗歌描述了地狱的惩罚和天堂的荣耀。他认为在地狱里不是清洁的火,而是惩罚的火,火雨混合着硫黄和沥青倾洒在罪人身上。至于惩罚会持续多久,是不是永恒的,他没有肯定。他对天堂荣耀的观点是灵魂冥想天主,看到天主、分享和冥想天主的美善是灵魂最大的幸

---

① 参考 Hom. In Ps. 7.2. 参考 M. Girardi, Il Giudizio finale nella omiletica di Basilio di Cesarea, in Aug 18(1978),183–190.

福。而巴西略认为的天堂是充满光明，没有饥渴，不需要睡眠的地方，与基督生活在一起。尼撒的格列高里相似于巴西略，谈论天堂是人从日常物质束缚下获得解放，充满喜乐和幸福。

对于天崩地裂的末世转化也是尼撒的格列高里讨论的题目，这里涉及普遍救恩问题，不接受永恒的地狱和永恒的惩罚，所以一切造物包括罪人和魔鬼也都要经受一次全新的创造。这种说法从来不被教会接受。其代表人物是奥里金。尼撒的格列高里按照理性分类造物，包括天使、人类、魔鬼，有一天都要被善所吸收。他认为，恶没有自己的末世目标，没有永恒的地狱，不存在一个物质上的永恒地狱。在最后留下的只有善。不论是惩罚还是痛苦，都是为了清洁，都是有时间性的，天主要把一切都吸纳，进入善。

基督信仰末世论在奥古斯丁那里得到第一次大总结。他的末世论出发点是人心理常存的焦躁和对于自己受时间限制的认识。奥古斯丁认为世界末日是历史时间的结束，宣告最后的事情。事件的特征是基督审判官光荣来临，为义人带来幸福，为恶人带来不幸福。奥古斯丁也谈到人死后到最后审判之间的问题，他认为人死后在最后复活前不能享见天主的荣耀，但是死后会马上有私审判，经受某种程度的赏罚，不过不完全，而完全的赏罚只能在最后复活后。人死后，义人的灵魂与肉体分离，很平安，而恶人的灵魂承受某种惩罚，直到最后复活接受公审判后第二次死亡，这是永恒的死亡。奥古斯丁特别强调死人与活人之间的联系。死去的人并没有脱离教会，他们与活人处于真实的团结中，彼此存在互相的帮助和互相的转祷。关于死人为活人转祷的问题，他只是简单地说这是天主的事情，活人不了解另外一个世界的事情。① 对于活人为死人祈祷，奥古斯丁继承教会传统，他特别强调活人的帮助是为了清洁罪恶，因为天主是慈悲的，即使在人死后也愿意宽恕人，所以活人为死人的祈祷和施舍可以帮助死人获得宽恕。他相信清洁的火与地狱的惩罚是不一样的。清洁的长久与罪的轻重及活人的奉献有关。他没有解释清洁的地方在哪里。而对于复活的身体他认为应该是年轻时代的，并且保留性别。恶人在第二次死亡后会下入地狱，那里有火和硫黄折磨

---

① M. G. Mara, Riflessioni sulla morte nell'epistolario agostiniano, in S. Felici, Morte e immortalita', p. 143.

恶人的肉体和灵魂,还有魔鬼。地狱的惩罚是永恒的,因为在永恒的境界里没有改变。永恒的惩罚是没有救的,甚至圣人的祈祷也救不了他们。① 同样在天国的幸福也是永恒的,义人要看到天主。奥古斯丁非常反对千禧年说,他认为所谓千禧年不是时间上的概念,而是质量上的,表示教会在历史中与恶斗争,如同天国的象征,教会是时间内的天国②。

在这个时期的末世事情讨论中,对于基督作为生者和死者的审判官再回来的信仰是相同的,对于世界末日所有的人都要复活的信仰也一致。

3. 中世纪末世关注

中世纪的欧洲几乎完全笼罩在教会氛围内,教会投入于社会各层面的事务,"教会就是地上的天国",所以更加重视现世,末世论没有发展,即使谈到这些话题也是作为圣事论、恩宠论、基督论的附属,而不是整体神学体系中不可或缺的主要因素。至于末世论的问题则主要停留在个人层次,比如肉体怎么复活、现在和未来的肉体有什么关系、荣福直观中复活的肉体是否增加灵魂的幸福等等,教会更加关心的问题是对亡者的纪念。但此时一般的基督信友团体中对末世的想象却很丰富,如同在其它宗教当中一样,或许这是对官方神学末世层面缺失的弥补。

这时候在逐渐出现比较粗糙的综合性体系著作。在题目方面更加受关注的是个人未来的命运,虽然宇宙问题也涉及,但是很少。不过直到整个中世纪,公审判一直受到强调,因为个体缺乏与人类团体的合一是不可能完满的。但问题是公审判前死去的人,个人死后灵魂与肉体分开,灵魂是不是马上需要接受天主的审判。这个问题首先涉及希腊文化中关于灵魂不死的问题。另外,教会内,神职与教友对立,等级分明,出现了许多恐吓信徒的末世论-通俗末世论。许多会士到处宣讲万民四末,以恐怖的语言描述末日,促进皈依。通俗末世论的内容虽然与天堂、地狱、审判等等有关,但是并没有整合到人类历史的层面中,也忽略了信仰的其它幅度。

在神学领域,圣朱里亚诺主教(Giuliano di Toledo,642-690)完成了第一

---

① De civ. Dei, XXI, 24, 2.
② De civ. Dei, XX 9, 2.

部比较系统的末世论概述《Prognosticon futuri saeculi》，很多篇幅讨论人死后到最后复活的中间阶段和最后复活的问题。书中首先讨论死亡问题，诸如死亡如何进入世界，他认为是原罪的结果，分析"死亡"的词源、种类、人面对死亡的恐惧，推及如何准备迎接死亡，如何准备葬礼和追悼。关于中间阶段问题，他肯定人死后马上接受奖惩，殉道人马上升天，其他人进入中间阶段，因为他们没有资格获得完全的赏报，需要通过火来清洁。他区分炼狱火和地狱火，火不是物质的，而是精神的。书中还概括性地讲到耶稣再次来临和他带来的复活和审判。复活是肉体向精神性的转化。肉体将完美地吻合灵魂的属性，在中间阶段灵魂强烈地期待与自己的肉体结合，真福是完美地享受看到天主的光荣，像天使那样。在中间阶段，义人已经可以享见天主，但是只有在复活后才可能完满而永恒。对于审判，他认为是唤醒每一个人的认识力，而使人看清自己在世界上的一切善或者恶。"每一个人的记忆会重新面对自己过去的一切，以及自己从被造就被选定的目标，在这种签定关系中，在条件与真正的目标之间，伴同喜乐、完满、折磨和永恒的失落而实现审判的意义"。① 他接受的仍然是教父传统。

  12世纪在伊斯兰文化影响下亚里士多德思想受到重视，对世界的看法更加成熟，科学体系开始逐渐形成。形而上学与柏拉图、新柏拉图以及基督宗教哲学结合，同时还兴起了奥古斯丁和波爱修斯文化运动。另外还有东欧第欧尼吉、尼撒的格列高里、格列高利纳兹诺和马西莫重见天日。在这个大背景下产生了法国枢机主教神学家吴果威托（Ugo di San Vittore, 1078-1141），他利用在大学讲课的优势，完成了《阅读导引》（*Didascalicon de studio legendi*）和《基督徒圣事》（*De sacramentis christianae fidei*）两套大学讲义书，在新时代新思想推动下尝试有系统地以科学的方式来进行讨论。他的作品以人类救恩为轴心，系统讨论一些基础问题，比如回归天主、理性的认识力、天主的奥秘等等，构造一条小路引导人超越世界的束缚，以自由的心灵看待今生的有限、期待永恒生命的喜乐与自由，而末世论是这条小路的终点。他把末世论放在自己神学体系的末尾，从人的死亡开始讨论，以世界的未来和终点为结束。灵魂和炼狱洁净问题为基础问题，尤其非常重视为亡者的祈祷。

---

① 译自O. Franco Piazza, Il Prognosticon futuri saeculi, Cinisello Balsamo, 2000, p. 232.

吴果的末世问题都与基督再来相联系,详细探讨了肉身复活和面见天主。他认为肉身复活是普遍问题,包括流产的胎儿,他们复活后会以30岁年龄他们应该有的形象出现,如同基督开始传教的年龄;同样所有的人复活的形象都会是自己30岁时候的样子。复活的肉体就是曾经生活在这个世界上的同一个肉体,但那是神化了的,所以不会再有痛苦和死亡。鉴于肉体的神化,吴果也发展了宇宙转化的问题。复活的肉体要求一个相适应的新环境,所以宇宙也会有相称的转化。末世定论是由最后的审判决定的。等待恶人的是地狱,那里有永远的惩罚,惩罚的程度依据他在这个生命中罪过的轻重程度而定。等待善人的是天堂,那里会享见天主,那里充满爱、智慧和颂扬。

12世纪,另一个综合性手册是伦巴多(Pietro Lombardo)的《判别集》(*I libri delle Sentenze*),对后世影响非常大,直到16世纪一直是神学课程的经典用书。该书的第四部分和最后一部分是关于末世论的。作者似乎要尽力搜索当时所有的神学题目,汇集成体系。其基础是教父,所以对哲学和辩证法不是很感兴趣,而末世论部分也不是很成功。注意比较多的题目是死后罪过的清洁。当然,可以清洁的是小罪,工具是火,至于清洁的长短需要依罪过的轻重而定。末世直接联系的也是基督的光荣来临,那时他要审判生死者,同时复活后身体的状况在这套书中基本上已经有了固定的特色。复活的身体是完整的,不会有任何缺失或者不完美,是每个人应该所是的那样。他也认为复活的人与基督在世的年龄和身高相同,包括流产胎儿。而最后的审判后,天堂的福分也是程度不同的,享见天主的程度也是不同的。享见天主的成果是喜乐、认识力和爱。

中世纪末世论最有创造性的贡献者是菊阿克诺(Gioacchino da Fiore,1135-1202)。在奥古斯丁之后是他带来实质性的转变。他对人类、世界和历史的看法非常具有原创性。其作品很有吸引力,灵修性非常强,尤其是对13和14世纪的方济各会士影响非常大。他把救恩史,也就是介于世界的创造和末世之间的历史分为三阶段:圣父时代是旧约时代、圣子时代是新约时代和第三个时代圣神时代。圣父时代也是法律时代,圣子时代是恩宠时代,圣神时代是丰盈的恩宠时代。……圣父时代是良知时代,圣子时代是智慧时代,圣神时代是完满的智慧时代。……圣父时代是忠仆的服务时代,圣子时代是义子的服务时代,圣神时代是自由的服务时代。……圣父时代是敬畏,圣子时代是信仰,圣神时代是爱。……圣父时代是星光照耀,圣子时代是曙光来临的时代,圣神时代是完美的白昼。……圣父时代在冬天,圣子时代在春天,圣神时代在夏天。……圣父时代献给宇宙的创造者,圣子时代献给承担人类罪过的拯救者,圣神时代献给赋予我们自由的解放者。① 他的这种历史三分法给予圣神很大的重要性,由圣神开启新时代,全人类获得丰沛恩宠的时代,教会充满神恩的时代,完满理解圣经的时代。那时天要打开,新旧约也要打开,人们将看到隐藏的意义。在那个时代,人要被圣神完满地照亮。《若望默示录》对菊阿克诺影响很大。他在一个复活节的早晨有一次很特殊的经验,使他特别想到默示录中谈到的"完满"意义何在。他认为默示录是考虑人类未来的最好摹本,是旧约和新约的结束。

　　他认为圣神时代是尘世的大安息日,是教会的第七个时期。时间的终结不是万物的结束,而是一个新的未来。他不关心这个世界到另一个世界过渡过程中会发生什么,他不是世界末日的预言者,虽然他不怀疑世界会有结束,但是什么时候结束那是天主的事情,只有天主才知道。他要考虑的是完满的生命是怎么样的。他重新提起曾经被奥古斯丁严厉批判的千禧年。他认为默示录中20章提到的千年国度不是指数目,而是陈述完满的质量。尘世安息日不能按照千年国主义的观点来考虑,它应该是短暂的,接近世界末日;它也不是专指物质的极大丰富,而首先是精神的安怡。反基督时代出现后会来到圣神时代,也就是尘世安息日的时代,随后而来的就是最后的审判。末世完满的时代会到来,但是未来的事件会在历史中逐渐实现。所以他所关注的不是最后的事件,而是历史的发展。

　　中世纪的大总结是托马斯,他贡献的不只是综合手册,而是《大全》。托马斯在教会传承方面继承奥古斯丁和大格列高里,在学术方法是追随亚里士多德。他更加关注人死后,灵魂到哪里去的问题。他认为人死后灵魂会离开肉体,去接受清洁。那个地方是炼狱。所以,奉献弥撒、祈祷和施舍非常重要。世界在最后也要转化到一个更美好的层次。世界的转化会是通过火,以便清洁一切因人的罪过而受到的污染。他肯定人肉体的复活,如此人才能够实现完满的幸福。人复活的依据是基督的复活,他是天主与人之间

---

　　① Concordia novi et veteris testamenti V, 84,112.

唯一的中介。他认为基督再来时那些活着的人也需要先死去再复活,因为所有的人都应该实际地分享死亡和复活的经验。对于复活后的状况,托马斯首先关注的是复活的肉体与尘世生活过的肉体的同一性,坚持被死亡所摧毁的肉体和在复活的时候灵魂再次结合的肉体是同一个。但是另一方面,复活的肉体是被重建的、完整的、应该所是的完美肉体;是年轻时代的肉体,保持不同的性别。而关于最后的审判和永恒生命的问题,审判之后会是一个完全更新的世界,善人与恶人完全分开。托马斯对于荣福直观给予了极大的重视,他认为这是人最后实现的标志,人作为理性造物,天主留下了可能性让人充分认识自己的美善。复活后灵魂与肉体的合一就是象征人在圣神内与天主荣福地合一。但是这会是天主自己让人看到,是天主赐予的超越恩宠,是天主的荣耀光明,在这光明中人看到。当人的理性更加充分地在爱内分享天主的荣耀光明时,就会更加明澈地看到天主。不过任何进入真福的人都不可能完全地看透天主。善人在死后就可以享受荣福直观,托马斯认为,但是在复活后会更加完美地获得。那时灵魂不只是享受自己的美善,而且也享受肉体的美善。而恶人会在最后的审判后下地狱,经受各种惩罚,尤其是良知的折磨。他认为地狱是阴暗的,不过有一点点微弱的光明,那只是为了让恶灵认识自己的恶。恶人的命运是永恒的,托马斯拒绝奥力金设想的恶人和魔鬼在地狱里受折磨可能有结束的时候。

中世纪对末世论有贡献的还有教宗和大公会议。许多传统的末世论题目被提出来公开讨论,尤其是关于炼狱的问题在拉丁传统和希腊传统中引起大辩论。涉及这个大辩论的有1215年的拉特郎四次大公会议,肯定复活的身体与尘世生活过的身体的同一性,肯定善恶决定性的酬报。而教宗英诺森四世在1254年写的《关于天主教信仰宣认》(*Sub catholicae professione*)和1274年里昂大公会议都肯定炼狱。1312年的维也纳大公会议重申天堂荣耀的超越性和无偿性。

教宗若望二十二世从1331年开始发表了一些讲话,谈到中间阶段的问题,第一篇是在诸圣节,提出善人在死后不会马上享受永恒的荣耀,而是在"亚巴郎的怀里"等待复活和最后的审判。只有最后的事情发生时才把善人带入完美的真福。那个完美的真福确实是完美的,包括了灵魂和肉体同入荣耀。善人死后,他们的灵魂可以冥想基督的人性,而不是天主的本性。第三篇讲话是1332年1月5号,谈到恶人也是在最后的事情发生时进入地狱承受永恒的惩罚。在死后到复活这个中间阶段,恶人的灵魂停留在阴暗的地下,那里不是地狱,但是有魔鬼折磨他们。若望二十二世的讲话引起很大震动,不只是在教会内,而且在社会和政界,掀起许多反对和抗议。

1336年1月29号继任教宗本笃十二世,颁发宪章《赞美天主》(*Benedictus Deus*)回应前任教宗的意见,宣告:

> "依据天主的普遍规划,在主耶稣基督救世主升天之后,他们已经在、现在在、将来也在天堂,与基督同在,加入圣善天使的行列,在他们死后和必要的洁净(对那些需要的人们)后,在重新获得他们的肉体和最后的审判前,所有的灵魂:诸圣——包括在主耶稣基督受难前离开世界的所有圣善灵魂、圣宗徒们、殉道人、真福、贞洁的人、从其它信仰皈依基督领受了洗礼的人们,他们在死亡的时刻没有什么污点需要清洁,或者需要清洁的灵魂在死后获得清洁之后;那些领受了基督的洗礼和将来领受洗礼的儿童,在自由使用自由意志之前死去。所有这些灵魂,在主耶稣基督受难和死亡之后,就会看到天主的本性,面对面地看到,本能地、直接地,不需要任何受造中介。天主的本性会显示给他们,以直接的、清晰的方式。他们在天主本性的影响下,拥有此荣福直观,并且因此直观的力量,这些亡者的灵魂确确实实进入真福,享受永恒的平安。……而那些在大罪中死去的灵魂,在死后马上下入阴府,承受地狱式的惩罚。但是在最后审判的时候他们要获得他们的肉体,站在基督的审判前,为他们的恶行接受惩罚。"

如此由若望二十二世引起的风波平息了。本笃十二世的宪章成为后来几个世纪末世论反省的重要依据。不过在二十世纪若望二十二世的观点又重新受到重视。

而拉丁传统与希腊传统关于炼狱的争论在1439年佛罗伦萨大公会议中达成相对的共识,形成敕令 Laetentur caeli。二者的争论起于13世纪,希腊传统认为如果拉丁传统把"炼狱"用作名词,那么就是说有一个具体的地方,那里有火,也就是说回应了奥力金的观点,存在一个时间内的地狱。这个问题在里昂二次大公会议上谈到一部分,指出:那些已经真正忏悔的灵魂,死于天主的仁慈内,如果还没有完成补赎,那么在炼狱里接受清洁,活者的人靠弥撒、祈祷、施舍,及教会认同的其它善工帮助他们及早解放于惩罚。

这份敕令尽量避免被怀疑到炼狱是指一个具体地方,只是要肯定亡者弥撒的重要性,另外肯定的还有赏善罚恶。

4. 现代末世论

"现代"这个时期的特色标志是朝人本主义的转向,从理性回归发展到理性主义,从进步、发展和伦理过度到人掌握世界,而消灭了末世论。人成为思考的中心,人与天主的关系退居第二,而人与世界的关系占据首要地位。

从中世纪经院哲学时代以至宗教改革时代,末世论的主题——包括死亡、主再来、死人复活、审判、天堂与地狱等——已大致完成。但是系统化并不意味着深化,当时末世论只被视为神学上的附属品,而不是在每一门神学中显示出末世幅度。

而在现代,末世论失去了意义,或者是末世转向了现实世界。自16世纪起人们更加认识自然律,用科学和理性给予其解释,将人们从神话束缚下解放的同时也使人们成了科学的崇拜者。接着在启蒙主义、自然主义和理性主义潮流冲击下,百科全书派兴起。人们追求科学和理性上的进步,天主在历史中的行动被科学进步替代了。

最早、最猛烈抨击中世纪末世论的是马丁·路德(1483-1546),随后有启蒙运动,有革新贡献的是图宾根。路德改革强烈地要求回归圣经,探讨圣经中关于末世的内容,比如:死者复活,最后审判,天堂和地狱,也涉及默示录,基督与反基督派的斗争以及逼近的末世。他将末世论紧密联系基督论,天主通过基督承诺的恩宠是每一个人未来的保证和依靠,罪人依靠信德而称义。其焦点集中在耶稣基督救主的奥秘中,他认为没有耶稣基督,人无法面对因罪而产生的死亡和地狱,更无法达到末世的圆满境界。基督为了人的罪而死,为了人的得救而复活,对于未来生命的期望只要相信这一点就足够了,任何人为的工作都没有用。他认为罪恶引起的犯罪倾向是可怕的,而更加可怕的是魔鬼诱惑人对于救恩的怀疑,这在人死亡之前就制造了真正的地狱经验。而对于相信基督救恩的人，天堂在今世已经成为事实。在纯洁的心中天堂的耶路撒冷已经降临。路德拒绝在地理概念上描述天堂或者地狱，那是我们所理解的这个世界之外的事情。他不接受炼狱，因为圣经里面没有谈到，炼狱是教会的发明，为了赚钱；另一方面如果死后还有清洁，就意味着基督的救恩不足够。而事实上天主通过基督给予人类的救恩是完全的，绝对大于人的任何罪恶，独立于人的事工。他认为人死后灵魂与肉体分离，进入一种睡眠状态，直到最后复活。

　　加尔文在《基督教要义》第三部分比较系统地谈到末世论，该书出版于1559年。他的观点类似路德，强调人称义依靠基督的绝对性，将末世与基督再来联系，那是人完满幸福和宇宙更新的实现。最后的复活是肯定的，首先因为耶稣复活了，另外复活是决定于天主的能力，所以没有什么可怀疑的。他把末世论与恩宠论结合，含有预定论特色。灵魂在人死后仍然依旧存在，为了最后获得光荣。至于人们讨论灵魂在人死后是睡觉还是已经享受光荣，这是没有必要的，除非天主告诉我们，否则人不可能知道。重要的是圣经告诉我们义人的灵魂升天堂而恶人的灵魂下地狱。另外他也谈到复活的肉体身份问题。他认为复活的是同一个肉体，那曾经在世界上生活过的那个，而不是天主创造一个新肉体。

　　特兰托大公会议（1545-1563）承认炼狱。这是与新教在末世论方面的重要争论点。大公会议强调：信徒给予亡者的纪念，包括奉献弥撒、祈祷、施舍或者其它善工对亡者都是有益的。① 后特兰托时期反宗教改革的代表人物是耶稣会士贝拉明枢机（Roberto Bellarmino, 1542-1621）。他谈到几乎所有的末世论题目，强调个人死后灵魂与肉体分离，马上会接受私审判，大部分灵魂进入炼狱，有的进入天堂。关于地狱，他谈到三个问题：什么地方？多长时间？地狱里的灵魂不幸福的原因是什么？他认为地狱在大地的深处，离开天堂最远，狭窄、阴暗，承受火的惩罚，是永恒的。他讨论天堂，认为地方是最高、最清澈，是永恒的，与天主有密切关系，享受荣誉、财富、权力和喜乐。

　　19世纪，教会神学已经有所转变，在整个欧洲受到启蒙主义广泛影响

---

① DDM, 1386-1387.

下,自然宗教和理性得到发展,德国兴起了图宾根学派,以圣经和教父研究为基础,重视历史演变,认为批判性的历史研究是触及历史真实的基础,每一件单独的事情共同构成历史整体。是他们推动了蓬勃的圣经考古和历史研究。在末世论方面他们特别重视其伦理意义,着力讨论耶稣讲的"天国"是什么意思,认为"天国"是理解基督信仰本质的唯一阐释标准。他们认为,救恩指导着整个人类历史,人类的进步和发展是指向一个天主规划好了的美好未来,那就是天国,那里决定性地战胜一切罪恶和死亡。比如斯坦德曼(Franz Anton Standenmair,1800-1856),在教会学背景下契合于救恩论来发展末世论,认为救恩是规范整个历史的原则,在持续不断的整个进程中,其目标是朝向一个决定性的实现。末世论就是关于天国内被升华的生命的探讨,因为那是对于罪恶和死亡的彻底战胜。这胜利在历史中已经可见,事实上在人类前进的历史脚步中,彰显了亚当与基督之间的张力,经验生命战胜死亡的必然。这个朝向实现的进程是由圣神引导的。他强调圣神在世界史和救恩史、人类史和天主启示史中统一的行动,把个人末世论与人类历史末世论结合,为当时的教会神学带来一片清新。他说:"在天国里所实现的生命是升华了的生命,也就是圣经里面命名的真实的生命……这个生命的基础是圣父,祂自身拥有生命……祂使圣子自身也拥有生命……通过圣子,使得圣父和圣子的生命得到彰显,又通过人而天主的圣子和救赎者,为我们带来生命。生命,我们的生命,已经显现……基督就是无限生命的神圣作者,战胜罪恶的果实死神……生命,所以说,是所有事物的目标和终点,以天主为基础,被天主通传,在天主内最终实现完满。"①舍奔(M. J. Scheeben,1835-1888)是新经院选派一个代表性人物,联系自然与恩宠的关系,他认为人作为最后的造物,天主的肖像,已经被称义、被圣化,只是在等待最后的完成。人的神化是分享天主的神性。神化是来于荣耀光芒(Lumen gloria),这只有通过圣神才能够达到。道成肉身已经将人性吸收在神性内,人性已经被升举、被渗透、被圣化。道成肉身是他讨论的基础。

19世纪下半叶欧洲神学受到中产阶级自我意识觉醒和自由主义思想影响,受自由派思想影响在新教范围内自由派神学流行。其成员以自由、解

---

① C. Schütz, Osservazioni sulla storia dell'escatologia, Brescia, 1999, p. 81.

放、启蒙的自我意识,只承认理性的权威和自己研究的成果,使得这样的宗教更多呈现出文化和理性的特色。他们对圣经的态度采取历史批判式研究,不承认教会解读。他们首先注意的也是耶稣宣讲的主题"天国"的意义。他们的观点类似于康德,天国是一个伦理的国度,是人类奋斗的成果。他们受康德、黑格尔、施莱尔马赫、莱辛等人影响,仍然认为天主国是善的国度,应该通过伦理进步及建设遵守法律的团体来实现,在伦理和真福的合一中来完成。自由神学家如立敕尔(Albrecht Ritschl),把天国解释成人类藉着彼此之间的道德行动组成的群体,某种由人类文化和伦理规范形成的社会形式,把耶稣的信息与19世纪的进步(Progress)神话混合起来。他认为耶稣宣讲的是一个伦理体系,因为当时耶稣曾经面对的是一个无伦理的世界。1900年在柏林哈内克(H. Harnack)出版了《基督教本质》,认为"天国"是天主与人的认识能力的关系,是伦理力量。

在理性主义、启蒙运动、不可知论、自由主义、无神主义、经验主义、科学主义、进化主义、共产主义等等思想冲击下,末世论被对于这个世界的信心所取消,到自由派神学家特勒尔(E. Troeltsch)1925年宣告:"末世论的办公室大部分已经关门了,因为它的思想根基丢失了。"①

然而就在不久之后,仍然是基督新教自由派神学家和19世纪解放神学重新发现了基督宗教末世论的价值。形势的改变来于19世纪末,20世纪初,接着由第一次世界大战的灾难再次助推,那时不只是理性主义关于进步的乐观信心在动摇,还有自由派神学和文化进步及基督徒小资产阶级的玫瑰色梦想都遇到危机。这时巴尔塔萨说:"末世论在我们这个时代成了神学中的狂风暴雨的中心。"②直到20世纪上半叶值得提起的还有舒迈思(M. Schmaus)和瓜尔弟尼(R. Guardini)。

5. 当代末世论观点

20世纪不论是在新教还是天主教内,末世论都有深刻的更新。1957年

---

① E. Troeltsch, Glaubenslehre, III, München-Leipzig, 1925, 36.
② H. U. von Balthasar, Umrisse der Eschatologie, in Id., Verbum Caro, Einisedeln 1960, p. 276. trad. it., Lineamenti dell'escatologia, in Verbum Caro. Saggi teologici I, Morcelliana, Brescia 1968, p. 277.

巴尔塔萨(1905-1988)说:"末世论的办公室开始加班了。末世论的辉煌时期来到了。"① 史密斯说(Gerald Birney Smisih)说:"在神学里面,没有比将来生命那部分在思想上有更显著的转变"。这个思想潮流最显著的成果是独立学科的形成,随后它甚至成为整个神学领域的基础和目标,其它部分必须从末世论得到最后结论。如海林(Haering)说,"事实上,末世论对于神学的每一部分都有阐释作用"。荷兰神学家库伯(Kuyper)说,神学里面其它部分的问题,末世论必提供答案。在天主论中,天主的创造和看护剑指天主如何完全得到荣耀,天主的旨意如何完全成就;在人论中,人如何克服罪恶,完全实现天主创造的目标;在基督论中,基督的救恩工程如何完全胜利;在救恩论中,天主的子民如何完全得救。这一切都在末世论中找到答案。

末世论进入了真正的、科学的、系统的神学题目之列,与救恩史更加紧密结合。其题目之丰富和神学家之间不同观点的争论都呈现出史无前例的多姿多彩。"不过至今末世论还没有受到它应该获得的足够的关注。它自己不论在基础架构的建设上还是对于个体题目的深入中也都还有待完善。"② 在天主教界,梵二会议给出一个很有意义的撮要。

基督宗教末世论的更新在时间上首先来于新教。新教方面首先是对于耶稣宣讲中有关末世论信息的再发现。自由神学内部的研究出现了转折。耶稣自己的宣讲和宣讲的核心题目"天国"获得了新的批判性、改革性解读。其代表人物是威斯(J. Weiss),他是立敕尔(A. Ritschl)的女婿和学生。1892年他出版了《耶稣关于天国的宣讲》,采取的研究方法沿袭老师,仍然是历史批判法,但是对于天国的发现却与老师截然不同。从这本书开始,统治了整个19世纪对于天国的伦理看法受到了挑战。威斯从圣经诠释入手,提出应该注意耶稣所处的时代背景,他认为耶稣受到那个时代末世论的影响,不是宣讲一种天国的新教义,而是宣讲天国的来临;耶稣是新时代的传令官,宣讲真正的福音,就是天主战胜罪恶和短暂世界的绝对事实,而这胜利就在耶稣自己手中,通过宣讲、奇迹和他自己的牺牲而实现。天国不是人类的工

---

① H. U. von Balthasar, I novissimi nella teologia contemporanea, Brescia, 1967, 31.

② G. Colzani, L'escatologia nella teologia cattolica degli ultimi 30 anni, in G. Canobbio, L'escatologia contemporanea. Problema e prospettive, Messaggero, Padova, 1995, 83-84.

程,甚至也不是耶稣缔造的,而是从天而降的。天国并非内在于世界,也不会作为世界历史的一部分成长起来。天主将会突然结束世界和历史,创造出一个新世界,一个得到永恒荣福的世界。天国不是伦理建设,而是一个历史事实;不是一个任务,而是一个事件。当耶稣所宣讲的天国完全来临时,将会为世界带来质变,天主的工程要塑造与我们所正在经历的世界完全不同、彻底转化的新世界。而这个实现未来世界的事件对于耶稣来说是迫近的,在他死后不久马上就会来到。所以,威斯说,耶稣宣讲的不是关于自己是默西亚的福音,而是关于应该来到的末世的福音。威斯认为由于末世来临的推迟,初期教会才建设了关于天国的理论学说,尤其是保禄和若望。① 威斯提醒大家,耶稣关于末世论的教训在他的思想体系中比伦理教训更加重要得多,他批判那些自由神学家将"天国"缩小到伦理意义上,把耶稣看作仅仅是一个伦理家。但是威斯的错误在于把天国完全抽离历史。

　　威斯的观点很快由史怀哲(Albert Schweitzer, 1875-1965)进一步深化。史怀哲在1901年出版了《耶稣受难和默西亚使命的奥秘》、1913年出版了《耶稣生平研究史》②,直到1967年最后出版《天国与初期教会》都在着力寻找耶稣的末世论信息。他说:"威斯发现了耶稣之天国根本性的末世意义,而我的工作就是继续他的研究,发现耶稣不只是宣讲天国,而且也带来天国,耶稣的宣讲和行为就是天国之来临的条件"。③ 耶稣留给我们的不只是他的宣讲,而是他这个人,应该宣讲逼近的天国的末世先知。由于史怀哲对这个题目的发展而形成了"结果末世论"。在《耶稣生平研究史》中指出耶稣宣讲的本质就是末世论式的,完全不应与现代思想中讨论的发展模式相混淆。在这本书中他尝试寻找历史中的耶稣,他认为耶稣的福音不是伦理式的,耶稣宣讲的天国临近了不是为了改善这个世界,那个临近了的天国也不是伦理发展或者历史发展的目标,而是要结束这个世界。耶稣的信息密切联系的就是末世观点,这个末世是逼近的,他把世界的结束看作是天国的实现。史怀哲认为,耶稣和他的弟子们时时刻刻期待末世来临,他派遣七十二

---

① 参考 J. Weiss, La predicazione di Gesú sul regno di Dio, Napoli, 1993.
② 参考 A. Schweitzer, Storia della ricerca sulla vità di Gesú, Brescia, 1986.
③ A. Schweitzer, Storia della ricerca sulla vità di Gesú, Brescia, 1986, p. 56.

弟子出去传教之前就以为天国马上要来,但是世界末日却没有到来,所以他讲述了依撒意亚先知的第53章受难的仆人,希望在自己死后天国马上实现。可是在耶稣死后,甚至复活后世界末日仍然没有来到,由于末世一再推迟,初期教会才开始建设圣事教会,关于天国的宣讲经过希腊文化的影响才转化成为一种神学和伦理学说。① 史怀哲说,耶稣曾经期待一个迫近的末世,天主的直接干预很快就会来临,那时天主要统治全世界,耶稣相信自己就是旧约预言的弥赛亚,以为新时代在自己的宣讲中就要来到,在这个新世界耶稣是首领。②

史怀哲否定耶稣的神性,及教会的神圣性。而且他们虽然很重视耶稣复活事件,但是认为这是期待的结果,而天主教会官方训导指出耶稣复活是历史转折点,是基督信仰的基础。

20 世纪不少的新约研究,都反驳或澄清史怀哲的论点。他们指出圣经中多次提到教会需要一个长期的发展阶段(玛 21:33-44;谷 4:30;路 13:31);另外,圣经中还提到外邦人进入天国(玛 21:33-44;谷子 12:1-11;路 14:15-24;20:9-18);还谈到福音应该被广泛传播到整个世界(玛 24:14;2:13;28:18;谷 13:10;16:15-18);而且耶稣承诺派遣圣神陪伴教会直到世界末日,也在指向一个比较长的时间段。尽管威斯和史怀哲对耶稣信息中末世特征的发现对当时神学界产生了很大的震动,但是人们认为事实上这两位神学家并没有真正发现耶稣末世信息的新特之处,因为,他们只是注意到耶稣的宣讲与传统犹太末世观点的联系,而没有深刻地发现它们之间的区别。

对结果末世论给予最猛烈批判的是陶德(C. H. Dodd),他的研究成果被称为"实现末世论"。陶德的研究是从耶稣宣讲的寓言开始的,1935 年出版了《关于天国的寓言》。他认为研究耶稣宣讲的寓言对于理解天国非常有必要,因为根据最古老的传统,耶稣曾经宣告说无数世代期待中的天国终于来到了,不只是临近了,而是来临了,就在这里。耶稣治病救人的奇迹、耶稣的驱除魔鬼,都是永恒生命来临的标志。如此,基督再来的推迟对于初期基督

---

① 参考 A. Schweitzer, Storia della ricerca sulla vita di Gesú, Brescia, 1986.
② 参考 A. Schweitzer, The Question of the Historical Jesus, London,. 1981.

徒团体不是困难,耶稣讲的天国是已经在人间的事件。末世天国已经在人间,通过耶稣的宣讲,尤其是他的十字架和复活,天国已经实现了,而人需要的是认识它,在实践活动上接受它或者拒绝它。最有意义的是耶稣把他自己就介绍为天国具体而现实的临在,而耶稣的宣讲和行为已经证实了其临在。本质上,耶稣的整个使命就是一个实现的末世论。对于末世日期的推算只是第二位的,因为未来的事情只是朝向最后实现的开放,而事实上已经开始。陶德认为耶稣的末世论与当时犹太教的教义和礼仪没有任何牵连①,他们是完全不同的。耶稣宣讲的末世不是期待中的未来,而是已经来临的。

陶德的观点被耶肋米亚斯(J. Jeremias)和凯瑟曼(Käsemann)所继承。不过耶肋米亚斯认为陶德这种"实现了的末世论"可以修改为"正在实现的末世论",这样可以更好地表达耶稣的宣讲和未来的事;②同样凯瑟曼也认为耶稣从来没有说过天主君临的天国已经实现,而是说天国从现在开始正在实现。③

不过那个时代对末世论发展影响最大的是卡尔巴特(K. Barth),神学家们称呼他的学说为超越时间的末世论(sovratemporale)或者本质末世论(esistenziale)。他在《罗马书》评注第二版(1922)中说:"如果基督信仰不是彻彻底底关于末世论的,那就与耶稣基督没有任何关系。"④耶稣所带给人的是天主的承诺和希望,而承诺和希望的对象是纯粹完完全全超越我们认知能力的。末世不是时间性的,不是永恒无尽的时间,而是完全在历史之外。"终末"不是时间的终点,而是永恒,所以终末论与将来没有关系。张力不是在"现在"与"将来"之间,而是在"时间"与"永恒"之间。他说:"天主的审判是历史的结束,不是第二个新历史的开始。历史将要关闭,不会继续。那个未来的审判与现在的审判完全是不同、绝对不同的。"⑤巴特认为历史时间的结束和一个本质上新的开始是来于耶稣基督的复活,这个复活事件是一个非历史事件,只不过在历史中可以理解。新约谈到的末世不是时间事件,永

---

① 参考 C. H. Dodd, Le parabole del Regno, Brescia, 1976.
② 参考 J. Jeremias, Le parabole di Gesù, Brescia, 1973.
③ 参考 E. Käsemann, Il problema del Gesù storico, in Id, Saggi esegetici, Casale, 1985.
④ K. Barth, L'epistola ai Romani, Milano, 1989.
⑤ L'epistola, p. 295.

恒并不是时间的延续。他说:"末世论是用另一种方式称呼神学,或者更加确切地说是用另一种方式称呼基督宗教信仰的本质。所谓的'最后事情'本质性地是存在于现实生活中的,它们不是在'最后'才发生,而是在今天。每一个时刻都是末世的,因为基督的死亡和复活给了生活意义,他是天主唯一的圣言,生命的起始和终结。"①

与卡尔巴特观点相似的有布特曼(Rudolf Bultmann),他的观点被称为"现在末世论"。他认为一个基督徒的整个生命本身就是末世论在具体生活中活生生的解读。耶稣宣讲的核心就是即将来临的天国,但是耶稣不是要在将来某个时间再来,乃是现在来到我处,要求我现在作出决定,要我们负责任地生活在这个世界。与耶稣的相遇可以让我们与世界的终末联系起来,同时以全新的方式面对目前的生活,从而发现自己可能获得的生命自由的基础。天主的信息给我们挑战,让我们去抉择。

新教关于末世论的讨论中还有库尔曼(Oscar Cullmann,1902-1999),他在1946年出版的《基督与时间》②中提出"救恩史神学",认为救恩是在历史中展开的,耶稣基督是"时间的中心",他的事件决定了新的时间领域。在逾越节之后,时间的中心,对于基督徒来说不再是未来,而是已经实现的历史事实,只不过结束点还没有到。就好像一场战争,十字架和复活已经决定性地取得了战役的胜利,不过还需要一段艰难的时间战争才会结束,所以基督徒生活在"已经"和"尚未"之间。他认为,"启示"的意义就在于宣告十字架和复活已经决定性地赢得了胜利。在直线形历史观点下,时间中的所有独立事件都是天主启示的行动,所以 eschata(末世)既反映历史和时间的起始事件,也观照终末。在历史和末世、现实和未来之间,是整个的救恩史,同时也是预言与历史的关系。"整个救恩史乃是预言",预言在历史中实现。他的观点被称为"过程末世论"。他批评史怀哲和布特曼说的末世论是基督徒团体是在基督再来推迟后才发展起来的观点,是完全错误的。

随后出现的是潘能伯格(Wolfhart Pannenberg),他的观点被称为预期末

---

① P. 42.

② O. Cullmann, Cristo e il tempo. La concezione del tempo e della storia nel Cristianesimo primitive, Bologna, 1965.

世论。他认为历史就是信仰的背景,历史是基督宗教神学发展的大背景,信仰所面对的是真实的历史,而不是空虚,不是抽象的存在,所有的神学问题和解决方法都在天主与人类的历史背景中及整个受造物找到意义,虽然仍旧模糊,但是通过耶稣基督已经展示了。宇宙历史是我们理解个体事件意义的大背景,包括耶稣的历史,尤其是他的复活。他的复活可能是历史终结时状况的预见。基督事件保证再没有天主进一步的自我启示,但是对于启示的完全揭示要在最后,虽然最后只是宇宙性地实现在基督身上已经发生的事实。基督已经展示在所有人的面前,虽然只有信徒才接纳他的临在。历史是天主间接的启示,而这启示是所有的人都可以接触到的。①

在他之后是莫特曼(J. Moltmann),他被称为希望末世论家。他说基督信仰从头到尾都是末世论的,是希望,是前景,所以也是对现在的革命和升华。因为圣经启示就是承诺,就是朝向未来末世的拯救。基督引发了一个开始,一切都指向最后实现的将来。基督宗教相信,人的一切努力都是朝向这个最后目标。耶稣基督不只是宣告了天主统治的来临,而他本人就是天主统治的体现。基督徒的信仰是由基督的复活所决定,基督的复活是他对于未来普遍性的承诺。②他认为基督宗教末世论包括四个方面的远景:对天主荣耀的盼望、对天主在世界上新创造的盼望、对天主关于人类和世界的盼望以及天主给予复活和永生的盼望。天主对于人类来说是一位来临的主(gott im kommen),因此,"将来"不是遥遥无期的"今后"(futurum),而是"来临"(advent)。"天主的'存有'(sein)在'来临'(kommmen),而不在于'变成'(werden)"。上帝在行动中向着世界而来。

在天主教界对于末世问题的新思考凸显在20世纪中期,最早是出现在法国,一个是孔葛(Y. M. Congar),一个是达尼埃鲁(J. Daniélou)。问题的肇起是孔葛在1949年"关于最后的事情"研讨会中批评"炼狱"问题的论文。他谴责一些神学手册中对于炼狱问题的物理性解读,指出救恩史背景的缺乏,也就是关于天主恩宠的奥秘的缺乏。孔葛提出炼狱问题应该在基督的逾越奥秘和基督再次来临的奥秘中来解读,也就是说以基督奥秘为中心来

---

① 参考 W. Pannenberg, Rivelazione come storia, Bologna, 1969.
② 参考 J. Moltmann, Teologia della speranza, 1964.

思考。所以他的观点被称为"基督中心末世论"。同样达尼埃鲁也从加尔多尼亚(Calcedonia)教义提出应该将末世论与基督论和恩宠论联系。神人二性在基督内的合一启示我们基督完美的神性和完美的人性,基督作为天主规划的最后、决定性实现,他本身就是"最后",那么所谓"最后的"事情不应该是时间上的先后,而是"目标"的实现,指发展演变的完成。

另一个在更加广泛的领域,也更加确切地对于末世论的反省是巴尔塔萨。1957年巴尔塔萨在散文《当代神学中关于最后事情的讨论》,提出一些末世论方面的基础性问题。其贡献首先是把末世论从宇宙灾变中解放出来,从图像解读中解放出来。末世论应该关注的不是地理上的,而应该是人文上的,是人在天主关系内的存在,因为天主才是造物的最后真实。他说:天主就是天堂——对于那些到达祂的人,天主就是地狱——对于那些失去祂的人,天主就是审判——对于那些被考验的人,天主就是炼狱——对于那些受洁净的人。所以,末世论,比任何其它关于救恩的学科更加属于神学。关于"最后目标"的思考应该在基督和三位一体领域内。所以他的观点被称为"基督-三位一体末世论"。天主是其造物的"最后"目标,基督是具体而必须。这涉及的不只是关于末世论的问题,而是直接关注到信仰。①

巴尔塔萨对末世论最重要的贡献在于对基督下降阴府的解读,以及提出对于"地狱是空的"的期望。巴尔塔萨认为在苦难与复活事件发生前,阴府是所有亡者,无论是虔敬的,还是不虔敬的,唯一的归宿,只是他们彼此被分隔开。根据旧约的记载,这地方是一个被遗弃、被隔绝、没有喜乐,最重要的是一处不能赞美和接触天主的地方。基督在圣周六下降阴府,在那里,基督以亡者,更准确的说是以尸体的形态,藉着对父的听命来实现他的救恩使命,与众亡者团结。基督不只是取得人的身体和人性,不只是成为人中一员,而且要经历人之存在方式的所有经验,进入死亡,成为死人中的一员,经验人最后的软弱无力,彻底的无助,以此与众死者团结。基督的使命是救赎所有的人,所以必须去阴府寻找最后一处的亡羊。他是以死人,而不是活人的身份去了阴府。他在复活时带着善灵一同复活。

---

① 参考 H. U. von Balthasar, I novissimi nella teologia contemporanea, Brescia, 1967. E. Babini, Il rinnovamento dell'escatologia nell'opera di von Balthasar, in SDoctr 41 (1996) 33-34.

他降临阴府使死后生命得以转化更新,使阴府从"亡者的监狱"转化为通道。但是并非一般人所想:为天主和已死的亡者之间建立一道可跨越鸿沟的桥梁;而是,基督亲自到那阴间,将天主的光荣带到其中,用自己填充鸿沟,沟通生死。基督的胜利为亡者带来了炼狱,使亡者能藉着补赎这圣事性的行动,与天主的关系获得修好,使他们从死亡中通往天堂成为了可能。天堂更是基督下降阴府这行动带来的果实,他为人类带来了最后,且是最终极的福乐。藉着基督,人才可能如天使般享有荣福直观的福分。至于地狱的出现,也是随着基督的逾越奥迹所带来的结果,它是对于基督的行动、天主的爱的完全拒绝。地狱,便是指那些拒绝那为爱他们而甘愿下降至无神之处的基督事件的拒绝而形成。基督事件带来了天堂、炼狱和地狱,而阴府也在基督复活之后便不再存在了。末日,藉着基督的审判,人的最终结局才得以确定。

巴尔塔萨认为子服从父是绝对的服从(听命至死,斐 2:8),因而能救赎解放世界,他最后,也是终极的服从,就是要下降阴府,向那里的众灵传布福音的喜讯,宣告他救赎工程的完成(伯前 4:6;若 19:30),为那里带去生命。虽然巴尔塔萨认为基督在阴府已和被动的亡者一样,但是仍然能主动地宣告死亡已被战胜了,因为圣言本身便是"福音",是生命,所以他的出现,已经是宣告本身——他展示了天父对人最伟大的爱,无偿的爱,这份爱并不限于对天主忠信的人,也不限于那些活着的人,连那已亡的,在那黑暗的、没有天主的地域,作为圣言的基督也没有忘记过。下降阴府的事件展示出天主对人那份不离不弃的爱远比天主的义怒根本,对这个缺乏爱、希望的世代尤为重要。这爱赋予生命。

对巴尔塔萨来说,救恩计划是天主圣三的行动,更与基督论不可分割。他深信正因为基督,这位与圣父及圣神彼此有着密不可分的共融关系的唯一圣子,从圣父的手中接过了他的使命,并以一个主动的服从者的身份,不断以听命来投身于他的使命,最后更完全倒空自己,将自己交托在赐予他使命的父的手中,人才享有看见天主荣耀的可能。因此,基督的救恩是没有任何人、任何其他行动可以取代的。他的自我倒空不单是指他愿意降生成人,这倒空的完满在于他愿意与亡者团结,决意承担整个人类的罪,让自己和众罪人的位置互换,承受众人在死亡中的处境,藉此重整那错误了的自由。天主圣三的救恩计划,只有在苦难奥迹中的派遣和顺服听命中才充分且完满地完成,基督——最后的亚当以他的"是"来转化且圣化了第一位亚当拒绝天主的"不"。

卡尔拉纳介入这个领域是在1960年。他的末世论属于他的超验神学的一部分。他从人学出发解读末世论的内容,认为未来对于人是建设性的,而不是摧毁;末世论属于预见,是人精神方面所必需的,对于末世的认识是人生命本质中的一部分。他在1960年出版的《末世论论题神学解读的原则》中指出一些末世论解读的原则:基督徒对于末世的认识不是人学或者基督论的补充,而是前者的完成;末世确实是未来的事情,不可以被缩减为纯粹的现在;人可以而且应该把这个末世的奥秘保留给天主,因为只有天主才知道未来,但是同时人也确实有能力获得对于末世的认识,有能力接受天主的启示;末世事件是构成人之为人的构建性部分,是奥秘,也是历史性的,过去和将来都是人不可缺少的构成成分;末世论观点是人自我认识的内在成分。[1] 作为基督徒的人,知道自己的未来,同时通过天主的启示人对自己及对于基督的救恩都有所认识。因此,人类的本质和未来是来于天主的启示。

随后发展起来的有政治神学和解放神学,包括了天主教和新教的一批神学家:梅兹(Johann Baptist Metz, 1928 -)、博夫(L. Boff)、苏博里诺(J. Sobrino)等。他们强调基督化末世论应该渗透人整个的生活领域,希望在这个人们将信仰私人化、缩减为内心生活的时代,或者伦理式、或者一种给人安慰的理念的潮流中,反其道而重建基督宗教末世论。他们认为耶稣宣讲的天国拥抱现实,包括穷人的解放、被压迫被剥削者获得正义。耶稣不是一个抽象的神学人物,而首先是一个社会革命领袖。末世期望是改革现实社会的动力。不过解放神学并不是要求教会在现实世界内建设天国。人类的奋斗属于天主末世行动的一部分,在历史和永恒内转化和解放世界。这一流派主要在德国,结合了马克思的观点,注重社会实践。一方面,基督信仰末世论面对人类现实社会有责任和能力提出批判,在末世承诺和社会现实之间有一定的距离,这距离因社会压迫和不正义而加大。另一方面,基督信

---

[1] 参考 K. Rahner, Principi teologici dell'ermeneutica di asserzioni escatologiche, in ID., Saggi sui sacramenti e sulla escatologia, Roma, 1965.

仰末世论具有建设性的力量,它鼓励和强迫社会在历史现实中按照末世希望来建设正义社会。不过在历史中的未来、人类的实现及天主的绝对未来之间存在区别,或者保障人类和世界终极幸福和正义的标准。所以,恰恰是末世观点使神学具有政治性,反之,政治使神学具有末世性,使末世具有神学性。

拉辛格指出,天国是希望。① 而哪里有希望,那里必须先有爱,人可以希望,因为在被钉十字架的基督身上展示了超越死亡的爱。耶稣所宣讲的天国首先并不是指大地上社会条件的改善、发展,他的天国在人的内心。人渴望无限的自由和与神的通契,而新约肯定了人的这种渴望,但是人追求目标所选择的道路却错误了。人可以"成为"神,但不是靠人自己的任命,而是首先成为天主的儿女,才可能分享其神性,像圣子耶稣那样承行主旨,否则天国不会降临。天国不会从外面降临于人,而是成长于内心,如果我们封闭、自私、拒绝天主,那自由是不可能来临的。

目前从较广的角度而言,复活及死后生命的讨论再受重视,人们也尝试能否从哲学和自然科学的角度辨认这概念。② 永恒的生命是为全人类,抑或只为少数人? 其中以希克(Hick)的努力较为流行,他从普世主义(Universalism)的角度指出,东方宗教论永生的睿见或许可补充西方理论的不足③。同时前千禧年说重新在某些新教教派受到关注,而且根据达尼尔和《若望默示录》所引发的一种历史哲学观也备受重视。考匝尼(G. Colzani)概括目前的末世论流派,认为主要是先知式的和默示录式的。④

6. 官方训导

自第3世纪信经都宣告,相信被钉在十字架上,死而复活的耶稣基督将要带着荣耀从天降来,审判生死者。教会也一直坚信并且宣认复活的事实。公元381年君士坦丁大公会议信经中再次宣告:我相信耶稣基督要光荣降来审判生死者,他的神国没有结束;我期待死人的复活;我期待来世的生命。

---

① Aure, J. Ratzinger, Escatologia, 1979, Assisi, p. 84.
② P. Badham, Christian Beliefs about Life after Death, London, 1976.
③ Hick, Death and Eternal Life, Collins, 1976.
④ G. Colzani, L'escatologia nella teologia, pp. 81-120.

弥撒礼仪中也隆重宣告:我们传报你的圣死,我们歌颂你的复活,我们期待你光荣地来临。

散见于各种文件中关于末世问题的训导有很多。

关于个人命运方面:(1)基督的死亡彻底战胜了死亡的统治,①死亡是罪恶的结果。② 梵二文献《牧职宪章18》也同样肯定。(2)死亡是朝圣旅程的结束。人死后不能再赚取功劳,所以不能再影响自己的命运。③ (3)人死后马上接受私审判,进入天堂,或者炼狱,或者地狱。④ (4)天堂的福乐是喜乐、享受面见天主和爱(fruitio, visio et dilectio essentiae divinae)。⑤ 面见天主的荣福直观是超性的,只有通过 Lumen Gloriae 荣耀光明被恩宠融化,才能代替信仰光明 Lumen fidei,使头脑和意志轻盈高升冥想天主。看到天主的程度是不一样的,依据人在世界上的功劳大小而定。⑥ 这种享受永远再不会失去。⑦ 只有那些没有罪恶、也不承受罪罚的,死在天主的恩宠和爱内的人们才能够在死后马上享受这些福乐。⑧ (5)炼狱存在,是清洁(purgatorium)罪过的所在(status)。进入炼狱的是皈依基督的人,但是仍然有小罪阻碍他们与天主合一。⑨ 在炼狱里的灵魂是肯定可以得救的。⑩ 炼狱里用来清洁罪恶的是火,这是圣经用语,是比喻。这火是有结束的。⑪ (6)原罪带来的惩罚是失去冥想天主的能力。没有领受洗礼的恩宠就死去,但是没有大罪的人,他们的惩罚只是不能冥想天主,而享受自然的幸福,在复活后也不承受感觉上的痛

---

① 信经。
② 《关于原罪的规定》,特兰托,1546,DS1512,GS18,反省罗 5:12。
③ 谴责马丁路德的文件 La《propositio 38》,见 la Bolla Exsurge Domine,1520, DS 1488。
④ La Bolla Benedictus Deus di Benedetto XII, 1336, DS 1000–1002; la Bolla di unione Laetentur caeli del concilio di Firenze, 1439, DS 1304–1306.
⑤ La Bolla Benedictus Deus.
⑥ 1312 年维也纳大公会议 La Costituzione Ad nostrum qui, DS 894.
⑦ 《赞美天主》La Bolla Benedictus Deus.
⑧ Decreto sulla giustificazione,特兰托,1547,DS 1546;Vienne,DS 895.
⑨ 里昂一次大公会议 Lione I, 1254, DS 838;里昂二次大公会议 Lione II, 1274; DS 856–885;《赞美天主》Bolla Benedictus Deus;1439 年佛罗伦萨大公会议,Laetentur caeli DS 1304–1306;特兰托大公会议 Concilio di Trento, Decretum de purgatorio del 1563, DS 1820.
⑩ 谴责马丁路德文件 Errores Martin Lutheri, Prop. 38, DS 1488.
⑪ DS 838.

苦。① 这个问题在历史上不是很确定,梵二会议提出新观念,认可没有领受洗礼的人得救的可能性,超越了过去灵薄狱的观念。(7)进入地狱的人是实际犯了大罪的人。② 地狱的惩罚是永恒的惩罚。543年君士坦丁主教会议绝罚尤斯替诺(Giustiniano),反对奥力金关于以后魔鬼和地狱的灵魂会皈依的观点。③ 永恒惩罚的原因是个人的自由意志,④因为死于大罪,却至死不悔改,不认罪,具体历史事实形成无法消除的阻碍。⑤

关于生者、死者在基督内共融:(1)所有属于基督的人彼此之间都有救恩内的共融,也就是在天堂的圣人、世界上的基督徒和在炼狱里的灵魂。⑥ (2)天堂的圣人为这个世界上的人祈祷。⑦ 他们的祈祷是对三位一体的永恒朝拜。(3)炼狱里的灵魂与天堂的圣人共融,但是他们对于自己的状态已经无能为力。而生活在这个世界上的人可以帮助他们,通过弥撒、祈祷、帮助和爱别人,及各种慈善工作,或者斋戒。⑧ 这一方面在1979年5月17号信理部文件有更加详细的指示。⑨

关于普遍末世论:1)基督在世界末日会回来,带着他取得的人性特征。⑩ 不接受千禧年说。⑪ 2)所有的人,包括被惩罚的人,都要复活,接受灵魂和肉体永恒的赏罚。⑫ 所有的人都会带着自己的肉体复活,⑬不是虚幻的身体。

---

① 参考关于没有领受洗礼而死去的儿童问题,以及关于灵薄狱(*limbus infantium*)的问题;英诺森三世给 Umberto di Arles 的信,1201,DS 780;Firenze, DS 1306.
② 《赞美天主》*Benedictus Deus*,DS1002;Firenze, DS 1306.
③ DS 409,411.
④ *Fides Pelagii papae*, 557, DS 443.
⑤ 主教会议 Sinodo di Arles, 473, DS 342. Valence,855,DS 627;里昂一次大公会议 Lione I, 1245;DS 838;《赞美天主》*Bolla Benedictus Deus*, DS 1002;Firenze, 1439, DS 1306.
⑥ 良十三世 Leone XIII, Enc. *Mirae caritatis*, 1902, DS 3360-3364;LG 7 和 8 章。
⑦ 特兰托,DS1821,1876.
⑧ 特兰托 Trento,*Decreto sul sacrificio della messa*, DS 1753;*Decreto sul purgatorio*, DS 1820. 西斯多四世 Sisto IV, *Bolla Salvator noster*, 1476, DS 1398;*Enc. Romani Pontificis provida*, 1477, DS 1405-1407;良十世 Leone X, *Decreto Cum postquam*, 1518, DS 1447-1449.
⑨ DS 4654.
⑩ 见信经。
⑪ *Decreto del Sant'Ufficio*, 1944, DS 3839.
⑫ *Fides Pelagii papae*, 557, DS 443;托雷达诺六次 Toledano VI, 638, DS 439;托雷达诺十一次 Toledano XI, 675, DS 540;1215年拉特郎四次大公会议 Lateranense IV, 1215, DS 801;里昂二次大公会议 Lione II, 1274, DS 859;*Bolla Benedictus Deus*, 1336, DS 1002.
⑬ "Cum suis propriis corporibus". DS 801.

基督本人,只有基督,使死人复活。① 基督的恩宠,他作为他的奥体教会的头,把恩宠传递给所有成员。② 3)死人复活后有最后的审判,针对全人类和整个人类历史。③ 天使和人都不知道这个日期。④ 那时还有物质世界的完成。但是到底这个完成如何进行,教会拒绝任何假设理论。⑤ 最后是天主和基督的天国。进入天国的人永恒享受幸福生命,这是基督和恩宠的功劳,也是他们自己生活的功劳。⑥ 教会会进入天国。作为救恩的工具,教会要结束,但是作为救恩的成果永远留存。⑦ 所有的圣人与基督永远共同管理天国。⑧ 天国再没有结束。⑨

末世论的发展自20世纪以来虽然是跨越性的,但是对于到达认识上的定论还很遥远。天主教会官方文献对此问题也有介入,首先是梵二会议。梵二会议恢复教会丢失多时的末世色彩,虽然没有直接针对末世论的文件,但是有两个文件论及末世,一个是《教会宪章》(LG),一个是《教会在现代世界牧职宪章》(GS)。前者集中在整个第七章综合了近代的末世思想,从诸圣共融的角度切入末世论。指出如果不是将末世作为实现的目标,那么"朝圣"的教会就没有意义。接着的第八章介绍玛利亚的同时展示末世的现实性,她是人类末世命运的楷模和开始。尤其是48-49节,协和个体-人的末世和宇宙-团体末世,个体人的命运镶嵌在人类历史和整个宇宙的命运内,与教会共同走向终极实现。这同一的历史进程分为不同的历史阶段,依赖于基督逾越奥迹的整体救恩。《牧职宪章》中在不同的地方谈到末世问题,都与希望相联系,整个文件通过末世层面或者与末世的关系来关注人的未来、人类的历史和世界。尤其是第三章,在承认人行为的价值标准和独立性的同时,将其放入末世幅度给予解读,帮助人在历史现象上看出末世幅度,

---

① 信经。
② 教宗 Vigilio, *Dum in sanctae*, 552, DS 414.
③ 信经。
④ 格列高里一世 Gregorio I, *Lettera Sicut aqua*, 600, DS 474.
⑤ 比约二世 Pio II, *Propositio I degli errori di Zanino di Solcia*, 1459, DS 1361.
⑥ 特兰托 Trento, *Decreto sulla giustificazione*, DS 1545–1547.
⑦ 托雷达诺六次 Toledano VI, 638, DS 493.
⑧ 托雷达诺十一次 Toledano XI, 675, DS 540; 托雷达诺十六次 Toledano XVI, 693, DS 575; 特兰托 Trento, DS 1821; 梵蒂冈二次 Vaticano II, LG 7–8.
⑨ 达7:14; 路1:33; 信经; 君士坦丁大公会议, 381, DS 150.

指出人的行为与天国实现的关系。人类一切的奋斗和努力只有在向往一个新世界的前提下才有意义。其中第 18 节谈到死亡和人死后的生命,过去教会对这个问题没有特别清楚解释,在这里给出一个比较明晰的断定:

> "面对死亡,人生之谜达到高峰。人不只是被肉体的痛苦和其逐渐的衰弱而折磨,尤其是为最后的彻底毁灭而恐惧。但是人心本能地抛弃和拒绝这种人将彻底毁灭和完全消亡的想法。这是正确的。种植在人的心灵深处,那渴望永恒生命和不可能缩减为物质的根苗,本能地反抗死亡。所有的技术进步都无法平复人的焦虑。生物学上的延长生命,并不能满足人们对永生的不可遏制的期望。虽然面对死亡,一切幻想都归于失败,但是拥有天主启示的教会,向我们肯定:人被天主所造,是为了一个幸福的目标,这目标超越此世的贫乏。此外,基督信仰告诉我们:如果人没有犯罪,肉体的死亡就不会发生。这种死亡,有一天,当全能而慈悲的救主归还给人类曾经因为罪恶而失去的救恩时,将会被战胜。天主召叫了人,而且仍然在召叫人,以整个的生命归于主,与祂不朽的神性生命永恒地共融。这个胜利已经由复活的基督所赢得,祂通过自己的死亡把人从死亡的魔爪中解放。"(GS 18)

此外,在第 39 节谈到教会的历史责任和她与末世天国的关系。梵二会议末世论是在基督论、圣神论和三位一体论的基础上展开的,丰富地吸纳了圣经和礼仪中的财富,参考了希腊礼和拉丁礼仪的双重传统。

教义部在 1979 年 5 月发给主教们的《关于末世论的一些问题》中指出:(1)教会相信死人的复活。(2)这种复活是整个人的复活,是基督人性的延伸。(3)人死后有一种精神因素仍然继续存活,这种精神因素承载着认识力和意志,是人之所以为人的成分。教会根据圣经和传统称这种精神因素为"灵魂"。(4)任何认为祈祷、葬礼礼仪、亡者纪念荒谬无用的说法,教会都不接受。它们就其本质来说都是"神学领域"。(5)人的复活与耶稣基督我们主的光荣显现不一样,但是有关系。(6)童贞玛利亚肉身升天是唯一特例,是其他也将获得光荣的人们的预示。(7)相信义人未来的幸福,他们将与基督在一起。相信罪人会受到惩罚,他们看不到天主,这种惩罚包括他们整个的人。被选的人所需要接受的清洁是暂时看不到天主，但是与地狱的惩罚完全不同。教会以"天堂"和"地狱"来表达永福和永罚两种状态。要避免幻想，但是圣经中的图像式解释应该受到尊重，分辨其深意，既不要夸张，也不要忽视其真实内容。

不论是圣经还是神学，都无法充分表达人死后生命的本来面貌。但是应该注意，一方面要相信圣神使我们现世在基督内的生活与来世生命之间有着基本的连续性，另一方面二者之间也有着很大的不同，现在的信仰在那时将被现实所替代：我们将与基督同在，看到天主。

文件还指出，神学家有权利获得他们在研究方法上所需要的自由。但是神学研究应该以教友生活及教会训导为基础，关心牧灵工作，不要脱离教友生活。末世论不是神学的附录，而是神学的基础。基督引发了一个开始，一切都指向最后实现的将来。基督宗教相信，人的一切努力都是朝向这个最后目标。耶稣基督不只是宣告了天主统治的来临，他本人就是天主君临的体现。

7. 天主教与东正教、新教关于末世观点的区别

区别只在炼狱部分。东正教没有发展西方式的个人末世论，一切都发生在世界末日。东正教认为死去的人会暂时停留在一个阴间的地方，等待最后末日，这个状态与天堂不同。但是他们也认为活人可以为亡者祈祷，帮助他们获得更加轻松的状态。实际上所有死去的人都需要我们的祈祷，帮助他们轻松一些，甚至提升到阴间比较高的层次，少一些沉重。这个问题在1274年里昂大公会议和1439年佛罗伦萨大公会议有谈论。这个问题现在已经不涉及两个教会的分裂，因为诸圣共融及为亡者祈祷是共同的。而且东正教自己各派之间关于个人末日和世界末日的理论也不统一。

根本不同的是，路德和加尔文否定炼狱的存在。也就是称义说。基督牺牲的功劳已经足够赦免一切罪恶。根据这二人观点，弥撒、祈祷和善行都是人试图影响天主，而和好是天主的恩赐，不是人可以改变的。只要对基督有信德，而其它行动不论对自己还是对别人，都是无用的。目前在天主教会和新教之间争论多的就是中间阶段问题，也就是人死后到最后复活之间的关系。这方面天主教会的观点在"梵二"文献《教会宪章》有表态。

8. 当今末世论的神哲学范畴

末世论是人和世界的创造者将造物引向完美的自我启示。

创世论认为世界和人是建设在物质和精神两个层面上,而造物中只有人存在于精神和肉体双重本性内,不论在开始还是在终末人都是将其它一切造物带向超然的工具,这就决定了人的末世意义。天主通过自我启示引导人类成长,这引导在道成肉身的圣子内达到高峰。

人是一个对话的存在。在话语中,人成为人。话语不是原始的自我陈述,不是自己通过语言工具进入与他人的关系中,而是当被别人提问时、被天主-人的创造者质问时经验自己的存在。因此,瓜尔第尼(Romano Guardini)关于创造秩序说:"非人格的,有魂的和无魂的,天主简单地创造了它们,作为祂意志的直接造物。而对于人,天主不可以也不愿意这样创造他们,因为这样没有意义。天主是通过一个预显人类尊严的行动创造了人,就是通过召叫"。在召叫中启示人的使命。

人与人之间的沟通,不会因为死亡而结束,而是在与天主和与他人的共融中达到完满。因此,基督徒期待肉体的复活和一个新天地。人作为物质的存在、社会的和历史的存在,在未来也应该实现他的所有这些层面。末世并不是世界在灾难中毁灭,也不是为了鼓励人有勇气面对世界末日。末世论不是对于时空之外事情的预言,也不是对于那里的描述,而是反省自我启示的天主在时间和历史中呼唤人类面对最终命运做出我们自己的决定。所以末世论的论点需要严谨地解读。其原则是:末世论,是福音的一部分,讲述自我启示的天主对于世界之创造和规划的完满。

第三部分

末世论论题

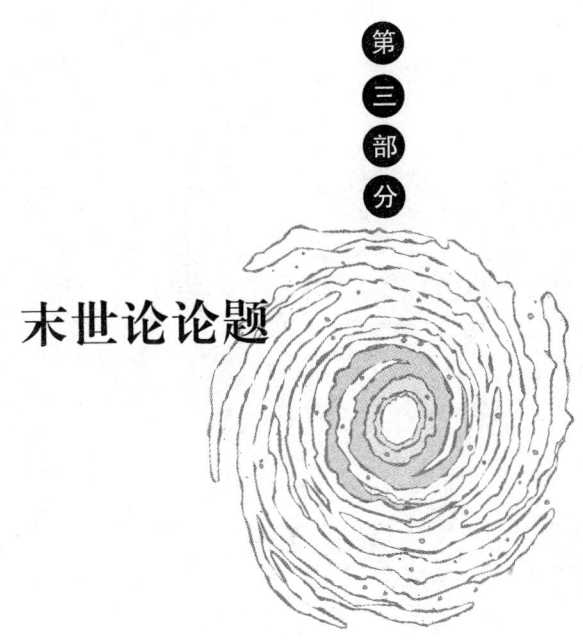

第一章 普遍末世论

壹、世界末日与基督来临

一、"他还要光荣地降来,审判生者死者"

世界会有一个终结吗?这个终结会是怎么样的呢?毁灭、更新、完满?原因是什么?是行星撞击、自然环境恶化、人类战争、伦理败坏、宇宙演变?结束还是完成?神学研究在肯定这个世界有一个终结的同时,也关注在历史的终点、世界末日来临时,会发生什么事情,对人类有什么意义,但是同时肯定只有基督光荣来临时才会宣告世界末日,不论这之前可能发生什么。基督是宇宙之主,不是星球或者其它任何力量。那时将是天主大计的完成,而不是毫无意义的灰飞烟灭。而陪同着基督再来,还要发生:死者复活、最后审判和宇宙更新三件事情。它们之间互相关联。

信经中不只是谈到耶稣的复活和升天,还指出他要在"荣耀"中"从天降来",主持"审判"。路加福音书中说,那时:"在日月星辰上,将有异兆出现;在地上,万国因海洋波涛的怒号而惊慌失措。众人将因恐惧,等待即将临于天下的事情而昏厥,因为诸天的万象要动摇。那时他们要看见人子带着威能和莫大的光荣从天降来。"[①]基督的来临可能会携带着某些地理、气候或者星象变化,他的"荣耀"是云彩、光芒、火焰,或者雷声?旧约中记录了很多上

---

① 路 21:25-27。参考谷 13:19-27:"……那时人要看见人子带着大威能和光荣乘云降来。那时他要派遣天使,由四方,从地极到天边,聚集他的被选者。"谷 9:1;14:62;玛 16:28;路 9:26-27;24:50-52;宗 1:9-11;2:19-20;得后 1:3-10。

主显现时的"荣耀",西乃山梅瑟看到的火焰、厄里亚看到的地震,陪伴以色列人逃出埃及的云柱,厄则克耳先知看到的圣殿的荣耀,等等,历史上也有很多研究讨论基督再次彰显于世的荣耀是怎么样的,一般认为他不会像道成肉身时那样默默无闻如同普通婴儿一样降生,而是伴同着明显的、惊人的现象从天而降。基督荣耀来临将宣告漫长的创世工程的完成,是世界历史的终局。

不论发生什么、发生多少事情,只有基督再次显现时才是世界末日。但是其标志不是一个大自然事件,而是一次个人接触,是个人与基督的相遇。每一个人与基督的面对,同时也将是与深刻、真实自我的面对,所以是审判的时刻。每个人面对自己的一生、面对自己对人类历史留下的影响,审查、评定、反省,那时人心、历史与宇宙的一切隐秘都要昭然揭示。最后的胜利是基督,是已经复活的那位,是生命战胜死亡,属于基督的人将与他一起享受永生。所以,世界末日最后的结局是永生和正义的胜利。这是基督信仰中末世论的信念所在,如路加告诉我们:"这些事开始发生时,你们应当挺起身来,抬起你们的头,因为你们的救援近了。"(路21∶28)

希腊文 parousía 是本人亲自临在、到来、参观、访问、视察之意,并没有"再来"的意思。教会为区别基督的道成肉身而称为再来。这个词一般是用在君王访问自己的国土,到来时的隆重欢迎仪式上,或者指神祇来临,出现在某一个地方,其时人们夹道迎接,献礼欢呼。柏拉图用这个词指理念在感觉世界的临在,指审判万物的标准、万物的起因理念在这个世界的权威,以及万物对它的分享。基督徒赋予这个词很深的神学意义,用在耶稣身上时指期待中的、死而复活的耶稣基督荣耀地从天而降,再次"显现"于众人眼前。旧约中达尼尔先知书(7∶13)曾经用这个词表达人子的来临。新约中,玛窦和保禄最先用这个词指信徒期盼中的基督末世来临。那时将是世界末日,但那是带来救恩和人的实现,而不是毁灭。

现在讨论很热的问题还有一个,那就是 parousía 到底应该是"来临"还是"显现"?保禄文献中大部分用"显现"($\varepsilon\pi\iota\varphi\acute{\alpha}\nu\varepsilon\iota\alpha$,epifaneia,弟前6∶14;弟后1∶10;4∶1,8;希9∶28)一词取代了"来临"(parousía)。在其中一方面指天主圣子道成肉身,生活于人世;另一方面就是指基督光荣地从天而降,即在末日的来临。三王来朝节日也叫"主显节"(Epifania),就是这同一个词汇,指基督显现给万邦。按照柏拉图的解释,也应该是显现,因为本来就是一直临在的,只不过没有特别被人们感觉到。拜占庭传统一直倾向于"显现",比如对于大博尔山耶稣显示圣容给三使徒的情况,他们认为改变的不是耶稣,而是三使徒的眼开了,看到了本来荣耀的耶稣容貌。二千多年前天主圣子道成肉身以耶稣基督的身份显现于世界,末世时刻人们将看到的耶稣基督以他复活升天时形象,如同他升天时那样,"怎样升上天,也怎样降来"(宗1:11),但是耶稣也告诉弟子们:"我同你们在一起直到世界的终结。"(玛28:20)他升了天,但是他与弟子们从来没有分开,只不过将来有一个时刻人们会再次眼睁睁地看见他。

耶稣基督的复活和来临是初期教会宣讲的核心,他们迫切地期待升天的耶稣早日从天而降。弟子们看着耶稣升天后,从橄榄山上下来时满怀信心:"被接到天上去的耶稣,你们看到他怎样升了天,也要怎样降来。"(宗1:11)他们对基督的不久再来充满希望:"在发出命令时,在总领天使呐喊和天主的号角吹响时,主要亲自由天降来,那些死于基督内的人先要复活,然后我们这些活着还存留的人,同时与他们一起要被提到云彩上,到空中迎接主。这样我们就时常与主在一起"(得前4:16-18)。初期教会基督徒的特征就是寄希望于基督的来临:"正义的冠冕已经为我预备,就是主,正义的审判者,到那一日必要赏给我的。不但赏给我,也赏给一切爱慕他的显现的人们。"(弟后4:8)他们对此充满信心。这强烈的希望使他们每一日迫切地渴望着基督的再次来临。

对基督再来的信仰在教会史上一再被确认,圣传中的"十二宗徒训言"、"信经",以及礼仪中,特别是感恩祭隆重宣告:"我们宣告你的圣死,我们歌颂你的复活,我们期待你光荣地来临";基督徒最重要的祈祷文,基督亲自教导我们的祈祷"天主经"中也呼求"我们的天父,愿你的名受宣扬,愿你的国来临"。1215年拉特朗四次大公会议对此盼望再次给予解释和界定。梵二会议文件《启示宪章4》也指出基督将光荣地公开再来,带来启示的完满。《礼仪宪章8》指出时间结束时,他要在荣耀中公开再显。1979年信理部文件"关于末世论的几个问题"也指出对耶稣基督光荣再来的期待。

二、世界末日的征兆

基督的再来与我们这个世界的时间有什么关系一直是个难题。他会在什么时候来？会发生什么征兆呢？新约中一方面完全拒绝任何征兆，强调基督的再来完全是这个世界无法预知的，而坚持要求人们"警醒"；另一方面又谈到一些征兆，比如马尔谷福音第十三章和玛窦福音二十四章。其中谈到的征兆包括假基督、假先知的出现："将有许多人假冒我的名字来说：我就是默西亚。他们要欺骗许多人"；有战争："当你们听到战争和战争的风声时，不要惊慌，因为这是必须发生的，但还不是结局。因为民族要起来攻击民族，国家攻击国家"；有自然灾难："到处要有地震、饥荒和瘟疫"，"但这只是苦痛的开始。"还包括基督徒受迫害："人要把你们解送到公议会，你们在会堂里要受鞭打，并且也要为我的缘故，站在总督和君王面前，对他们作证。"家庭内也会产生信仰的分裂，许多人要跌倒，互相出卖，互相仇恨；道德普遍沦丧；还包括圣地受到亵渎："招致荒凉的可憎之物立在不应在的地方"；"但福音必先在全世界宣讲，给万民作证，然后结局才会来到。"大灾难的景象是可怕的，"是从天主创造开始，直到如今从未有过的，将来也不会再有"的。"在那灾难以后，太阳将要昏暗，月亮不再发光；星辰要从天上坠下，天上的万象也要动摇。那时，人要看见人子带着大威能和光荣乘云降来。那时，他要派遣天使，由四方，从地极到天边，聚集他的被选者。"但是"至于那日子和那时刻，除了父以外，谁也不知道，连天上的天使和子都不知道。"所以，"你们要当心，要醒寤，因为你们不知道那日期什么时候来到。正如一个远行的人，离开自己的家时，把权柄交给自己的仆人，每人有每人的工作；又嘱咐看门的须要醒寤。所以，你们要醒寤，因为你们不知道，家主什么时候回来：或许傍晚，或许夜半，或许鸡叫，或许清晨；免得他忽然来到，遇见你们正在睡觉。我对你们说的，我也对众人说：你们要醒寤！"

马尔谷福音就此记载：

> "耶稣从圣殿里出来的时候，他的门徒中有一个对他说：'师父！看，这是何等的石头！何等的建筑！'耶稣对他说：'你看见这些伟大的建筑吗？将来这里决没有一块石头留在另一块石头上，

而不被拆毁的。'耶稣在橄榄山上,面对圣殿坐着的时候,伯多禄、雅各伯、若望和安德肋私下问他说:'请告诉我们:什么时候发生这些事?这一切事要完成时,将有什么先兆?'耶稣就开始对他们说:'你们要谨慎,免得有人欺骗了你们。将有许多人假冒我的名字来说:我就是(默西亚);并且要欺骗许多人。当你们听到战争和战争的风声时,不要惊慌,因为这是必须发生的,但还不是结局。因为民族要起来攻击民族,国家攻击国家;到处要有地震,要有饥荒;但这只是苦痛的开始。你们自己要谨慎!人要把你们解送到公议会,你们在会堂里要受鞭打,并且也要为我的缘故,站在总督和君王面前,对他们作证。但福音必须先传于万国。人把你们拉去解送到法庭时,你们不要预先思虑该说什么;在那时刻赐给你们什么话,你们就说什么,因为说话的不是你们,而是圣神。兄弟将把兄弟,父亲将把儿子置于死地;儿女将起来反对父母,把他们处死。你们为了我的名字,将为众人所恼恨;但那坚持到底的,必要得救。几时你们看见那招致荒凉的可憎之物立在不应在的地方;那时在犹太的,该逃往山中;在屋顶上的,不要下来,也不要进去,从屋里取什么东西;在田地里的,不要回来取自己的外衣。在那些日子里,怀孕的和哺乳的是有祸的!但你们当祈祷,不要叫这事逢到冬天。因为在那些日子里,必有灾难,这是从天主创造开始,直到如今从未有过的,将来也不会再有。若不是上主缩短了那些时日,凡有血肉的人都不会得救;但为了他所拣选的被选者,他缩短了那些时日。那时,若有人对你们说:看,默西亚在这里!看,在那里!你们不要相信!因为将有假默西亚和假先知兴起,行异迹和奇事,如果可能的话,他们连被选者都要欺骗。所以,你们要谨慎!看,凡事我都预先告诉了你们!但是,在那些日子里,在那灾难以后,太阳将要昏暗,月亮不再发光;星辰要从天上坠下,天上的万象也要动摇。那时,人要看见人子带着大威能和光荣乘云降来。那时,他要派遣天使,由四方,从地极到天边,聚集他的被选者。你们应由无花果树取个比喻:几时它的枝条已经发嫩,生出叶子,你们就知道夏天近了。同样,你们几时看见这些事发生了,就该知道:他已近在门口了。我实在告诉你们：非到这一切发生了，这一世代决不会过去。天地要过去，但是我的话决不会过去。至于那日子和那时刻，除了父以外，谁也不知道，连天上的天使和子都不知道。你们要当心，要醒寤，因为你们不知道那日期什么时候来到。正如一个远行的人，离开自己的家时，把权柄交给自己的仆人，每人有每人的工作；又嘱咐看门的须要醒寤。所以，你们要醒寤，因为你们不知道，家主什么时候回来：或许傍晚，或许夜半，或许鸡叫，或许清晨；免得他忽然来到，遇见你们正在睡觉。我对你们说的，我也对众人说：你们要醒寤！"（谷13）

天主教教理强调的征兆，包括福音传遍全人类和犹太人的皈依、一个艰难的时期和许多假基督的出现。最后会是一个"带给众人正义、仁爱与和平的最后秩序"（CCC 688）。福音传遍全人类是玛窦福音第二十四章末世论的核心，但是我们不知道他只是指福音传播，还是也包括全人类的皈依。犹太人的皈依主要出现在保禄书信中，"直到外邦人全数进入天国，那时，全以色列必也获救，正如经上所载：'拯救者必要来自熙雍，从雅各伯中消除不敬之罪。'"（罗11：25-26）欧美人很熟悉这个预言，19世纪时许多人认为犹太人要皈依了，可是却发生了奥兹威辛大屠杀。对于犹太人皈依，保禄所指不是国家或者政治方面，而是在于信仰。犹太人作为天主的选民，耶稣的祖先，他们应该是天主慈悲的特殊对象。耶稣在十字架上最后的祈祷中为他们呼求："父啊，宽恕他们吧，因为他们不知道自己在做什么"（路23：34），这祈祷一定比群众的喊叫更加有力量："把他的血记在我们和我们的后代头上吧。"（玛27：25）

对于另一个征兆"教会的艰难时期"，那是"圣神和见证的时刻，但也是一个标志着'急难'和邪恶考验的时刻……此时刻也开始了最后时期的战斗。这是一个期待和警醒的时期"。[①] 教会的艰难时期包括内在的和外在的，但首先是内在的，如本笃十六世所讲。外在部分可能表现在反基督力量的联合、侵略性的和恶意的反基督精神，或者是寻找一个没有基督的世界秩序，也可能是政治人物或者试图创造新礼仪、新宗教的人们。但是教理强调

---

① 《天主教教理》672。

"最后是和平的,靠着忍耐和忠诚"。

假基督的出现也是教理特别强调的,指"一种冒充的默西亚主义:人追求自己的荣耀而取代天主及道成肉身的默西亚。"[①]不论以什么形式出现,自以为是救世主或者自称为基督的人,都是骗子,都是假基督。教理特别指出"千禧年主义"和政治形式下的俗世默西亚主义这两种形式。至于各种灾难,教理没有特别强调,但是现代末世版我们可以想象得到,大规模毁灭的武器、生态末世、经济末世、自然浩劫等等。但是英吉拉甘地警告我们:贫困是最严重的环境污染。

对于这些先兆,我们不要狭义地去理解,不要从中去探索有关世界末日时间的线索。因为有些所谓征兆是时时都有的,比如"迫害、假先知、饥荒、瘟疫"等,事实上任何制造战争与不正义的人都是"反基督者",至于日月星辰的动荡是典型的默示文学描述,是一种文学形式,它首要表示的是世界的可朽性,是一个警告。真正的先兆应该是:"人子来临时,能在世上找到信德吗?"(路18:8)信德的冷淡和对正义的无动于衷才是记号,它存在于人心内。

末世论的主旨在于已经展开的天主之国。耶稣藉着天主之国,告诉沉没在没有希望的黑暗昏庸中的人们,天主对世界的旨意是怎么样的,告诉人们罪得赦免,邪恶、苦难与死亡会被战胜,对权力与价值的观念要更新。它们指出天主开始工作了,他必要完成,要点在于目标之完成的真实性,而不是告诉我们时间表。事实上,新约作者关心的,不是耶稣再来的时间或方式,而是其目的。那将是创造的最后成全,每一个个人与耶稣基督的面对,是一次个人经历,是个人生命中和人类历史中的事情。所以基督训导的最后是要求我们警醒,让自己和世界在警醒中改善是首要的态度,由我们自己的警醒或者浑浑噩噩、庸庸碌碌带给自己和世界的容貌是不一样的。征兆不是为了满足我们的好奇心,而是为了感动我们,使我们皈依。征兆一直存在于历史中,那些因征兆而警醒的人是有福的。征兆是个恩宠,是天主爱的预先警告。耶稣留给世界的最后遗言是:爱。你们要彼此相爱。基督建设和留给世界的是一个爱的团体。这是警醒者需要精心呵护的,这才是超越

---

① 《天主教教理》675。

任何征兆而迎接基督荣耀来临坚实不倒的基础。在征兆的预言中基督也告诉我们,"由于罪恶的增加,许多人的爱情必要冷淡。唯独坚持到底的,才可得救"(玛 24：12-13)。爱,是我们得救的保证和标准。

三、世界末日和基督来临的时刻

这是一个非常棘手的问题。我们不知道什么时刻基督再来、什么时刻末日降临,不知道那个时候延续多久。关于这个问题二千多年来一直争论很多。基督曾经一再宣告他的再来,这个希望成为整个宗徒宣讲的核心和基督徒希望的核心。就是在这个希望中,基督徒可以承受一切苦难,有能力面对一切。可是圣经中一方面说主的再来已迫在眉睫,"你们该认清这个时期,现在已经是由睡梦中醒来的时辰了,因为我们的救恩,现今比我们当初信的时候更临近了。黑夜深了,白日已近。"(罗 13：11-12)"我告诉你们：非到这一切发生了,这一世代决不会过去。"(玛 24：35)同时又告诉我们没有人知道来临的时间,基督也拒绝指定一个时刻："至于那日子和那时刻,除了父以外,谁也不知道,连天上的天使和子都不知道。"(谷 13：32；玛 24：36；参考 36 – 51)福音书一再告诉我们的是应该"醒寤,因为你们不知道那日子,也不知道那时辰。"(玛 25：1-40)

那个日子什么时候来对我们很重要吗？圣博纳文图说,我们不知道末世是哪一天,因为这对我们的得救没有用。① 一个人知道自己死去的日子有什么益处吗？对于那个日子、那个时期我们不应该知道,也没有必要知道,"父以自己的权柄所定的时候和日期,不是你们应当知道的。"(宗 1：7)"至论那时候与日期,不需要给你们写什么。"(得前 5：1)因为知道这个日子对我们没有益处,不重要。世界末日的意义如伯多禄书信中所写的：

"亲爱的诸位！……我用提醒的话,来鼓励你们应有赤诚的心,叫你们想起圣先知们以前说过的话,以及宗徒们传授的,主和救世者的诫命。首先你们该知道,在末日要出现一些爱嘲笑戏弄,按照自己的私欲生活的人,他们说'哪里有他所应许的来临？因为

---

① San, in IV Sent., D.48, a.1, q. 4 ad 4.

自从我们的父老长眠以来,一切照旧存在,全如创造之初一样。'……亲爱的诸位,惟有这一件事你们不可忘记:就是在天主前一日如千年,千年如一日。主决不迟延他的应许,有如某些人所想象的;其实是他对你们含忍,不愿任何人丧亡,只愿众人回心转意。可是,主的日子必要如盗贼一样来到;在那一日,天要轰然过去,所有的原质都要因烈火而溶化,大地及其中所有的工程,也都要被焚毁。这一切既然都要这样消失,那么,你们应该怎样以圣洁和虔敬的态度生活,以等候并催促天主日子的来临!在这日子上,天要为火所焚毁,所有的原质也要因烈火而溶化;可是,我们却按照他的应许,等候正义常住在其中的新天新地。为此,亲爱的诸位,你们既然等候这一切,就应该勉力,使他见到你们没有玷污,没有瑕疵,安然无惧,并应以我们主的容忍当作得救的机会。"(伯后 3:1-8)

末日如同死亡,终会有那一天。它首先在于提醒我们善用生命、保持纯洁和虔诚,发展生命并力求完美自己,不要醉生梦死、胡作非为,而是时刻准备好迎接主的来临。伯多禄还指出:"在这些书信内,有些难懂的地方,不学无术和站立不稳的人,便加以曲解,一如曲解其它经典一样,而自趋丧亡。所以,亲爱的诸位,你们既预先知道了这些事,就应该提防,免得为不法之徒的错谬所诱惑,而由自己的坚固立场跌下来。你们要在恩宠及认识我们的主和救世者耶稣基督上渐渐增长。愿光荣归于他,从如今直到永远之日,阿们。"(伯后 3:16-18)而保禄把对于基督再来的期待直接与现实生活中的伦理要求相联系:"黑夜深了,白日已近。你们不可狂宴豪饮,不可淫乱放荡,不可争斗嫉妒;但该穿上主耶稣基督;不应只挂念肉性的事,以满足私欲。"(罗 13:14)各牧函也都不关心基督来临的时间,只是督促基督徒坚忍和警醒。《若望默示录》中也提出:"你该警醒,坚固其他将要死的人,因为我没有发现你的作为在我天主面前是齐全的,所以你应回想当初你是怎样接受了,是怎样听了天主的道:你该遵守,又该悔改;假如你不儆醒,我必要像盗贼一样来临,而你不知道我何时临于你。"(默 3:1-3)拥有一个警醒的心灵是世界末日对我们最重要的意义。神学家莫特曼说:将默西亚国度纳入日历是错误的,如果天主是历史的主,他不会将他的天命转让给星座。

对于基督再来的时间问题,早期的保禄书信明显地集中在迫切的基督来临上,而且更加关心的是全人类或者至少是基督徒团体的命运,而不是个体,比如52年写的得撒洛尼前书中:"我们这些活着存留到主来临时的人,决不会在已死的人以前。因为在发命时,在总领天使呐喊和天主的号声响时,主要亲自由天降来,那些死于基督内的人先要复活,然后我们这些活着还存留的人,同时与他们一起要被提到云彩上,到空中迎接主:这样,我们就时常同主在一起。为此,你们要常用这些话彼此安慰。"(4:15-18)后来保禄才更加关注个人末世问题。马尔谷和路加的纪录都已经参合了初期教会的观点。

初期基督徒确实都迫切期待逼近的耶稣的荣耀再来,而那些征兆正是那个时代所表现出来的,尤其是耶路撒冷的毁灭。但是随着再来的延迟他们开始关注"主的日子"是什么意思,"天国"是什么意思。由于它们的难以解释,耶稣曾经使用比喻讲给当时的人们,包括他的弟子们:"天国好像一粒芥子,人把它撒在自己的田里。它固然是各样种子里最小的,但当它长起来,却比各种蔬菜都大,竟成了树,甚至天上的飞鸟飞来,在它的枝上栖息。……天国好像酵母,女人取来藏在三斗面里,直到全部发了酵。"(玛13:31-33)"天国好像一个人,在自己田里撒了好种子。但在人睡觉的时候,他的仇人来,在麦子中间撒上莠子,就走了。苗长起来,抽出穗的时候,莠子也显出来了。家主的仆人,就前来对他说:主人!你不是在你田地里撒了好种子吗?那么从哪里来了莠子?家主对他们说:这是仇人做的。仆人对他说:那么,你愿我们去把莠子收集起来吗?他却说:不,免得你们收集莠子,连麦子也拔了出来。让两样一起长到收割的时候好了;在收割时,我要对收割的人说:你们先收集莠子,把莠子捆成捆,好燃烧,而把麦子收入我的仓里。"(玛13:24-30)从耶稣对天国的宣讲中看出,他的国"已经"来临,"已经"在世界上成长,在某种程度上已经是对于世界的审判:"你们去,把你们所见所闻的报告给若翰:瞎子看见,瘸子行走,癞病人得了洁净,聋子听见,死人复活,穷苦人得了喜讯。"(玛窦11:5-6)这是耶稣所带来的事实。"上主的神临于我身上,因为他给我傅了油,派遣我向贫穷人传报喜讯,向俘虏宣告释放,向盲者宣告复明,使受压迫者获得自由,宣布上主恩慈之年。"(路4:18)这是耶稣所展开的国度。这个国度已经是新时代,已经是先知和法律的满全。

天主教教理也指出:"从耶稣升天后,天主的计划进入了完成阶段。我们已经是在'最后的时期了'(若一2:18)。所以,世界的末期已经来到,世界的革新已无可挽回地被确定……"(CCC 670)如保禄特别强调的,基督来临是救恩的基本要素,而不是毁灭,这救恩已经在成长,其中将包括死人的复活。道成肉身只是开始,或者说是创世的继续,也是高峰,引发一个新发展,规范一个决定性的导向,而目标是基督荣耀再来,完成创世的规划。这个目标不是一个点,而是一个境界,一种圆满——爱的天主,天主的爱。爱,就是人的绝对未来。那是,三位一体式的爱。

基督的来临不是为了毁灭,而是为了成全,不论是第一次还是第二次来临。教父依肋内曾经解读道成肉身说:"基督为什么不在世界创造的时候就第一次来临,降生于世,而是一直过了漫长的一段时间之后才降生?这是为了在人类的宗教和文化中有一种预备,当预备成熟了,基督才降生。"同样基督二次来临也需要人类历史的预备,需要人类在宗教和文化中,在每一个人的生命中有所准备,回应召叫。但是这个预备不是人类孤独来完成,而是在基督和他的圣神的陪伴下和引导中。这个来临对我们不是完全陌生的,不是与我们的生活遥远无关的,在圣事和圣神的恩宠中这来临已经开始,我们就走在迎接主的来临中。圣事不只是纪念过去,也不只是通过圣神恩宠使耶稣的受难和生活临在于我们内,而且也是未来荣耀的承诺和保证,指向基督完满的临在。圣事和恩宠引导人的成熟及人类历史的成熟,人和人类在恩宠的陪伴中准备迎接恩宠之泉源的来临。基督是最大的恩宠,是恩宠之泉源,每一次基督来临都使人类历史发生质的跳跃。他第一次来临开启末世时代,他第二次来临将完成末世。

四、基督再来的性质

Parusia 基督再来的情景是怎么样的呢?保禄说那是基督最终战胜罪恶和死亡的日子,伴随着威严的号角,象征基督不可抗拒的力量领导世界和掌握历史,直到圆满。玛窦福音第二十四章中叙述,"那时,人子的记号要出现天上;地上所有的种族,都要呼号,都要看见人子带着威能和大光荣,乘着天上的云彩降来。"(玛24:30)基督再来将是公开的,而不是隐秘的,世界上所有的人都会看到,他的记号要出现在天空。人们说这里、那里,你不要信。"他要派遣他的天使,用发出洪声的号角,由四方,从天这边到天那边,聚集他所拣选的人"。(玛24:31)号角也是犹太人宣告禧年的工具,所以将是向全人类宣告喜乐的日子(格前1:7;3:13;5:5;格后1:14;6:2;得前5:9;得后1:7;斐1:6;10:2、16;弟前6:14;哥3:4),但对于恶人,那也是可怕的日子(亚5:18-20;依13:6-9;22:5;34:8;63:4;耶46:10)。所以,那是爱和正义胜利的日子,是天主的日子。

基督再来时,他自己会是怎么样的呢?"你们看见他怎样升了天,也要怎样降来。"(宗1:11)再来的基督会与他升天时一样,带着他复活的可见的身体,世界上的人会认出他。《启示宪章4》和《礼仪宪章8》都用了"彰显"(Manifestazione)。所以,光荣的基督早已经临在于人类历史和宇宙中,而人的努力使基督在世界上的临在越来越明显,直到历史和宇宙中充满基督之光,使人类和宇宙都沐浴在这神圣荣耀中。这种场景不是基督从天而降,而是他的光荣在历史和社会、宇宙中得到彰显。德日进神父在他的进化论著作《人的现象》中谈到他个人对末世的认识。生命出现之前是物质原料,生命出现后无机物过渡到生命境界,最后思想出现,由生命层发展到心灵层;第二步是基督降生、派遣圣神,由此,生命发展到精神层,使人产生跨越,直到基督二次来临,人类和世界达至完满,最后在爱中实现大合一。所以,基督的来临未必意味着结束,而或许是巨大持续能动活力的实现,生命潜能的充分爆发,人类完全觉醒于自己的生命,内在里焕发出基督的荣耀。在他内人类历史甚至整个受造界都"总归"于基督,达到其创造中预期的完美境界。

面对末世,我们需要两方面的准备,一方面积极投身于这个世界的建设,这就是在帮助和推动基督再来的实现;另一方面满怀希望地期待天主恩宠的来临,赤诚地渴望天主、交托于天主,在喜乐与平和的警醒中等待天主的恩宠全然在自己和人类生命中彰显。

贰　死者复活

死亡不是终极，只有天主才是终极。

长生不死是人类各种宗教所执著寻找的。死者复活是基督宗教教义中最重要、最有特色的部分之一，是基督信仰的根本特征，也是人类所有对未来的希望中最彻底的一个，涉及最深刻、最根本的基督救恩。天主教教理宣告："我们坚定地相信，也坚定地希望，如同基督确实从死者中复活了，并且永远地生活着，义人在他们死后也将永远与基督在一起，并且在末日时基督会使他们复活。"①基督徒信经宣认，圣父、圣子和圣神的创造、救援和圣化工程是在逐渐地迈向完满，那目标就是在末日所有的死人都会带着他们的肉体复活，义人将享受永恒的生命。② 古教父德尔图良说："死者复活是基督徒真实的信仰，藉此我们才成为基督徒。这信条推动我们去相信天主启示的真理。"③基督徒的希望是复活，复活是喜乐之泉，因为将拥有美满的永恒生命。

基督再来时将带来死人的复活，这是耶稣自己在福音中亲自宣告过的："这是我父的旨意，凡看见子，并且信从子的必获得永生，并且在末日我要使他复活"（若 6：40）。法利塞人和许多基督同时代的人都已经有了对复活的期待，而耶稣给予了明确的训导。对那些否认复活的撒杜塞人，耶稣告诉他们："你们因为没有明了经书，也没有明了天主的能力，而错误了。"（谷 12：24）对于复活的信仰是建基在对天主的信心上，因为："他不是死人的天主，而是活人的天主。"（谷 12：27）然而，更重要的是耶稣把对于复活的信仰系于他本人身上："我就是复活，我就是生命，信从我的人即使死了仍要活着，凡活着而信从我的人，必永远不死。"（若 11：25）

---

① 《天主教教理》989。
② 参考《天主教教理》988。参考若 6：39-40；得前 4：14；格前 6：14；格后 4：14；斐 3：10-11。
③ De anima De carnis resurrectione, 1.

作基督的见证人首先就是"见证他的复活"(宗1:22)。德尔图良指出这一教条的重要性:"如果身体复活遭到否定,信仰的前提就动摇了。如果身体复活得到肯定,那么信仰就建立起来了。"①基督徒对复活的信仰从一开始就遇到许多反对,奥古斯丁说:"没有任何其它教义像肉身复活一样遇到过那么多的反对。"②一般人们可以接受人死后其精神成分继续以某种方式存在,但是对于如此明显地遭遇腐坏的肉身,实在难以想象其复活。而依肋内说:"假如肉身得不到拯救,天主圣子就不会化取肉身。"③天主圣子降生成人就是为了使一切肉身得以复活,获得永恒的生命。复活的基督是救恩的典型,也是所有人复活的原因(罗8:29;格前15:20;哥1:18)。

复活在今天引起许多自然科学家莫大的兴趣。对于身体复活的可能性许多人常常倾向于科学上的不可能,但是越来越多的人开始意识到这个论断需要谨慎,因为所谓的自然律是在一系列特定条件下形成的,而在限度之外,其领域更加辽阔,是我们作为人所远远不知道的。另一个问题是圣经所记载的复活的耶稣其身体是与先前不一样的,复活不是复生。第三个问题是复活与时空的关系,处于后爱因斯坦时代的我们,对此拥有更多思考的余地。

一、圣经和教会历史中关于复活的观念

1. 复活在旧约中

复活是基督信仰启示的核心问题之一,但是在旧约早期的书中并没有记录。我们只可以查到一些隐含的文献。旧约中谈到天主不是死人的,而是活人的天主,所有的人为他都是生活的。天主创造了一切为了使人生活,为了赋予生命,死亡不是直接来于天主的计划,所以死亡是人类罪恶的后果:"不要因生活堕落而自招丧亡,也不要因你们双手的作为而自取灭亡,因为天主并未造死亡,也不乐意生灵灭亡。祂造了万物,为叫它们生存;世上的生物都有生命力,本身都没有致命的毒素,阴府在地上也没有权势。"(智

---

① De anima De carnis resurrectione, 2.
② 奥古斯丁,《圣咏解读》,88:25。
③ 《反驳异端》V, 14, 1。

1：12-14)"其实天主造了人,原是不死不灭的,使他成为自己本性的肖像;但因魔鬼的嫉妒,死亡才进入了世界;只有与它结缘的人,才经历死亡。"(智2：23)。即使死去的人也没有脱离天主,创造者天主的权威不只停留于生者,也到达死者:"上主使人生使人死,下降阴府也上升"(撒上2：6);"上主对我说:即使钻入阴府,我的手必从那里将他们揪出;即使飞上高天,我也必从那里将他们拉下"(亚9：1-2)。因上主无处不达的权威,圣咏中高呼:"因此我心高兴,我灵喜欢,连我的肉躯也无忧安眠。因为你绝不会将我遗弃在阴府,你也绝不让你的圣者见到腐朽"(咏16：9-10);智慧书中也满怀信心地说,"是你掌握生死的大权,引人下入阴府的门,而又领回。"(智16：13-14)列王纪中记载厄利亚和厄里叟曾经复活过几例死人,厄利亚和哈诺客(创5：24)活着被提升天,这些都表示死亡未必是最后结果。圣经还把以色列民族的堕落和复兴比作死去又复活;"他要永远取消死亡,吾主上主要从人人的脸上拭去泪痕,要由整个地面除去自己民族的耻辱。"(依25：8)比较直接谈到复活的是在先知书中:"你的亡者将再生,他们的尸体将要起立;睡在尘埃中的人们都要苏醒歌咏,因为你的朝露是晶莹的朝露,大地将抛出幽灵。"(依26：19)最明显的可能是厄则克尔关于枯骨复活的神视:

> "上主的手临于我,上主的神引我出去,把我放在平原中,那里布满了骨头;他领我在骨头周围走了一遭;见平原上骨头的确很多,又很干枯。他问我说:'人子,这些骨头可以复生吗?'我答说:'吾主上主!你知道。'他对我说:'你可向这些骨头讲预言,向他们说:干枯的骨头,听上主的话罢!吾主上主对这些骨头这样说:看,我要使气息进入你们内,你们必要复活。我给你们放上筋,加上肉,包上皮,把气息注入你们内,你们就复活了:如此,你们便要承认我是上主。'于是我遵命讲预言。正当我讲预言时,忽然有一个响声,一阵震动,骨头与骨头互相结合起来。我望见他们身上有了筋,生了肉,包了皮,但他们还没有气息。上主对我说:'你应向气息讲预言!人子,应向气息讲预言说:吾主上主这样说:气息,你应由四方来,吹在这些被杀的人身上,使他们复活。'我遵命一讲了预言,气息就进入他们内,他们遂复活了,并且站了起来;实在是一支

庞大的军队。上主对我说:'人子,这些骨头就是以色列家族。他们常说:我们的骨头干枯了,绝望了,我们都完了! 为此,你向他们讲预言说:吾主上主这样说:看,我要亲自打开你们的坟墓;我的百姓,我要从你们的坟墓中把你们领出来,引你们进入以色列地域。我的百姓! 当我打开你们的坟墓,把你们从坟墓内领出来的时候,你们便承认我是上主。我要把我的神注入你们内,使你们复活,叫你们安居在你们的地域内,那时,你们便要承认我,上主言出必行-吾主上主的断语。'"(37:1-14)

至于个体人的复活问题,依撒意亚、厄则克尔,还有约伯都有些期望,达尼尔12:1-4比较明确:"那时,你的人民,凡是名录在那书上的,都必得救。许多长眠于尘土中的人,要醒起来:有的要入于永生,有的要永远蒙羞受辱。贤明之士要发光有如穹苍的光辉;那些引导多人归于正义的人,要永远发光如同星辰。给达尼尔的最后训谕至于你,达尼尔! 你要隐藏这些话,密封这部书,直到末期;将有许多人要探讨,因而智识必要增长。"玛家伯书下中七个孩子与他们的母亲在英勇的牺牲中也怀着对复活的希望。那个英勇就义的孩子对刽子手说:"你这穷凶极恶的人! 你使我失去现世的生命,但是宇宙的君王必要使我们这些为他的法律而殉难的人复活,获得永生。"(7:9)那位伟大的母亲说:"这些肢体是从上天得来的,但是现在为了祂的法律,我不吝惜这一切,希望有一天从祂那里仍再得回。"(7:11)

2. 复活在新约中

耶稣时代犹太教中各派已经有关于死人复活问题的争论,但是概念仍然非常模糊。福音书中并没有关于复活的系统文件,人们只是平和地逐渐接受了这个观点。马尔大在弟弟拉匝禄去世后,对耶稣的迟来而表示不高兴,回答耶稣:"至少在末日他会复活。"(若11:24)当时犹太人中对于复活的性质和原因有很多不同的观点。比如,人复活后会是什么状态,肉体怎么复活,一个民族的复活与胜利与另一个民族的复活与胜利之间有什么关系。撒杜赛人只相信梅瑟五书,否认复活,否认任何死后的生命。法里塞人相信复活,但是属于世界内的,是民族主义的,团体性的,物质的,来于人的力量。

耶稣与他们都保持距离。他们缺少关于生活的天主对死者的原始力量的信德。比如玛窦福音第22章记载的撒杜塞人对耶稣的责难："在那一天，否认复活的撒杜塞人，来到他跟前，问他说：'师傅，梅瑟说：谁若死了没有儿子，他的弟弟就应娶他的女人为妻，给他哥哥立嗣。在我们中曾有兄弟七人：第一个娶了妻没有子嗣就死了，遗下了妻子给他的弟弟；连第二个与第三个，直到第七个都是这样。最后，那妇人也死了。那么，在复活的时候，她是七人中哪一个的妻子？因为都曾娶过她。'耶稣回答他们说：'你们错了，不明了经书，也不明了天主的能力，因为复活的时候，也不娶也不嫁，好像在天上的天使一样。关于死人复活，你们不曾念过天主对你们所说：'我是亚巴郎的天主，依撒格的天主及雅各伯的天主'的话吗？祂不是死人的，而是活人的天主。"（玛22：23-32）耶稣将人们的目光转向天主，只有天主才是复活死人的力量。复活的力量和希望在于天主。

基督徒获得明确的关于复活的信念是因为耶稣基督复活这个事实。因为许多人见证了耶稣的复活，"复活者"成为他的专称，是他确认了复活的信念。这个事实标志了从旧约到新约的过渡。耶稣在他自己的言行中曾经预言过这个事实，也做过解释。如果没有事实做基础，讲过的话会随着时间的流逝而消失，但是因为耶稣复活的事实而使他讲过的话留下了，成为对所有人的承诺，成为众人希望的保证，也成为基督徒信仰的核心。

新约中详细记录了耶稣复活的一些事情

若望福音：

"一周的第一天，清晨，天还黑的时候，玛利亚玛达肋纳来到坟墓那里，看见石头已从墓门挪开了。于是她跑去见西满伯多禄和耶稣所爱的那另一个门徒，对他们说：'有人从坟墓中把主搬走了，我们不知道他们把他放在那里了。'伯多禄便和那另一个门徒出来，往坟墓那里去了。两人一起跑，但那另一个门徒比伯多禄跑得快，先来到了坟墓那里。他俯身看见放着的殓布，却没有进去。随着他的西满伯多禄也来到了，进了坟墓，看见了放着的殓布，也看见耶稣头上的那块汗巾,不同殓布放在一起;而另在一处卷着。那时,先来到坟墓的那个门徒,也进去了,一看见就相信了。这是因为他们还不明白,耶稣必须从死者中复活的那段圣经。然后两个门徒又回到家里去了。玛利亚却站在坟墓外边痛哭;她痛哭的时候,就俯身向坟墓里面窥看,见有两位穿白衣的天使,坐在安放过耶稣遗体的地方:一位在头部,一位在脚部。那两位天使对她说:'女人!你哭什么?'她答说:'有人把我主搬走了,我不知道他们把他放在那里了。'说了这话,就向后转身,见耶稣站在那里,却不知道他就是耶稣。耶稣向她说:'女人,你哭什么?你找谁?'她以为是园丁,就说:'先生,若是你把他搬走了,请告诉我,你把他放在那里,我去取回他来。'耶稣给她说:'玛利亚!'她便转身用希伯来话对他说:'辣步尼!'就是说'师傅。'耶稣向她说:'你别拉住我不放,因为我还没有升到父那里;你到我的弟兄那里去,告诉他们:我升到我的父和你们的父那里去,升到我的天主和你们的天主那里去。'玛利亚玛达肋纳就去告诉门徒说:'我见了主。'并报告了耶稣对她所说的那些话。

"正是那一周的第一天晚上,门徒所在的地方,因为怕犹太人,门户都关着,耶稣来了,站在中间对他们说:'愿你们平安!'说了这话,便把手和肋膀指给他们看。门徒见了主,便喜欢起来。耶稣又对他们说:'愿你们平安!就如父派遣了我,我也同样派遣你们。'说了这话,就向他们嘘了一口气,说:'你们领受圣神罢!你们赦免谁的罪,就给谁赦免;你们存留谁的,就给谁存留。'十二人中的一个,号称狄狄摩的多默,当耶稣来时,却没有和他们在一起。别的门徒向他说:'我们看见了主。'但他对他们说:'我除非看见他手上的钉孔,用我的指头,探入钉孔;用我的手,探入他的肋膀,我决不信。'八天以后,耶稣的门徒又在屋里,多默也和他们在一起。门户关着,耶稣来了,站在中间说:'愿你们平安!'然后对多默说:'把你的指头伸到这里来,看看我的手罢!并伸过你的手来,探入我的肋旁,不要作无信的人,但要作个有信德的人。'多默回答说:'我主!我天主!'耶稣对他说:'因为你看见了我,才相信吗?那些没有看

见而相信的,才是有福的!'"(若20:1—29)

路加福音:

"就在那一天,他们中,有两个人往一个村庄去,村名厄玛乌,离耶路撒冷约六十'斯塔狄。'他们彼此谈论所发生的一切事。正谈话讨论的时候,耶稣亲自走近他们,与他们同行。他们的眼睛却被阻止住了,以致认不出他来。耶稣对他们说:'你们走路,彼此谈论的是些什么事?'他们就站住,面带愁容。一个名叫克罗帕的,回答他说:'独有你在耶路撒冷作客,不知道在那里这几天所发生的事吗?'耶稣问他们说:'什么事?'他们回答说:'就是有关纳匝肋人耶稣的事。他本是一位先知,在天主及众百姓前,行事说话都权力。我们的司祭长及首领竟解送了他,判了他死罪,钉他在十字架上。我们原指望他就是那要拯救以色列的。可是——此外还有:这些事发生到今天,已是第三天了。我们中有几个妇女惊吓了我们;她们清早到了坟墓那里,没有看见他的遗体,回来说她们见了天使显现,天使说他复活了。我们中也有几个到过坟墓那里,所遇见的事,如同妇女们所说的一样,但是没有看见他。'耶稣于是对他们说:'唉!无知的人哪!为信先知们所说的一切话,你们的心竟是这般迟钝!默西亚不是必须受这些苦难,才进入他的光荣吗?'他于是从梅瑟及众先知开始,把全部经书论及他的话,都给他们解释了。当他们临近了他们要去的村庄时,耶稣装作还要前行。他们强留他说:'请同我们一起住下吧!因为快到晚上,天已垂暮了。'耶稣就进去,同他们住下。当耶稣与他们坐下吃饭的时候,就拿起饼来,祝福了,擘开,递给他们。他们的眼睛开了,这才认出耶稣来;但他却由他们眼前隐没了。他们就彼此说:'当他在路上与我们谈话,给我们讲解圣经的时候,我们的心不是火热的吗?他们遂即动身,返回耶路撒冷,遇见那十一门徒及同他们一起的人,正聚在一起,彼此谈论说:'主真复活了,并显现给西满了。'二人就把在路上的事,及在分饼时,他们怎样认出了耶稣,述说了一遍。他们正谈论这些事的时候,耶稣立在他们中间,向他们说:'愿你们平安!'众人害怕起来,想是见了鬼神。耶稣向他们说:'你们为什么恐慌?为什么心里起了疑虑?你们看看我的手,我的脚,分明是我自己。你们摸摸我,应该知道:鬼神是没有肉躯和骨头的,如同你们看我,却是有的。'说了这话,就把手和脚伸给他们看。他们由于欢喜,还是不敢信,只是惊讶;耶稣向他们说:'你们这里有什么吃的没有?'他们便给了他一片烤鱼。他便接过来,当他们面前吃了。"(24:13-49)

若望福音:

"这些事后,耶稣在提庇黎雅海边,又显现给门徒;他是这样显现的:当西满伯多禄,号称狄狄摩的多默,加里肋亚加纳的纳塔乃耳,载伯德的两个儿子,和其他两个门徒在一起的时候,西满伯多禄对他们说:'我去打鱼。'他们回答说:'我们也同你一起去。'他们便出去,上了船;但那一夜什么也没捕到。已经到了早晨,耶稣站在岸上,门徒却没有认出他是耶稣来。于是耶稣对他们说:'孩子们,你们有些鱼吃吗?'他们回答说:'没有。'耶稣向他们说:'向船右边撒网,就会捕到。'他们便撒下网去,因为鱼太多,竟不能拉上网来。耶稣所爱的那个门徒就对伯多禄说:'是主。'西满伯多禄一听说是主,他原是赤着身,就束上外衣,纵身跳入海里;其它的门徒,因离岸不远——约有二百肘——坐着小船,拖着一网鱼而来。当他们上了岸,看见放着一堆炭火,上面放着鱼和饼。耶稣对他们说:'把你们刚才所打得的鱼拿一些来!'西满伯多禄便上去,把网拉上岸来,网里满了大鱼,共一百五十三条;虽然这么多,网却没有破。耶稣向他们说:'你们来吃早饭罢!'门徒中没有人敢问他:'你是谁?'因为知道是主。耶稣遂上前拿起饼来,递给他们;也同样拿起鱼来,递给他们。耶稣从死者中复活后,向门徒显现,这已是第三次。

"吃完了早饭,耶稣对西满伯多禄说:'若望的儿子西满,你比他们更爱我吗?'伯多禄回答说:'主,是的,你知道我爱你。'耶稣就对他说:'你喂养我的羔羊。'耶稣第二次又问他说:'若望的儿子西满,你爱我吗?'伯多禄回答说:'主,是的,你知道我爱你。'耶稣就对他说:'你牧放我的羊群。'耶稣第三次问他说:'若望的儿子西满,你爱我吗?'伯多禄因耶稣第三次问他说:'你爱我吗?'便忧愁起来,遂向他说:'主啊!一切你都知道,你晓得我爱你。'耶稣对他说:'你喂养我的羊群。'"(若望21:1-17)

宗徒大事录:

"他受难以后,用了许多凭据,向他们显明自己还活着,四十天之久发现给他们,讲论天主国的事。耶稣与他们一起进食时,吩咐他们不要离开耶路撒冷,但要等候父的恩许,即你们听我所说过的:'若翰固然以水施了洗,但不多几天以后,你们要因圣神受洗。'他们聚集的时候,就问耶稣说:'主,是此时要给以色列复兴国家吗?'他回答说:'父以自己的权柄所定的时候和日期,不是你们应当知道的;但当圣神降临于你们身上时,你们将充满圣神的德能,要在耶路撒冷及全犹太和撒玛黎雅,并直到地极,为我作证人。'耶稣说完这些话,就在他们观望中,被举上升,有块云彩接了他去,离开他们的眼界。他们向天注视着他上升的时候,忽有两个穿白衣的人站在他们前,向他们说:'加里肋亚人!你们为什么站着望天呢?这位离开你们,被接到天上去的耶稣,你们看见他怎样升了天,也要怎样降来。'(1:3-11)"

在基督徒信仰中,相信天主与相信复活同等重要。这不在于什么理论或者科学,而是在于天主,因为天主是生命;在于一个人,那位复活者耶稣基督,是他带来复活。任何人进入基督就进入了决定性的生命,因为他是复活,他是爱,他为了爱而进入死亡、消灭死亡。爱是生命的保障,爱比死亡更加强大。进入新生命是进入完美的爱,是生命的改变,也是世界的改变。对于"复活者"的信仰划分了基督宗教和犹太教。

复活是重建人类生命的完满和永恒,是活天主创造能力的果实。耶稣是"为我们"而复活,是耶稣的复活带来我们复活的希望。永恒的复活从耶稣的复活已经开始,一切人的复活都是靠着耶稣的复活。在旧约中天主实施的力量,现在由死而复活的耶稣来实施。若望一再强调,耶稣本人就是复活和生命,因为他是天主子。耶稣的一切工程都是为了赋予生命。不论是已经开始于今世的永恒生命,还是未来的死者复活,都是基督的工程。"谁吃我的肉,喝我的血,必得永恒的生命,并且在末日我要让他复活。"(若6:54)因为基督赋予生命的能力来于天主圣父,若望在此强调,复活是普遍性的,属于所有的人。

"我实实在在告诉你们:子不能由自己做什么,他看见父做什么,才能做什么;凡父所做的,子也照样做,因为父爱子,凡自己所作的都指示给他;并且还要把这些更大的工程指示给他,为叫你们惊奇。就如父唤起死者,使他们复生,照样子也使他所愿意的人复生。父不审判任何人,但他把审判的全权交给了子,为叫众人尊敬子如同尊敬父;不尊敬子的,就是不尊敬派遣他来的父。我实实在在告诉你们:听我的话,相信派遣我来者的,便有永生,不受审判,而已出死入生。我实实在在告诉你们:时候要到,且现在就是,死者要听见天主子的声音,凡听从的,就必存。就如父是生命之源,照样他也使子成为生命之源;并且赐给他行审判的权柄,因为他是人子。你们不要惊奇这事,因为时候要到,那时,凡在坟墓里的,都要听见他的声音,而出来:行过善的,复活进入生命;作过恶的,复活而受审判。"(若5:26-30)

新约中保禄文件多谈到义人和选民的复活①。同样他也认为复活的力量在于基督。他相信复活是肯定的,如果人不能复活,那么耶稣也不会复活:

"我们既然传报了基督已由死者中复活了,怎么你们中还有人说:死人复活是没有的事呢?假如死人复活是没有的事,基督也就没有复活;假如基督没有复活,那么,我们的宣讲便是空的,你们的信仰也是空的。此外,如果死人真不复活,我们还被视为天主的假证人,因为我们相反天主作证,说天主使基督复活了,其实并没有使祂复活,因为如果死人不复活,基督也就没有复活;如果基督没

---

① 宗24:14-15,格前15。

有复活，你们的信仰便是假的，你们还是在罪恶中。那么，那些在基督内死了的人，就丧亡了。如果我们在今生只寄望于基督，我们就是众人中最可怜的了。但是，基督从死者中实在复活了，做了死者的初果。因为死亡既因一人而来，死者的复活也因一人而来；就如在亚当内，众人都死了，照样在基督内，众人都要复活；不过各人要依照自己的次第：首先是为初果的基督，然后是在基督再来时属于基督的人，再后才是结局；那时，基督将消灭一切率领者、一切掌权者和大能者，把自己的王权交于天主父。基督必须为王，直到把一切仇敌屈伏在他的脚下。最后被毁灭的仇敌便是死亡。"（格前15：12-26）

但是关于复活的道理，保禄的见证面对非常强烈的反对。雅典的知识分子很乐意听关于神祇和神的统治的宣讲，但是不能接受复活。保禄在雅典见城里满是偶像，"心神很是悲愤"。所以他就在会堂里同犹太人和敬畏天主的人辩论这些事情，也在街市上，同所遇到的人辩论。

"有几个伊壁鸠鲁派和斯多噶派的哲士同他争论，有的说：'这个饶舌多言的人想说什么？'有的说：'看来他是个外国鬼神的宣传者'——因为保禄宣讲耶稣及复活的福音。他们遂带保禄，领他到了阿勒约帕哥，说：'我们可以知道你所讲的这新道理是什么吗？我们听见你说了一些新奇的事，所以我们想知道这到底有什么意思。'原来所有的雅典人和侨居在那里的外国人，不管其它的事，只是论谈或探听一些新奇的事。保禄遂即站在阿勒约帕哥当中说：'众位雅典人，我看你们在各方面都更敬畏神明，因为我行经各处，细看你们所敬之物，也见到一座祭坛，上面写着：给未识之神。现在，我就将你们所敬拜而不认识的这位，传告给你们。创造宇宙及其中万物的天主，既是天地的主宰，就不住人手所建的殿宇，也不受人手的侍候，好像需要什么似的，而是他将生命、呼吸和一切赏给了众人。他由一个人造了全人类，使他们住在全地面上，给他们立定了年限，和他们所居处的疆界；如他们寻求天主，或者可以摸索而找到他；其实，他离我们每人并不远，因为我们生活、行动、存在，都在他内，正如你们的某些诗人说的：'原来我们也是他的子孙。'我们既是天主的子孙，就不该想：神就像由人的艺术及思想所制的金银石刻的东西一样。天主对那愚昧无知的时代，原不深究；如今却传谕各处的人都要悔改，因为他已定了一个日期，要由他所立定的人，按正义审判天下，他为给众人一个可信的凭据，就叫这人从死者中复活了'。他们一听见死人复活，有的讥笑，有的说：'关于这事，我们后来再听你罢！'这样，保禄便从他们当中出去了。"①或者他们干脆嘲笑他："疯子，保禄。学问太多把你弄疯了。"②

在格林多前书中，保禄谈到死人复活后的状况，详细解释复活：

"有人要说：死人将怎样复活呢？他们将带着什么样的身体回来呢？糊涂人哪！你所播的种子，若不先死了，决不得生出来；并且你所播种的，并不是那将要生出的形体，而是一颗赤裸的籽粒，譬如一颗麦粒，或者别的种粒；但天主随自己的心意给它一个形体，使每个种子各有各的本体。不是所有的肉体都是同样的肉体：人体是一样，兽体又是一样，鸟体另是一样，鱼体却又另是一样。还有天上的物体和地上的物体：天上物体的华丽是一样，地上物体的华丽又是一样；太阳的光辉是一样，月亮的光辉又是一样，星辰的光辉另是一样；而且星辰与星辰的光辉又有分别。死人的复活也是这样：播种的是可朽坏的，复活起来的是不可朽坏的；播种的是可羞辱的，复活起来的是光荣的；播种的是软弱的，复活起来的是强健的；播种的是属生灵身体，复活起来的是属神的身体；既有属生灵的身体，也就有属神的身体。经上也这样记载说：'第一个人亚当成了生灵，'最后的亚当成了使人生活的神。但属神的不是在先，而是属生灵的，然后才是属神的。第一个人出于地，属于土，第二个人出于天。那属于土的怎样，凡属于土的也怎样；那属天上的怎样，凡属天上的也怎样。我们怎样带了那属于土的肖像，也要

---

① 宗 17：16-34。

② 宗 26：25。

怎样带那属于天上的肖像。'复活不是恢复可死的、可腐朽的原来的生命,而是人内在的光荣和永恒的转化。"①

3. 复活在教会传统中

教父们对于末世论其它题目谈论很少,但是对于复活的问题留下了很多材料,比如尤斯丁、依肋内、德尔图良、奥力金、尼撒的格列高里、奥古斯丁、若望克里索斯托莫等等。这个题目如此被重视,可能因为复活是最难解释,人们也最难接受的教义,也可能是因为这条教义对人本身太关系重大。肉体可以进入永恒生命似乎是荒谬的,物质的堕落应该包括所有人,也包括基督徒。那么基督徒的信仰宣誓如何面对希腊人的挑战呢?

后来的教父们普遍都提到人们对复活的难以接受。奥力金说:"对复活的奥秘异教人很不以为然,他们认为这是荒唐的,因为他们不理解。"②德尔图良承认:"不久前实际上我们自己也曾经笑话过这种说法。"③奥古斯丁也感觉到困难:"基督信仰信条中没有比肉体复活这一条更加让人们反对的了。"④人们普遍不接受这个信条主要有两点,首先是违反常识。坡费利(Porfirio)在他的《反基督徒》中公开嘲笑复活的信条⑤。其中叙述一个被淹死的人,起初他的肉体被鱼吃了,然后鱼被渔夫吃了,而渔夫死后被狗吃了,最后狗死了被秃鹫吃了。那么那个淹死的人怎么复活呢?当你们说那个死人的肉体会复活,什么意思?其次,进入更深度的困难,因为复活的观念与柏拉图和新柏拉图人论冲突。对于柏拉图来说,肉体是灵魂的坟墓、囚牢、工具,是灵魂暂时的寓所。灵魂,是不死的,是真正的人之所在,是肉体的司机。肉体不属于人内在的部分。所以他们不需要肉体复活,也不希望如此。盼望肉体复活对于柏拉图派来说等于是盼望重入囚牢,再锁坟墓。柏拉图甚至说为自己拥有身体而羞愧。⑥ 事实上古代世界中没有任何宗教、任何哲学教导过死人复活的道理。或许亚里士多德可以算是留下一些可能性。至

---

① 15∶35-36;42-44。
② Contra Celsum1∶7.
③ Apil. 18∶4.
④ Sant', Enn. Ps. 88,n. 2.
⑤ Contra Christianos, fr. 94.
⑥ Porfirio, De Plotini vita,1.

于转生、灵魂转胎等理论与基督信仰中的复活非常不同。另一方面,从伦理上来讲,古人认为肉体的物质性、可腐朽性是人恶的根源和表现,就是由于肉体的物质性和可腐朽性才造成人的可怜、有限、痛苦、死亡、腐朽等等。而相反,所有有关喜乐、平安、向宇宙的开放、对永恒的渴望、对美、善、真的追求都是来于灵魂内在的力量。而这个高贵的灵魂被囚禁在肉体里挣扎、不安宁,时刻准备着挣脱,获得自由。

基督宗教却相信灵魂和肉体都是天主恩宠的对象,都应该得到尊重。在人的一切行为中,身体都分享灵魂的功过,最后也需要与灵魂一同接受审判和赏罚。德尔图良反驳异教徒对身体复活的诽谤说:"他们一开始就痛骂身体,指责它的起源、它的基质,批评它的死亡和不同终结,说它最初从尘土中被造时就是不洁的,后来又因为它自身变形陷入泥潭而变得更加不洁,说身体是最没有价值的,虚弱的,包裹着罪恶,满载着悲哀,充满着困顿,还述说身体的堕落,讲它如何复归于土,成为一具尸体,甚至这个该诅咒的名称也不能保住,它命中注定要消失,化为乌有。这就是身体注定要经历的死亡。"[①]而基督徒相信,身体是天主所创造的,所以拥有尊严。德尔图良比喻说,如同金子也是出于土却成为灿烂的、高贵的,出于土的肉体也可以成为高贵的。

基督徒关于复活的普遍信仰在殉道者事迹、墓窟铭文和绘画上都普遍表现出来。石棺上象征再生的凤凰、上升和下降的太阳、土地里的种子、拉匝录的复活,或者厄则克尔关于枯骨复活的神视,还有约纳在鱼腹三天后被吐出,都表达了人们对复活的期望。对于圣人,尤其是对于殉道者圣髑的敬礼,也说明了基督徒对于复活的信仰。

墓地,异教人称为"死亡之城",希腊词汇是 nekrópolis,而基督徒的墓地称为"睡眠之所",来于希腊词汇 koimetérion,是基督徒采用耶稣复活小女孩时说的话:"你们走开吧。女孩没有死,只是睡着了。"(玛 9:24)耶稣与他的弟子们关于拉匝录复活的对话也很有意思。耶稣说:"我们的朋友拉匝录睡着了,我去将他唤醒。"而弟子们回答:"主,如果是睡着了,他会好转起来的。"他们以为耶稣说拉匝录是因为困倦睡着了。于是耶稣直接告诉他们:

---

① 德尔图良著,王晓朝译,《论灵魂和身体的复活》,道风书社,2001,第 22 页。

"拉匝录死了。"(若11：11-15)但是对于肉体复活确实一直是一个靠人的想象力难以达到的难题。不过，同样难以理解的是一粒种子在地里死去，然后结出那么多果实。

中世纪，托马斯·阿奎纳的观点可以作为代表，他认为那些在耶稣来时还活着的人要先死，然后再和其他的死人一起复活。复活将在末日发生，复活的身体是真实可触摸的，但却是不继续生长的身体，它将听从灵魂的意愿轻快地来去自如；恶人复活的身体是丑恶的，失去了复活前原有的形状，虽然也是不朽坏的身体。复活前后的身体一致也同样得到支持。

但是由于物质科学的进步，一些与复活教义有关的难题被人们质疑，尤其到了宗教改革时期，致使新教自由派许多人或者公开否认复活，或者把关于复活的圣经记载解说为寓言式的陈述。这种观念影响了许多人。但是20世纪自然科学的进一步发展反而为复活问题提供了许多积极的支持，重新打开了人们对复活信仰的广阔视野。

4. 教会训导

宗徒信经里面用的是"信肉体复活"，尼西亚信经是"期待死者复活"。任何人信经[①]说："他第二次来临时，所有的人都会以原来的肉体复活。"最初三个世纪基督徒信仰中不是说"死者复活"，而是说"肉的复活"。这个说法来于犹太教，比如伪经《梅瑟默示录》。在犹太教背景中，"肉"指人，指与天主雅威不一样的受造的有肉体的人，指人的可朽性。比如咏65：3；136：25；耶25：31中的用法。肉身的复活，指人死后，那不灭的灵魂不但将活下去，而且我们可朽的肉身也将承受新生命。由于保禄对于"肉"的新解释，"肉和血不能承受天主之国"(格前15：50)，而在初期教会促生了很大的争论，尤其是与若望作品中的概念之间，后来逐渐不直接用"肉"，有时含蓄地称为"人的衣服"：复活的人不是赤裸虚空的，但是不再穿自己的"肉"，而是获得基督的"肉"。[②]基督的肉和血喻指圣言和圣神。初期教会也用过

---

① Quicumque, DS 76。基督徒三大信经之一，也称为"亚它纳修信经"，Quicumque 意思是"不论谁"。

② J. Razinger, Escatologia, p. 182.

"体的复活"。这个词主要是奥力金的词汇。他以此区别人内变化中的物质成分和个体不变的自己,用"体"的复活指复活的人将拥有自己完美的身体。

4世纪后,尼西亚大公会议和君士坦丁堡大公会议也都谈到肉身复活。1215年拉特郎四次大公会议宣告:"我们都要带着在这个世界上生活过的自己的肉体复活"。保禄六世宣布:当主基督再来,灵魂与肉体合一的时候,死亡将被战胜。《天主教教理》指出:"人是由肉体、灵魂所组成的一个单位。以身体而论,人将物质世界各样事物汇集於一身。於是,物质世界便藉人抵达其高峰,并藉人歌颂造物主。故此,人不应轻视其肉体生命,而应承认其肉体的美善而加以重视;因为肉体由天主所造,末日又将复活。"[①]信理部1979年关于末世论的一些问题中,也提出教会相信死者复活,以全人的观点为出发点,避免灵肉二元论。《天主教教理》指出:"'肉身是救援的枢纽'。我们信赖天主,因为祂是肉身的创造者,我们信赖降生成人的圣言,因为祂要救赎我们的肉身。我们相信肉身的复活,因为这是创造和肉身得救的圆满。"[②]但是随后提出"人的灵魂在死亡中与身体分离,但在复活的时候,天主将要来临赋予我们已转化的身体不朽的生命,再度与灵魂结合。正如基督复活了,就活到永远,那么我们在最后一天复活时也是一样。"[③]确信复活,但是这种说法被怀疑有二元论影响。

二、复活的力量及基督徒人论的根源

死人如何能够复活呢?谁使死人复活呢?是天主的能力和忠诚使死人复活,是复活了基督的天主圣神使人复活。人自产生就注定作天主的肖像,天主怎么会因为罪或者死亡而毁灭人呢,祂怎么会允许这事情发生呢。是天主造了人,如果天主要毁灭人,只能是天主自己毁灭人,而如果天主要人活,那么不论是罪恶还是肉体的疾病都不会有能力毁灭人,死亡不是最后的话语。莫特曼说:"如果罪恶和死亡的力量大过天主,天主就不是天主了。"人是天主的肖像,这是无法废止的,是天人不会取缔的盟约。人从本质上就

---

① 《天主教教理》364。
② 《天主教教理》1015。
③ 《天主教教理》1016。

是天主的肖像，就是要分享天主的生命。"肖像"是天人注定的关系，在这种关系中，天主既是人超越意义上的相对者，也是人内在意义上的临在者。

一切都是天主从无中造成，一切都注定要分享天主的生命，而决不是天主从无中造了它们，赋予它们生命，又让它们进入腐朽，这是互相矛盾的。（格前15：35-37）天主创造了天地和人类，当然也完全有能力让死去的人复活或者转化；即使是对于可腐朽的、物质的、受时空限制的肉体，天主也可以让它以比在尘世更加完美的形式重新出现。① 根据拉辛格的观点，基督徒关于不死的信念是基于天主。天主作为生命之主，召唤每一个人生活，因此人不能消失。作为教宗，本笃十六世在一次谈话中说："耶稣灵魂的下降，不应该想象是一个地理上的旅程，从一个大陆到另一个大陆。他的下降是一个心灵旅程。我们必须始终铭记，耶稣的灵魂始终紧靠着天父，同时他的人性灵魂延伸到人类最远的边界。从这意义上来说，他降到最深处，到堕落的人那里去，到那些未抵达他们生命终点的人那里去，并且因此超越了过往的时空。耶稣下降阴府这句话主要想说的是耶稣也到达了过往的时空，救赎的功效，不是只从零年或30年开始，并且也回到到过去，拥抱过往、所有各个时代的人。教父们以一个很美的形象比喻来说：耶稣牵着亚当和厄娃的手，就是整个人类，带着他们前进，领他们到高处。他以这样的方式打开了通往天主的入口，因为人凭自己的力量，不能到达天主所在的高度。耶稣自己，身为人，牵着人类的手，打开了一个入口，打开了什么呢？就是我们所称的天堂。因此耶稣下降，这并不适用于我们。我们的生命是不一样的，我们已经为上主所救赎，在我们死后我们将在耶稣的注视下，面对最后的审判，并且耶稣的注视从某方面来说是个净化：我认为我们所有人或多或少都需要净化。耶稣的注视净化我们，然后使我们能与天主一同生活，与所有的圣者一同生活，尤其是与我们亲爱的先人共融。"②

耶稣基督作为天主接纳了人性，将人性纳入他天主的位格中，他是生命之树，把不死的食粮源源不断地传递给人类。天主创造了人类，又终于等到了人类成熟的时期，于是祂因着道成肉身与人类实现了爱的盟约，婚姻时间

---

① 奥古斯丁，《天主之城》，22：19。
② 2011年教宗回答脸谱facebook提问。

开始了,永恒也就开启了。① 不死的生命不是来于人自己或者人的力量,而是来于天主。天主的能力使人复活,也可以永恒地复活物质的、可腐朽的肉体。至今,"一切受造物还在分娩的痛苦之中"(罗 8:19-22),创造仍然在实现之中,直到末世才达致完满,包括死亡的肉身的复活。普遍的复活决定于基督。他救恩的力量一直在散发,尤其是通过他的死亡和复活。人的生命将在基督的 paruosia 中达到高峰,但是,现在已经开始了。

复活的是拥有灵魂和肉体的完整的人。肉体是人本质性的组成部分之一,没有肉体人不为人。我们生命中的一切思言行为,一切活动都离不开肉体的参与。肉体和灵魂都是人不可缺少的组成成分。天主的能力借着耶稣到达人类生命的深处,当然也到达肉体和物质,而不会只是灵魂。肉体和物质似乎被可腐朽性、偶然性和时空性堕落了,但是它们都拥有一个永恒的圣召。天主圣子降生成人就是为了使一切肉身得以复活,获得永恒的生命。天主圣子从道成肉身到复活,再到建立圣体圣事,都是为了让人的身体,也就是每一个人的身体,与他取得联系,从而与他一样复活。

物质可以精神化、被升华,变成不腐朽的。这种关于物质被完美、被转化,也就是可死的、脆弱的物质被神化的观点,根源在于创造论。一切都是由天主从无造成,并且经道成肉身,尤其是通过耶稣基督的死亡与复活,它们都被再次肯定和实现,被打上生命之印。灵智派反对复活,实际上是在反对耶稣真正的人性、死亡和复活。所以依肋内说:"如果肉体不需要被拯救,那么天主圣言就没有必要取得肉体。"②德尔图良说:"天主按照自己的肖像,亲手打造出来的这个肉身,因祂的嘘气而活了起来,使肉身像祂一样具有生命力,因而把这有生命的肉身安置在祂所创造的万物中间,使之享用一切、管理一切,并领受神圣的奥秘和教导。……如此深受天主眷顾的肉身,难道不会复活吗?天主纵然想让亲手创造的万物任其毁灭,永远消亡,可是由祂精心照料、嘘气呵护的万物之灵,接受了大量的恩宠、被选作神圣的司祭、为祂作证的勇兵、基督的兄妹是绝不会消亡的。"③基督宗教人论关于复活的结

---

① 参考 J. Ratzinger, Escatologia, Assisi, 1976, pp. 170-173.
② Adv. Haer. 5, 14, 1.
③ 《论肉身复活》IX, PL, 2, 807。

果,其最特殊处是在于对天主的信心。

人的肉体存在不是罪过,也不是人外在的敌人,或者犯罪、承受苦难的工具,而是人之为人不可或缺的本质成分之一。人没有权力轻视或者滥用自己的身体,因为那是圣神的宫殿(格前6:19),是被注定要复活的。在某种程度上,我们可以说,只有灵魂才是应该对罪恶负责任的,因为罪恶的根源在于人的意志。或者更加准确地说,是整个的人,灵魂和肉体共同负责任。基督宗教人论,建基在复活之上,肯定灵魂和肉体都有永恒的价值,坚持灵魂与肉体密不可分。尤斯丁说:"人难道不是由肉体和灵魂组成的有理性的动物吗?"①德尔图良说如果只有灵魂偷生,那只不过是"一半的复活"。②"一个只给予祂的造物一半复活的天主多么没有面子啊"。③ 阿特纳格拉(Atenagora)说人的灵魂和肉体都应该面对审判,否则将不是完整的审判。④这种合一在今天的自然科学人论中得到非常大的认同与强调。

关于复活的信仰要求我们既要远离精神主义,也要远离物质主义。不能把我们对于这个世界的时空概念应用于来世。复活不是说灵魂与肉体分离后再次被交还给肉体,圣经告诉我们复活的是人本身。复活不是轮回转生,如印度教相信灵魂轮回直到清洁,因为灵魂在身体内是在监狱内,为了赎清罪过。清洁后解放于身体,解放于物质。但是这与复活不同,复活只是一次,在时间的结束。人的生命只有一次,不能重复。复活不是自动的,不是来于人自己的能力,而是依靠天主创造的能力,通过基督,是救恩的工程。复活的目的是灵魂与肉体重新整合,恢复原来有身份的自己,回到天主给人设计的原初状态。而转生是肉体的改变,是灵魂肉体分离。教会一直拒绝转生理论,而强调最后审判是为人在这个世界独一的一次生命历程准备的,死后不存在转生。⑤ 转生教义面临许多困难,比如如何在生命形式的转换中保持灵魂的身份?一个转生的灵魂和新生的灵魂会在同一个人身上吗,他们有没有冲突?对于因果业报的问题,世界上的病人、伤残者、穷人、自然灾

---

① De Res. 8.
② De Res. 2:2.
③ De Res. 34:3.
④ De Res. 18:4
⑤ 《教会宪章》LG 48;《天主教教理》1013。

害中的伤亡者、战争牺牲者、奥兹威辛的死者,他们都是业报的结果吗?

我们知道人体不是静态的,而是不断有细胞新陈代谢,这种新陈代谢甚至是彻底的,据医学数据人体每7年全身细胞彻底更新一次。所以人的一生中细胞彻底更新许多次,但是人还是那一个人。真正塑造人身体的是灵魂。死亡终止这种更新,衰老也影响这种更新,但是复活却带来一个更加彻底的新改变。尼撒的格列高里曾经说:"当肉体复活的时候,元素会从共同来源中回到原来的个体之中去……我们不是完全处于流变状态,那些没有稳定性的东西确实是不可理解的,按照更加准确的表达方式,我们里面的某种结构性部分是保持静止的,而其它的部分则在经历着转变过程。肉体一方面随着成长与消退像衣服一样在相继改变着它的装束,而另一方面它的形式却在经历各种变化的过程中保持自身的不变,不会改变自然曾经加在它上面的记号,而是在肉体所经历的一切变化中都显示出它自己的身份象征。"①

美丽和活力是复活后身体的标志之一。保禄将复活比喻为种子长成大树,但是死人复活比这种变化更大更加彻底。我们知道爱能够使人产生神奇的变化,那么作为爱本身的天主、天主圣神会对人产生什么样的神奇变化呢,我们无法揣测。那会是爱的新创造。"如果那使耶稣从死者中复活的圣神居住在你们内,那么,那使基督从死者中复活的也要借那住在你们内的圣神,使你们死亡的身体复活。"(罗8:11)

三、复活后的状态

复活后的身体是什么样子?可以参考的是关于耶稣基督复活后的记载。他是可见的、可以触摸的、可以对话的,还可以吃东西,但是他也可以穿越门窗和墙壁,不容易被认识出来。他带着他的圣伤,"基督与他的身体一同复活了。看,我的手和脚,都是我的。"②但是呢,又是不一样的,复活的肉体是光荣的。所以他的弟子们相信:"他必要按他能使一切屈服于自己的大能,改变我们卑贱的身体,相似他光荣的身体。"(斐3:20-21)"如果我们借

---

① 尼撒的格列高里著,张新樟译:《论灵魂与复活》,上海:世纪出版社,2005,第143页。
② 路24:39。

着同他相似的死亡,已与他结合,也要借着同他相似的复活与他结合"(罗6:5)。也就是说,复活的肉体不是简单地重新得到原来生前的、可死的肉体,而是被转化了的,可以与灵魂永远在一起的,不死的身体。人复活后不会再死,"因为人从死者中复活后,也不娶,也不嫁,就像天上的天使一样"(谷12:25)。

根据托马斯的观点,所有复活后的肉体有三个特点:精神性,不死,不腐朽。义人复活的肉体另外还有四个特点:不受病痛伤害,纤细,灵活,透明。

A. 精神性:"播种的是可朽坏的,复活起来的是不可朽坏的;播种的是可羞辱的,复活起来的是光荣的;播种的是软弱的,复活起来的是强健的;播种的是属生灵身体,复活起来的是属神的身体;既有属生灵的身体,也就有属神的身体。"①精神性的肉体不是说完全精神没有物质的,而是肉体的一种转化,精神性地复活原来的,否则就不是复——活了。②若望保禄二世训导中说:"不是精神控制肉体,而是仍然真实地保持肉体,而精神的力量使身体充满能量"。③ 或者说肉体的活动有能力可以与精神活动相匹配,完全有能力服从灵魂的所有需要。④

B. 不死:"因为这可朽坏的,必须穿上不可朽坏的;这可死的,必须穿上不可死的。几时这可朽坏的,穿上了不可朽坏的;这可死的,穿上了不可死的,那时就要应验经上所记载的这句话:'在胜利中,死亡被吞灭了。''死亡!你的胜利在哪里?死亡!你的刺在哪里?'"⑤耶稣对撒杜赛人也说:"甚至他们不能再死,因为他们相似天使,他们既是复活之子,也就是天主之子。"⑥复活后的人不能再死,不会再被摧毁。

C. 不腐朽:"种下的是可腐朽的,复活的是不腐朽的"⑦。"因为复活的时候,也不娶也不嫁,好像在天上的天使一样。"⑧复活的肉体不再腐朽,也没

---

① 格前 15:44。
② San. IV C. G. 84.
③ Udienza Generale, 9.12.1981。
④ 托马斯,San, IV C. G., 86.
⑤ 格前 15:53-55。
⑥ 路 20:36。
⑦ 格前 15:42。
⑧ 玛 22:30。

有生殖,没有身体的成长,没有器官的修复。不吃,不喝,不睡觉,不生殖,因为这一切都是动物的属性。① 由于不婚嫁而推想天堂没有生殖,人们也想或许也没有男女性别区别。奥力金就是这样认为。不过君士坦丁大公会议543年给予否定。大多数教父都认为应该还有性别差异,因为这是天主创造的时候就规定的,是属于人性本身的。② 性别不是原罪的结果,而是天主的恩赐,是天主计划中的一部分。人分为男人和女人是人作为天主肖像这个事实的组成部分之一,所以即使在复活后仍然不需要消除。

这些复活后的状态,根据托马斯的观点,是针对所有人的,包括被判受罚的人,而被选入天堂的人享受一些特殊性。

a)不受病痛折磨:默示录说:"不再饿,不再渴,太阳不能烤伤你,因为宝座上的羔羊在你们中间……天主要擦干每一个人的眼泪"③;"再没有死亡、悲哀、抱怨、饥渴,因为这一切都过去了"④。也就是说,肉体和物质成分不再是痛苦和受难的所在,而是喜乐和完美的体验。这种特性不是简单地来自不死和不腐朽,而是来于灵魂的完美统治,充满荣耀、美丽和喜悦,因为靠近天主。灵魂与肉体找到完美和谐。

b)纤细:由于灵魂的完美统治,复活的人可以超越、渗透进入物质体。⑤我们记得耶稣进入晚餐厅没有开门。这不是指完全的精神化,因为复活的人是仍然可以触摸的,可以被看到的。耶稣曾经对弟子们说:看我的手,我的脚,就是我!摸一摸,看一看,我不是没有骨肉的魂,你们看我有。⑥ 托马斯认为,复活的人是可以触摸的,但是如果复活的人愿意,他就可以不被触摸到。⑦

c)轻盈,不受空间限制:这也是由于灵魂的作用,因为充满力量。而且不受空间限制,可以同时出现在许多地方,可以像神体一样自由移动。"然而仰望上主的,必获得新力量,必能振翼高飞有如兀鹰,疾驰而不困乏,奔走

---

① 托马斯,San. S. Th. III, Suppl. Q. 81, a.4.c.
② 奥古斯丁:《天主之城》,XXII,17.
③ 默示录 7:16—17.
④ 默 21:4。
⑤ 托马斯,san. S. Th, III, Suppl. Q. 83,, a.1
⑥ 路 24:39。
⑦ 托马斯,San s. Th. III, Suppl,. Q. 83, a.6c.

而不疲倦"(依40:31);"他们蒙眷顾时,必要闪烁发光,有如禾秸间往来飞驰的火花。"(智3:7)

d) 透明、美丽:义人复活后一切丑的、残缺的、变形的肢体都会得到完美。人的状态成为完美灿烂的。这也是来于灵魂的荣耀在身体上的完美作用。圣经中,比如梅瑟在西乃山,他下来时不知道自己的皮肤闪闪发光,因为他与天主面对面交谈过,那灿烂使所有的以色列人都因为闪光而不敢靠近他。还有耶稣在大博尔山显圣容,"在他们面前变了容貌:发光有如太阳,他的衣服洁白如光。"①保禄的皈依也是看到灿烂的光明:"当他前行,快要临近大马士革的时候,忽然从天上有一道光,环射到他身上。"②玛窦说在天国,"那时,义人要在他们父的国里,发光如同太阳。有耳的,听罢!"③

四、复活后的身份特征

复活的肉体与尘世的肉体是同一个吗?信经不只是宣誓复活,而且强调"这个身体"的复活。④ 因为是"重新——起来",而不是"再造"。我们讨论二点:一是怎么认识这种身份?二是"这个"身体的复活的神学意义。

许多教父主张,复活的身体在各方面与我们现在生活中的身体都一样。奥古斯丁认为在复活时所有的人都将有成人的身量。大马士革的若望也认为同一肉身恢复原状。现代物质身份论认为复活的身体就是原来的身体一点点一块块复合的。这种理论与信理相合,但是很难以严格的形式来辩证。根据医学观点,尽管人的身体在一生中改变很多,但是许多特征却是不变的,而且在某种方式上越来越与其本人身份相合。总之,基督信仰不卷进这种理论的解释中。另一种是形式身份论,由杜兰多(Durando di San Porciano, -1334)提出。根据亚里士多德和托马斯的人学理论,二者认为灵魂是肉体的形式,容纳、规定着身体的全部特征。所以杜兰多认为灵魂的形式足够确认身体,因为具体物质本身不是基本性的。教会不接受这种理论,因为与

---

① 玛17;2。
② 宗9:3。
③ 玛13:43。
④ 参考 Paul O'Callaghan, Il Dio dei viventi. L'escatologia cristiana, Roma, 2000, pp. 795-799.

"这个肉体复活"的信条不符合。即使麦子在地里腐烂也不是完全腐烂,而是在原来的器官基础上成长新生命。① 这种理论也与礼仪传统、与对圣人和殉道者圣髑的敬礼不符合。正统观点强调某种尘世身体与复活身体的延续是必须的。在此我们需要注意圣神在身体中居住的意义。现教宗拉辛格曾经说:尘世可死的生命状态与复活的不死的生命状态之间,存在着某种物质上的延续性,这在圣母玛利亚灵魂肉体一同升天的教义中已经隐含了。② 所以纯粹的形式身份论难以被教会接受。

关于"这个"肉体的复活:肉体复活一开始就受到灵智派攻击,他们轻视肉体。"此肉体"复活有其伦理背景。人与这个肉体所做过的一切事情都有其伦理价值和历史价值。这个肉体陪伴过我们一生,它是我们的本质组成部分,即使在心理学上它也有价值。复活,总是联系着基督的复活和最后审判。也就是说,复活是与Parusia一起发生的。通过基督再来,复活发生,使最后审判成为可能。而审判要求灵魂和肉体的共同出席。在关于信经的注释中,鲁福诺(Tiranio Ruffino)说:教会教导我们肉体会复活,同时加上一个定冠词—"这个"。这个,对于一个罪过被清洁的人,这个肉体将是承受上主嘉赏和荣耀的器皿,而一个负罪的肉体将是上主义怒的器皿。根据拉特郎大公第四次会议,基督在末日来审判生死者,是根据每一个人的作为。每一个人都要复活自己的身体,现在的身体,以便为了用这个身体所行的善或者做的恶都得到回报。为了接受审判,今生组成我们生命的每一部分都有充分的伦理价值在最后审判中再现。肉体,我们所指,不是那可堕落的,或者罪恶载体的肉,而是在肉体中人所做的每一个和所有的具有永恒价值的行为的肉体,也就是时空中。也就是说,这个世界的生活对于人来说是深刻地完全投入的,虽然短促,但是对于他的永恒未来却是建设性的和决定性的,一次而永远地奠定自己的永恒,通过天主的恩宠和规划而赋予每一个人的独特使命。根据尼撒的格列高里的观点:"自己成为自己的生身父母。"③最后审判中的那个自己是今世的自己生活所铸成的。时空中发生的所有的言

---

① 参考格前 15:37。

② Ratzinger, Aure, Piccola dogmatica cattolica, v. 9: escatologia, morte e vita eterna, assisi,1979, pp 121-123.

③ Gregorio di Nissa, San, De vita Moysi II, 2-3; PG, 44, 327-328.

行点点滴滴都有永恒的价值。"这个"肉体复活,联系着最后审判。复活的目的就是审判。某种意义上,复活本身就是审判,就是公开一切。

谈到复活的肉体的性质,瓜尔狄尼(R. Guardini)问:"人的真正形式是什么呢?孩子、成人,还是老人?"他又回答:"这都是本质性的。人的每一个阶段的生命都是人的,每一个都是他生命中不可缺少的。这一系列不间断的成长过程都应该包括在复活的身体中。这个复活的身体当然应该表现出一种新的领域风格,时间性,所有过去的时刻都包括在这个永恒内。包括所有经过的喜乐、痛苦、挣扎、自由、胜利失败、爱和恨……所有在肉体内和通过肉体,灵魂所经历的一切都会成为这个永恒肉体的一部分,共同建设自己的发展、扭曲或者摧毁。所有的这一切都会在复活的肉体中呈现。在复活中,一切,形式、本质和生命——都将复活。任何一次历史中的行为都不会消失。人的工程和命运是人的存在本身的组成成分,这一切将从时空中获得解放,而永存在永恒中。但是这一切不是由于人自己的力量,不是内在发展的结果,而是来于全能天主的召唤,来于圣神的力量。"①若望保禄二世也指出:"在被钉十字架、被埋葬和复活的耶稣基督内,也为我们的复活奠定了基础……关于未来不死的承诺,人需要通过肉体死亡而达到的,包括一切被造的、可见的物质要素。我们一直在寻找合适的语汇来解释这个事实,那是复活的主告诉我们的:是圣神赋予生命,肉一无所用。(若6:63)"②前教宗所强调的实际上是肉体的重要价值,它由圣神激活。

复活来于三位一体的工程:"至于你们,你们已不属于肉性,而是属于圣神,只要天主的圣神住在你们内。谁若没有基督的圣神,谁就不属于基督。如果基督在你们内,身体固然因罪恶而死亡,但神魂却赖正义而生活。如果那使耶稣从死者中复活的圣神居住在你们内,那么,那使基督从死者中复活的也要借那住在你们内的圣神,使你们死亡的身体复活。"(罗8:11)复活甚至已经开始于圣神住在人内的时刻。基督是头,教会是身体,不只是因为他赋予恩赐,也因为我们与他分享同一个圣神。"你们不要叫天主的圣神忧

---

① R. Guardini, Die letzten Dinge des Menschen, Würzburg, 1949, trad. Eng: The last things, New York, 1954, pp. 68-69.

② 若望保禄二世,Enc. Redemptor Hominis,18b;参考 Enc. Dominum et vivificantem, 24c.

郁,因为你们是在祂内受了印证,以待得救的日子"。(厄4:30)

五、复活的几种模式

关于具体如何复活,超出人的想象和推理能力,只能依靠信仰。在感恩祭中面饼和酒变成基督体和血就是超越人的理解能力。圣依肋内在《驳异端》中说:"正如面饼是大地的产物,但是在呼求天主的祝福恩临其上时,它不再是普遍的面饼,而成为基督的圣体,具有了两个事实:地上的和天上的。那么我们的身体领受了圣体也就不再是可腐朽的,因为它们内已经开始了复活的萌芽。"如果说,在"最后一天"基督将复活我们,那么我们在某种程度上今天已经与基督一起复活了。因为藉着圣神,基督徒在这个世界的生命已经分享了基督的死亡与复活。① 基督徒通过圣洗已经与基督结合,已经真正分享了复活基督永恒的、荣耀的神性生命。不过这生命尚不可见,仍与基督一同隐藏在天主内。既然我们已经在感恩祭领受基督身体,得到滋养,那么在最后时刻,我们也会与基督一同在荣耀中得到彰显。在期待这最后日子的时期,我们的肉身和灵魂已经获得基督内的尊严。②

对于复活的模式,一种是认为人在死亡的时候,完全被消灭净尽,然后在末世的时候天主再重新创造。这种观点教会不接受,虽然这里强调了天主的全能,但是重新被造的人与今世这个人有什么关系呢?另一种观点主张灵魂肉体分离,人死后灵魂继续存在,肉体中的某些要素也会不变地保持着,直到末日灵魂与肉体重新结合。还有一派认为,人是一个复杂的整体存在,包含不同的层次,比如精神与肉体、本质与性格、个人与社会、主动与被动等等。人死后,义人在精神层面马上分享天主的光荣,但并不是说整个人浸润于天主的救恩内。亡者与这个世界仍然息息相关,他们将在另一种方式下存在着,与这个世界仍然有联系,直到末世新天地来临时才达到圆满。还有一种模式认为,死亡是人经历一次转变,同时也是复活的过程。在转变

---

① 《天主教教理》1002。
② 依肋内,《驳异端》,4:18. 依肋内说,圣神在人内作用,主要是通过圣体。圣体圣事不只是给予希望,或者养育精神生命,而是真正地带来完满充实的生命。"谁吃我的肉,喝我的血,将拥有永恒生命。"安提约基亚的依纳爵:"圣体圣事是不死药。"

中人与天主及其它各种关系也有了新特征。所以说，人经历死亡时也就复活了，但是其圆满是在末世。

六、基督徒对于复活的态度

如何面对复活与火化的问题呢？基督徒传统上一般都劝阻人们尽量不要火化肉体，或者刻意暴力伤害肉体。① 尽管如此，教会也同意不会形成障碍的火化肉体。② 法典也通过了火化肉体的处理方式。③

由于复活的力量来自创造者天主，所以，不论肉体是被火化的，还是以其它方式被处理，都不影响复活。但是如果采取火化，或者其它消灭肉体的方式，动机是出于比如对肉体的鄙视、否认肉体复活、否认天主对于肉体复活的力量，那么这些方式都是不合法的。

处于中心的不只是复活，还有天主公义的彻底胜利。

复活不是回到这个生命，或者其它必死的生命中，而是进入永恒的生命、荣耀的生命。复活的时刻，人们在基督那里找到的将是自己的整个历史，这个生命史将被治愈、被拯救、将达到圆满。时间的每一瞬间汇聚成为未来的永恒，那里生命将在永恒的爱中共融。死亡不是人生的终点，复活才是一生的完成。

对于复活的信仰来于对创造主的信心，所以基督徒对于复活是积极的、满怀信心地希望。但是对于复活的方式和复活后的状态留有很多想象空间。它们都与复活的基督相联系：复活的身体相似于耶稣复活后的；其次，是复活耶稣基督的天主的力量复活人。

---

① Commissione Teologica Internazionale, Doc. Problemi di Escatologia, o. c., n. 6.4, in 'Civilta' Cattolica', 1992/1, pp. 481-482.

② 参考, il documento del Sant'Ufficio De cadaverum crematione (1964), in 'EnchirVat' 2, 61-61; l'Ordo exequiarum (1969) n. 15, in 'EnchirVat' 3, 1437.

③ 参考第1176条, 1184条。

叁 最后的审判

一、善恶赏报的主持者

"我看见了一个洁白的大宝座,和坐于其上的那位;地和天都从他面前消失不见了,再也找不到它们的地方了。我又看见死过的人,无论大小,都站在宝座前,案卷就展开了;还有另一本书,即生命册也展开了,死过的人都按那案卷上所记录的,照他们的行为受了审判。海洋把其中的死者交出,死亡和阴府都把其中的死者交出,人人都按照自己的行为受了审判。然后死亡和阴府也被投入火坑,这火坑就是第二次死亡。凡是没有记载在生命册上的人,就被投入火坑中"。① 这是《若望默示录》看到的景象。

"善有善报,恶有恶报",几乎所有的民族都相信或者期待这一点,许多宗教也都有审判的信念。对人生终极一个绝对标准的期盼其实藏在每一个人的心里,所以也是对深藏在每一个人心中渴望正义、追寻公平、弥补愧疚、治愈遗憾的答复。基督信仰中最后的审判是一个被广泛熟知的题目。审判,拉丁文是 iudicium,指评估的能力、判断、主持正义;在旧约中是 saphat,意义很广泛,包括管理、统治。一个管理人需要主持正义,需要有能力主持正义,治愈人心身的伤痛。旧约中的"民长"也是这个词,因为人们认为他们是主持正义的人。公审判或者最后的审判,是指天主成为整个人类决定性的善恶标准或历史价值的最终判断者。"公"强调整个人类在相互关系中的善恶状态;"最后"是指人类历史末刻的结束点和终极。《天主教教理》第 1040 条指出:"当基督荣耀再来时,就有最后的审判。只有天主父知道那日子和时辰,他决定基督何时再来。通过他的圣子耶稣,他将对历史宣告最后决定性的话。那时我们将知道整个创世工程和救恩计划的最终意义,同时将明白天主通过怎样奇妙的安排把万有导向最终的目标。最后的审判要彰显天主的正义,胜于任何受造物所行的不义,因为天主的爱比死亡更加强勇。"

---

① 默 20∶11-15。

不过在最后的审判中谁是主角呢？谁是审判官呢？圣经中给出过不同的名字。旧约中主要认为天主是审判官，主持正义，比如：原祖判罪、加音受审、洪水灭世、索多玛城被焚、达味受惩罚、耶路撒冷城的毁灭等等，都是天主的审判，而且这些"主的日子"是赫赫威严的。以色列人民在自己的历史中体会到了天主对他们的审判，整个的以色列历史就是天主对于全体以色列人民的审判历史。他们认为这是天主的一种教育方式，通过法律和天主意志的表达来矫正以色列，训导以色列在成长道路上明辨善恶，持守正义。天主的审判首先表现在对于整个民族，对全体以色列人民的审判，他们被作为一个整体看待。所有的成功和灾难，所有的恩赐和惩罚都是针对整个民族的。正义涉及到全体。

保禄书信中也在许多地方谈到天主是主持正义的审判主，"这正是天主公义审判的明证，好使你们堪得天主的国，你们也正是为了这国才受了苦难。"（得后1：5）"教外的人，自有天主审断他们。"（格前5：13）"人啊！你审断作这样事的人，你自己却作同样的事，你以为你能逃脱天主的审判吗？"（罗2：3）玛窦福音也谈到天主父的审判，"当你施舍时，不要叫你左手知道你右手所行的，好使你的施舍隐而不露，你父在暗中看见，必要报答你。"（玛6：4）

但是在新约中很多地方谈到末世审判官是天主圣子耶稣基督，天主"已经把审判的权柄交给圣子，因为他是'人子'"（若5：27）。在玛窦福音25：31-46；7：22；13：36-43；路加福音13：25-27；保禄书信得前4：6；格前4：4；11：32；格后5：10都谈到基督是审判官。信经也宣告：基督坐在天主圣父的右边，在光荣中降来，审判生者死者。

新约还谈到与基督同来的有十二宗徒，"你们这些跟随我的人，在重生的时代，人子坐在自己光荣的宝座上时，你们也要坐在十二宝座上审判以色列十二支派"（玛19：28）；还有天使，"当人子在自己的光荣中，与众天使一同降来时，那时，他要坐在光荣的宝座上，一切的民族都要聚集在他面前"（玛25：31-32）。保禄在格前六章说审判的时候还有圣人在场。所有他们对审判的参与意味着一个人相遇的是整个基督的团体，是天主与其所有造物。而在若望作品中指出审判在今生，在现在的历史中已经开始，就存在于对基督信仰与不信仰的选择中，不过审判的完成在末日时分。

天主当然是唯一的审判官,只有天主可以审判人类。人有偏见、偏心、自私、无能、无奈等等,而天主没有,天主充满爱、仁慈、公义,明察一切。但是天主圣父将这个权力给了圣子基督-道成肉身者:"父不审判任何人,但他把审判的全权交给了子,为叫众人尊敬子如同尊敬父;不尊敬子的,就是不尊敬派遣他来的父。"(若 5:22-23)。耶稣自己明确这个权力的来源说:"我由我自己什么也不能做。父怎样告诉我,我就怎样审判,所以我的审判是正义的,因为我不寻求我的旨意,而只寻求那派遣我来者的旨意"(若5:30)。保禄对学者们也说:"天主对那愚昧无知的时代,原不深究;如今却传谕各处的人都要悔改,因为他已定了一个日期,要由他所立定的人,按正义审判天下,他为给众人一个可信的凭据,就叫这人从死者中复活了"(宗 17:30-31)。基督在永恒中就是天主圣子、永恒之道,圣父给了他审判的权力。他道成肉身,进入人类历史,成为人中一员,除了没有罪。他像每一个普通人一样经历喜乐、痛苦、幸福、悲伤、奋斗、挫折、成功、冤屈、友谊、背叛、苦难和死亡,他了解人、理解人;完美的神人二性使他决定性地有权力审判人类的思言行为。他以自己的十字架赢得了这权柄。①

但是圣子来到世界不是为惩罚,而是为拯救,出于爱,并赐予在他内的生命。审判是解放,审判者就是解放者。审判是一个工具,通过它天主实行救恩。他归还人公平正义,他帮助人实现自己。基督的审判是宣告正义、喜讯和爱,遵循者已经得救,违抗者已受惩罚。所以若望说今生审判已经开始,凡在今世拒绝基督恩宠的人就已经惩罚了自己,甚至也能够因拒绝爱的圣神而永远自我抛弃。②"我所宣讲的话,在最后的那个日子要审判他们"(若12:48)。耶稣基督使许多人跌倒和兴起(路2:34),但跌倒不是来于基督的惩罚,不论是谁如果远离基督就处于失落中,拒绝基督的话语就不会获得生命,而任何人在基督内就可以脱离罪的束缚;基督不抛弃任何人,而是带来救恩,谁面对他而封闭自己就只能归于泯灭,谁靠近他就会获得救恩和恩宠;为自己的前景设置限度的是人自己,而基督的救恩是无限的。反基督者就是绝对封闭于自己的逻辑中拒绝聆听基督,任何人如果拒绝基督就

---

① 《天主教教理》668。
② 《天主教教理》668;若望3:17;12:47。

已经受了审判,因为他停留在自己的罪中裹足不前(若5:25;12:37-48;16:11)。

教会训导告诉我们,基督再来 Parusia 的首要目的就是审判世界! 1274年里昂大公会议又加上:使每一个人的善恶得到回报。《天主教教理》1308条说:"所有亡者复活后,不论义人或者恶人都要经历最后的审判。"审判有两种意义:彰显和赏罚,而基督自己就是标准。他是真理,在他面前每一个人与天主的关系都将原原本本被披露,①生活于真理内被天主所爱的人和黑暗之子会被区分,"最后的审判将会展示每一个人在世界上所行的善或者疏忽去尽的本分,直至最终的一切后果。……末日,天主将不会保持缄默"。②德尔图良说:最后审判使复活成为必须。人应该以自己肉体和精神整个的复活状态面对天主,以共同生活、共同铸造了我们每一个人生命的肉体和灵魂的统一体面对天主的审判,面对人类历史,面对自己的生命史。希腊哲学斯多葛流派和伊壁鸠鲁流派不希望最后审判,他们认为那是神的个人专断和泄愤。但是耶稣的弟子们坚持那是爱和正义的救恩。新约中期待基督来临的基本心态是希望,那是"我们的主耶稣基督降临的日子"(格前1:8),虽然仍旧保持着旧约的威严,但是首先强调那是一个救恩的日子。这救恩正是在最后审判中终极赐给人的。

二、个人的心路与人类的历史

审判分个人私审判和全人类的公审判。公审判不是私审判的重复或者修订,而是对于前者的公开和肯定,因为在成全的团体内的生命才是个人终极的生命。所以,从某种意义上说,公审判不是突然而至的,而是期待了很久的,是整个人类历史一直在期待的;是整个人类历史中不断接受的天主对于每一个人的审判的大总结,大公示。它将对每一个人在历史中所经历的挣扎、失败、反抗、屈辱、喜乐和胜利归还正义。让每一个人的冤屈得到洗刷,伤痛得到安慰,善行得到彰显,恶行得到惩罚。同时也将人类历史上所

---

① 《天主教教理》1039。
② 《天主教教理》1039。

有事件的历史综合后果清晰显露,包括客观的和主观的。它还将启示所有文化、科学、艺术和哲学创造的真正价值,它们对人类历史的功和过。一个人或者一个团体在人类历史上扮演什么角色,到底功过多少,我们并不清楚。一个人在一生中所实现的愿望有多少呢?又有多少遗憾留下?有过多少梦想,有过多少伤痛;有过多少美善的追求,又有多少主动和被动的失足?人到底在多大程度上是自己的主人,在多大程度上被外界所左右?在一生中我们到底怎样使用了自由意志,怎样发挥了个人潜力,怎样使用了天主给予的恩宠,我们对得起这个世界吗?我们对得起自己吗?最后的审判将会昭示我们心的历程。最后审判是人类心灵的呼求,人自我尊严的诉求。人要求归还自己正义。

由于全人类以及人类与大自然之间的互相不可分离的联系,任何个人历史的结束都不会意味着与人类和大自然关系的结束。每一个人都是既生活于内在,也生活于外在的,所有发生在一个人生命中的事情会影响全人类,同样人类团体的事情也影响个人。个人的命运和人类的命运不可分离,全人类共享同一的命运。个人死去结束自己的历史,但是他的最终位置却要在面对全人类整体历史的时候才会明了。个人的死去并不是意味着他对人类的影响结束,他所承受的审判也只有在最后一个人交付历史的时候才会澄清,也只有天主才可以指出直到哪一个点,历史是属于天主的工程,哪些是人的功过。公审判意味着救恩进入到个人、人类和宇宙的每一个层面。当基督进入个人生命、人类历史或者宇宙的每一个层面时,对每一层都是审判。在人类历史过程中,基督在其中的降临越来越深刻,越来越丰富。

那时"没有什么隐藏的事,不显露出来;也没有隐密的事,不彰明出来的"。(谷 4:22)面对基督,每一个人都将清晰具体而真实地认识自己的尘世生命,直到一切甚至最隐蔽之处,各人的行为和心中的秘密都将会显露出来,获得正义。我们将认识自己在历史中的角色和位置,以及我们自己生命深处的善与恶、喜与乐。

三、悔改的时间与期待的时间

伯多禄说天主不是在基督升天后马上就审判世界,而是给人类机会悔改,这表示天主对人类的悲悯和忍耐。罗马书中也说:"难道你不知道:天主的慈爱是愿意引你悔改,而你竟轻视祂丰厚的慈爱、宽容与忍耐吗?你固执而不愿悔改,只是为自己积蓄在天主忿怒和显示祂正义审判的那一天向你所发的忿怒。到那一天,'祂要照每人的行为予以报应'。"(罗2:4-6)

但是在最后的审判之后就不再会有任何机会改变了。那时要产生第二次死亡,永恒的死亡。默示录的神视者指给我们"我看见的那位踏着海和踏着地的天使,向天举起了右手,指着那创造天及天上的一切,地及地上的一切,海及海中的一切的万世万代的永生者起誓说:'时候不再延长了!'"(默10:6)那时,因轻视天主恩宠而犯的不信之罪将受惩罚,而对近人的态度将披露出我们对天主恩宠与慈爱的接纳或拒绝。耶稣将在最后的那个日子说:"凡你们对我这些最小兄弟中的一个所做的,就是对我做的"(玛25:40)。恶人的一切恶行都会被如实记录下来,在那一天,天主"将不会保持缄默"(咏50:3)。

最后审判的讯息首先是呼吁人们悔改、皈依,生活于警醒之中。因为这最后的时期是天主恩赐给我们的"悦纳和救恩的日子"。"看!如今正是悦纳的时候;看,如今正是救恩的时日——我们在任何事上……要处处显示出我们是天主的仆役,就是以持久的坚忍,在艰难、贫乏、困苦之中,在拷打、监禁、暴乱之中,在劳若、不寝、不食之中,以清廉,以明智,以容忍,以慈惠,以圣神,以无伪的爱情,以真理的言辞,以天主的德能,以左右两手中正义的武器,历经光荣的凌辱,恶名和美名;像是迷惑人的,却是真诚的;像是人所不知的,却是人所共知的;像是待死的,看!我们却活着;像是受惩罚的,却没有置于死地;像是忧苦的,却常常喜乐;像是贫困的,却使许多人富足;像是一无所有的,却无所不有。"(格后6:3-10)末世的时期已经开始,它启发我们对天主圣善的敬畏和服从,使人投身于天国,跟随主基督,宣告他的福音和我们所期望的他的来临,让自己成为主基督荣耀的肖像。

所以,期待最后审判的时期是喜乐的时期,是悔改的机会,是盼望基督徒希望兑现的时期,而不是一个恐怖的时期。通常基督二次再来常常与灾难联系在一起,人们对末世胆战心惊,深受恐怖的压抑。而事实上最后审判对于基督徒应该是在喜乐希望中的期待,是渴望,因为那是对魔鬼的彻底胜利,是一切邪恶的彻底逃亡。"那时我听见天上有大声音说:'如今我们的天主获得了胜利、权能和国度,也显示了他基督的权柄,因为那日夜在我们的天主前控告我们弟兄的控告者,已被摔下去了。'"(默 12:10)那个撒谎者,那个诱惑者,那个人类的嫉妒者,终于失败了。

若望特别给我们指出基督徒对于末世盼望的安详和喜乐之希望。"天主竟这样爱了世界,甚至赐下了自己的独生子,使凡信他的人不至丧亡,反而获得永生,因为天主没有派遣子到世界上来审判世界,而是为叫世界藉着他而获救。那信从他的,不受审判;那不信的,已受了审判,因为他没有信从天主独生子的名字。审判就在于此:光明来到了世界,世人却爱黑暗甚于光明,因为他们的行为是邪恶的。的确,凡作恶的,都憎恶光明,也不来就光明,怕自己的行为彰显出来;然而履行真理的,却来就光明,为显示出他的行为是在天主内完成的。"(若 3:17-21)基督徒寻找天主的荣耀,安详喜乐而积极地期待主的审判,主的来临,期待世界和历史的真理在基督面前揭示。面对人类胆战心惊恐怖的末世审判,基督徒却知道它早已经来临,如同主基督已经来临。基督徒知道,如果说我们害怕末世审判,那是我们还没有生活在仁爱中。(若一 4:18)

四、审判的标准

在最后审判中其审判标准非常重要。耶稣说,审判的标准不是我们口头承认天主就可以的,也不是看我们讲了多少预言、驱了多少魔鬼、行了多少奇迹:"不是凡向我说'主啊!主啊!'的人,就能进入天国;而是那承行我在天之父旨意的人,才能进天国。到那一天有许多人要向我说:'主啊!主啊!我们不是因你的名字说过预言,因你的名字驱过魔鬼,因你的名字行过许多奇迹吗?'那时我必要向他们声明说:我从来不认识你们;你们这些作恶的人,离开我吧!"(玛 7:21-23)审判的标准是我们怎样承行了天主圣父的旨意。

早在默西亚时代揭幕的时候,若翰就预言了审判的标准:"结与悔改相称的果实吧!你们自己不要思念说:我们有亚巴郎为父。我给你们说:天主能从这些石头给亚巴郎兴起子孙来。斧子已放在树根上了,凡不结好果子的树,必被砍倒,投入火中"(玛 3:3-5)。那么,天主圣父的旨意是什么呢?

好果实是什么？耶稣告诉我们，那时他会问我们怎样对待了弱小者、饥饿者、口渴者、外来者、受排斥的人、没有衣服穿的人、病人和在监狱里的人们，我们为他们做了什么。"我曾将我可爱的穷人为你们放在世上。我就是他们的首领，在天上坐在我父的右边，可是在地上我的肢体却捱饥受饿。假如你们曾施舍过给我的肢体，你们的施舍本该到达他们的首领处。当我将可爱的穷人放在世上，我是要他们成为你们的运输者，将你们的善行搬到我的宝库里，你们却没有将任何东西交到他们手上，为此你们从我身上也得不到什么。"①耶稣自己亲自告诉我们：

"当人子在自己的光荣中，与众天使一同降来时，那时，他要坐在光荣的宝座上，一切的民族，都要聚在他面前；他要把他们彼此分开，如同牧人分开绵羊和山羊一样：把绵羊放在自己的右边，山羊在左边。那时，君王要对那些在他右边的说：我父所祝福的，你们来吧！承受自创世以来，给你们预备了的国度吧！因为我饿了，你们给了我吃的；我渴了，你们给了我喝的；我作客，你们收留了我；我赤身露体，你们给了我穿的；我患病，你们看顾了我；我在监里，你们来探望了我。那时，义人回答他说：主啊！我们什么时候见了你饥饿而供养了你，或口渴而给了你喝的？我们什么时候见了你作客，而收留了你，或赤身露体而给了你穿的？我们什么时候见你患病，或在监里而来探望过你？君王便回答他们说：我实在告诉你们：凡你们对我这些最小兄弟中的一个所做的，就是对我做的。然后他又对那些在他左边的说：可咒骂的，离开我，到那给魔鬼和他的使者预备的永火里去吧！因为我饿了，你们没有给我吃的；我渴了，你们没有给我喝的；我作客，你们没有收留我；我赤身露身，你们没有给我穿的；我患病或在监里，你们没有来探望我。那时，他们也要回答说：主啊！我们几时见了你饥饿，或口渴，或作客，或赤身露体，或有病，或坐监，而我们没有给你效劳？那时君王回答他们说：我实在告诉你们：凡你们没有给这些最小中的一个做的，便是没有给我做。这些人要进入永罚，而那些义人却要进入永

---

① 奥古斯丁，《讲道集》，18，4，4；PL 38，130-131。《天主教教理》1039。

生。"(玛 25：31-46)

那时,良种与莠子要分开、绵羊与山羊要分开。分开的时期到了,不再混淆。在这个世界上不是很容易区分,而在末世会很清楚。教宗若望保禄二世在《百年》(Centesimus annus)通谕中说:"关于种子和稗子的比喻告诉我们,只有天主会将好坏人彻底分开,那是在末日时刻。"

被审判的对象包括个人、团体、全人类(玛 11：21-24；25：31-46；8：11-12)。听取了警告的人可以躲开最后的判罪(玛 7：21-27；25：31-46)。那个"收获的时期即是今世的终结,收割者就是天使。就如将莠子收集起来用火焚烧,在今世终结时也将如此。人子要差遣他的天使,由他的国内,将一切使人跌倒的事,及作恶的人收集起来,扔到火窑里,在那里要有哀号和切齿。那时,义人要在他们父的国度里,发光如同太阳"(玛 13：39-43)。那时,所有一切隐藏的都会彰显,果实也会明显。而分开的标准很精确,是——爱。圣十字架若望说:"在我们尘世生命的黄昏,我们将被爱所审判。"

而爱德行为的最高境界是真诚地无偿付出,让行善避恶成为我们日常生活中的一部分,关爱他人成为我们的生活方式,让爱成为我们警醒生命的根基,清晰地照亮我们的意识,而不是哗众取宠,不是沽名钓誉,不是贪图回报。"你们应当心,不要在人前行你们的仁义,为叫他们看见;若是这样,你们在天父之前,就没有赏报了。所以,当你施舍时,不可在你们前面吹号,如同假善人在会堂及街市上所行的一样,为受人们的称赞;我实在告诉你们,他们已获得了他们的赏报。当你施舍时,不要叫你左手知道你右手所行的,好使你的施舍隐而不露,你父在暗中看见,必要报答你。当你祈祷时,不要如同假善人一样,爱在会堂及十字街头立着祈祷,为显示给人;我实在告诉你们,他们已获得了他们的赏报。至于你,当你祈祷时,要进入你的内室,关上门,向你在暗中之父祈祷;你的父在暗中看见,必要报答你。你们祈祷时,不要唠唠叨叨,如同外邦人一样,因为他们以为只要多言,便可获得垂允。你们不要跟他们一样,因为你们的父,在你们求他以前,已知道你们需要什么。所以,你们应当这样祈祷:我们在天的父！愿你的名被尊为圣"(玛 6：1-9)。

在山中圣训中,耶稣已经提出天国的伦理道德标准"真福八端",并且将这些标准与公审判相配合。在耶稣这里,有福的人是:神贫的人,有同情心的人,温良的人、饥渴慕义的人、怜悯人的人、心里洁净的人、缔造和平的人、为义而受迫害的人。（参考玛5：3-11）这些人将获得生命，所以，若望以案卷和生命册来表达审判。

五、永恒的礼仪共融

当耶稣在世界末日二次来临时，人们将认出他是宇宙的君王，人类历史的审判官。审判的时刻就是Parusia基督再来的时刻。在梵蒂冈，离藏有米开朗基罗著名壁画《最后的审判》的西斯廷小教堂隔壁不远，教宗和他的枢机团避静小教堂"救世主之母"的马赛克壁画中，末日来临的基督是带着司祭领带，穿着祭衣，降临在弥撒祭台上的大司祭，他是天人媒介，来主持永恒的共融感恩圣祭。亚当厄娃恭然肃立在祭台前，脚下是他们经历了喜乐与悲伤的伊甸园。全人类从鲜花盛开一般的土地中重新站立起来，每一个人手捧自己被召叫而投身其中的事业成果，与自己的亲朋好友一起，围绕在基督的周围，"阿来路亚"响彻宇宙。神职人员、教师、医生、艺术家、工程师、工人、农民、学生、父亲、母亲、孩子、老人、男人、女人……多么奇妙的人类，多么伟大的成果，多么杰出的爱，天主的荣耀在人类中灿烂辉煌地彰显。那是一个颂歌悠扬、礼拜隆重、处处美丽、人人喜乐、个人天赋充分展示、内心理想高度实现、挚爱浓醇弥漫，天人地优雅地和谐共融的永恒盛典。

肆、宇宙更新

一、物质还会存在吗

基督从天而降时大地上会是怎么样的情景呢？他会从云端下降到灾难后的废墟世界上吗？世界的毁灭如何与"转变"相协调呢？强调毁灭的一方，较符合物质的本性，但更新也应该与"转变"不矛盾。那么宇宙倒毁和更新是什么意思呢？梵二文献中谈论很多，尤其是《教会宪章48》和《牧职宪章39》，不过都承认我们不知道那是什么时候、以什么方式进行。我们相信的是将会有一个正义的世界,会有幸福、和平与自由,在那里物质和精神都存在,是个人与人类发展到更加完善的新时代。这个发展需要人的合作。"那就是万物复兴的时候,也就是和人类紧密相连,又借人类以达到其终向的普世万物,将和人类一起,在基督内达到完满"(LG 48)。"在时期终结,天主的王国将达至完满。那时义人将常与基督一起管理,身体和灵魂都要受到光荣,同时物质世界都会转化。天主必在永生中成为'万有之中的万有'"。①

谈到宇宙毁灭或者更新,我们首先需要注意二点:首先,圣经中许多地方谈到宇宙末日,尤其是默示录方面的书,但是它们都很难解释,充满象征。对其作字面解释是非常危险的。第二,宇宙更新来于天主的权能、意志和爱。人,由于天主的命令,是造物的冠冕和宇宙的灵魂,因此天主对于宇宙的审判、对宇宙规划的实现要求人的合作。宇宙通过人而实现天主为其规划的目的,也就是需要人的参赞达至化育。

教父们一般认为,世界的结构在末日仍然是物质的和宇宙性的②。在这个世界与未来宇宙之间,物质有其永恒存在的理由,如同伦理有其永恒价值。这与柏拉图对于人和宇宙的看法不同,他认为人应该逃开这个物质世界,而去找到灵魂的幸福。基督宗教相信一个物质的宇宙与肉体复活相配合,虽然不知道到底会是怎么样的。"在我的新天地中是有东西存在的",如法国作家佩桂(Charles Peguy)所希望的。但是物质与人的意志会和谐。教会一开始就反对奥力金的观点,他认为肉体和物质世界会毁灭,只有精神留下。尼撒的格列高里认为:"当人类不再繁殖的那一刻,时间的流动也将停止,然后就是万物的复归,随着宇宙的更新,人类也将从腐朽与世俗转变成为不朽与永恒。……当人类的增长完全地达到了预定的程度,不再有任何灵魂需要产生的时候,现存事物的变化将在刹那之间发生。"③

保禄相信,人类和宇宙的命运是注定归于荣耀的,"现在的苦痛与未来要彰显给我们的荣耀是无法比拟的。造物本身急不可待地期盼着天主子女的启

---

① 《天主教教理》1060。

② Giuliano di Toledo, Prognosticon future saeculi, 3:46, PL 96, 518.

③ 尼撒的格列高里著,张新樟译,《论灵魂与复活》,上海世纪出版社,2005,第132页。

示。因为受造之物被屈伏在败坏的状态之下,并不是出于自愿,而是出于使它屈伏的那位的决意;但受造之物仍怀有希望,脱离败坏的控制,得以进入天主子女的光荣自由。我们知道,直到如今,一切受造之物都一同叹息,同受产痛;不但是万物,就是连我们这已蒙受圣神初果的,也在自己心中叹息,等待着成为义子期望的实现,我们肉身的救赎"。① 不论是精神方面还是物质方面的造物都呼求他们的主人天主不要再允许罪人像在地上时那样虐待他们。造物在伊甸园与人类关系的破裂要在末日获得弥合,物质要被转化,不再束缚人,而是实现人美善意志的完美工具。"使世界本身恢复原来面貌,免除任何障碍而服务于人,分享那在复活的耶稣基督内的荣耀"。② 但是《伯多禄书信》中说,"在这日子上,天要为火所焚毁,所有的原质也要因烈火而溶化;可是,我们却按照他的应许,等候正义常住在其中的新天新地"。③《若望默示录》中也看到:"一个新天新地,因为先前的天与先前的地已不见了,海也没有了。我看见那新耶路撒冷圣城,从天上由天主那里降下,就如一位装饰好迎接自己丈夫的新娘。"④《天主教教理》也指出:"这个神妙的更新使人类和世界都得以转化。它在圣经中被称为'新天新地',就是天主计划决定性的实现,'天上和地下的万有总归于基督元首'。"⑤

给予我们强烈印象的是:新天地的来临、宇宙的转化是通过真实的毁灭和深刻的清洁,是通过火;这一切都是来于天主的全能;为了准备新世界,人在这个世界上的参与具有非常重要的意义。但是,圣经中说"火"和"焚毁"是什么?是物质的火和焚毁吗?还是精神的?如何"清洁"?善恶一起毁灭?取精去粕吗?新旧世界的转化,毫无疑问是天主全能的成果,但是在什么程度上取决于人的工程,人的意志?是意向层次的,还是实际成果?

拉辛格认为,所谓的"最后的日子"、"世界末日"、"肉体复活"都是指这个处于变易中的宇宙过程的完成。人与宇宙的关系也就是与时间的关系,宇宙物质的存在是有时间限度的,处于变易之中。其存在只是在变易中。但是宇

---

① 罗 8∶19-21。
② 《天主教教理》1047。
③ 伯后 3∶10-13。
④ 默 21∶1-2。
⑤ 《天主教教理》,1043。

宙的变易是朝着统一和完整来发展的,趋向更加完美的统一。宇宙时间到达它的变易目标,物质与精神到达一种新的和决定性的关系——"天主在一切内成为一切"(格前 15:28)。但是这个变易过程的实现靠物质世界自身不能完成,基督徒相信,实现这个目标的实际力量就是基督。① 他才是真正的动能,他是变易的设计者和结束者。

新世界是一个转化,而不是毁灭。

二、今世的建设与未来的更新

在这个新宇宙中,天上的耶路撒冷,众人与天主同住。"他要拭去他们眼中的泪痕,以后再也没有死亡,没有悲伤,没有哀号,没有苦难,因为先前的都已经过去了。"②"对大地和人类终结的时刻,我们一无所知,也不知道万物将如何改变。但是,被罪恶所玷污的世界的这个面目必将逝去。我们从启示得知,天主将为人类准备一个正义常存其中的新住所、新天地,其幸福将要满足并且超出人心所能够想象得到的一切和平的愿望",梵二会议《牧职宪章39》如此宣告。《教会宪章1》也声明:"对人类来说,这个圆满是全人类决定性地共融合一的实现。这是天主从创造之初就乐意看到的,也是教会在历史中成为'圣事'的原因。那些已经与基督结合而组成的得救团体、天主的'圣城'、'羔羊的新娘',这些团体都不会再受罪恶的侵袭和污染,不会受到自私的损伤,它们都曾经摧毁或者伤害地上人们的团体。荣福直观将是喜乐、平安和共融的永恒泉源,因为在那里天主将向被选者无穷尽地彰显自己。"

新天地是一个人类想象力所能够达到的美好世界的设想。马克思主义寻找一个正义、人道的未来世界,希望努力通过劳动、人自身的改造和清洁,在这个世界建设一个新天地、新世界。德日进神父(Teilhard de Chardin)也相信这个世界是进化中的,不停地朝向天主国发展,朝向 Omega 终点。而这个进程是通过人类在这个世界上的活动,不断进步的人道认识和实践来实现的。但是他们二者虽然有上面的共同点,但是也存在深刻的不同。在某种程度上,马克

---

① J. Ratzinger, Escatologia, p. 202-205.
② 《天主教教理》,1044。

思主义是基督宗教信仰的世俗化,是采用基督宗教教义而除去天主、除去人格、除去超验。他们认为,宇宙的人道化是通过人类产品的积累而建设天国,只有人的努力就可以实现。建设天国的是人自己,天国是人自己劳动的直接结果。而对于基督徒,建设天国的主角是天主,人是合作者,更加确切地说,是在天主的引导下共同建设人自己。离开天主,人一无所能。合作,是指人有能力接受天主给予的恩赐,善用作为理性受造物的特长,完全开放自己的潜能,跟随天主的召叫发展人与天主的关系;是接受天主智慧和爱的恩赐。"首先寻找天国和它的正义,其它的自然都会有"(玛6∶33)。

但是基督徒并不拒绝人类在这个世界上的努力和发展,关于人类活动对准备未来新世界来临的价值,梵二会议上讨论很多。《牧职宪章39》充分肯定今世人类劳动的价值,"期待新天地的希望,不但不应该削弱而且应该增加我们建设此世的热情。因为新的人类大家庭的雏形,是滋长发育在今天的世界上的,并且已经能够给予人们一个新天地的预感。现世的进步虽然与天国的弘扬有分别,但它有利于人类社会的改善,所以,是非常有利于天国来临的"。为了避免基要主义解释这段文章,1979年信理部发文谈论末世论,指出:"基督徒,一方面应该相信,由于圣神的工程,我们现在在基督内的生命与未来生命之间有基本的延续性。事实上,仁爱是天国的法律,我们在这个世界的仁爱也是我们未来在天国分享天主荣耀的尺寸。但是另一方面,基督徒也应该接受在现在世界与未来世界之间根本的断裂。现在是信德,而未来则是在充分光照下。"①

教宗若望保禄二世在通谕《人的工作》(Laborem Exercens)人的工作中谈到劳动的精神,提醒我们基督的忠告:"人若丧失了自己,即使获得普世,亦毫无益处"(路9∶25)。人应该靠工作来赚取他每天的食粮,并且有助于科学和技术的不断进步,尤其为提高他与别人共同生活的社会中文化和伦理的水平,而有所贡献。(LE 1)但是,我们需要从基督十字架的价值和角色中正确理解人类活动,以此建设新天地。人辛苦工作而分担基督降世和在十字架上所做的工程。"基督替我们罪人受死,曾以其芳表教训我们,应该背负肉身、世俗所加于追求和平及正义者肩头上的十字架……基督徒在人的工作中找到基督十

---

① Alcune questioni di escatologia.

字架的一部分,并且以基督为我们而接受十字架的救世精神而接受它。在工作中,因为从基督的复活而得的光照,我们常能寻得新生命和新幸福的一线希望,就好像是'新天新地'的宣报"。(LE 27)工作与祈祷联系在一起,基督徒知道我们的工作不但有助于世界的进步,也有助于天主之国的发展。我们藉圣神的德能和福音的言语都被召向此天国迈进。

今世和未来都是来自天主的美善和慈爱,"事实上,一切出于自然和人类努力所结的美果,我们都在天主圣神内,并依照天主的命令,把它们在人间播撒。其后,当基督将永恒而普遍的神国交还给圣父时,我们会再度看到这些美妙和成果,它们将是毫无玷污而且光辉夺目的"。(GS39,LG2)新天地会是天主美善和慈爱的充分彰显和人类对天主的充分接受。

新城如碧玉和水晶一样闪耀着天主的荣耀。默示录的描述启发了许多建筑师、画家和诗人,给予他们创作灵感,也鼓励着基督徒们对新世界的丰富想象。"这圣城具有天主的光荣;城的光辉,好似极贵重的宝石,像水晶那么明亮的苍玉;城墙高而且大,有十二座门,守门的有十二位天使……城墙是用水苍玉建造的,城是纯金的,好像明净的玻璃。城墙的基石,是用各种宝石装饰的:第一座基石是水苍玉,第二座是蓝玉,第三座是玉髓,第四座是翡翠,第五座是赤玛瑙,第六座是斑玛瑙,第七座是橄榄石,第八座是绿柱石,第九座是黄玉,第十座是绿玉,第十一座是紫玉,第十二座是紫晶。十二座门是十二种珍珠,每一座门是由一种珍珠造的;城中的街道是纯金的,好似透明的玻璃。在城内我没有看见圣殿,因为上主全能的天主和羔羊就是她的圣殿。那城也不需要太阳和月亮光照,因为有天主的光荣照耀她;羔羊就是她的明灯。万民都要着她的光行走,世上的君王也要把自己的光荣带到她内。……凡不洁净、行可耻的事及撒谎的,绝对不得进入她内;只有那些记载在羔羊生命册上的,才得进入。天使又指示给我一条生命之水的河流,光亮有如水晶,从天主和羔羊的宝座那里涌出,流在城的街道中央;沿河两岸,有生命树,一年结十二次果子,每月结果一次,树的叶子可治好万民。一切诅咒不再存在了。天主和羔羊的宝座必在其中,他的众仆要钦崇他,瞻望他的容貌;他们额上常带着他的名字。也不再有黑夜了,他们不需要灯光,也不需要日光,因为上主天主要光照他们;他们必要为王,至于无穷之世"。(默21:11-22:5)

第二章　个人末世论

壹、天堂

一、天堂

1. 对天堂的向往

天堂,在通俗意义上是人类美好的向往,那里没有时间的流逝和生命的消失,有的是永恒的平安、丰盈与幸福。宗教界一般指义人死后生活的美好地方。印度教中指神祇的星球,希腊语是 paràdeisos,希伯来语是 pardes,波斯语是 pairidaēza,拉丁语 paradisus,原意都是花园。波斯王的空中花园曾经被称为天堂,是君王统治、规划、建设能力的象征,与世界其它地方的混乱相对比。天堂用来指最后的永恒之所,起于"七十二贤士圣经译本"。在旧约中"伊甸乐园"是这个词"花园",而用"天"、"诸天"或"天上的天"指宇宙最高处,神的居所。"看哪,天和天上的天尚且不足你居住,何况我所建的这殿呢?"(列上 8:27)"求你从天上垂顾,从你圣洁荣耀的居所观看"。(依 63:15)希伯来文是 shamayim,意思是高、崇高。新约希腊文是 ouranois,意思就是"天",表示"遮盖"、"围绕"、"上面的"。"天"在圣经中有三种含义:大气层的天空,那里降雨水(申 33:13)、冰霜(约 28:29)、雨雪(依 55:10)、雷(撒上 2:10);云彩漫游(咏 147)、飞鸟翱翔(创 1:20)。这一切都来自天,是神的宝贵礼品。二指天体的天,太阳、月亮、星宿,是神创造宇宙,把它们陈列在天上(创 1;咏 19、33)。三指神的居所,神坐在天上的宝座(咏 2;依 66:1)、从高处施行审判(创 19:24)、神的祝福来自天上(出 16:4)、神从天上察看人类(出 16:4),神从天上垂听祈祷(咏20),在天上订立至高的计划(咏119)。新约对天堂的称呼有很多,比如:主的祈祷文中"我们在天上的父"、主的圣所(希9:24;伯前3:22);圣徒的国度(雅2:5;玛25:34);圣徒的家乡(希11:13-16);圣徒安息日之处(希4:9-11;默14:13);圣徒的城邑(希12:22;默22:27)。新约运用许多图像来描写天堂的幸福:宴会(玛8:11;路13:29),表示天主的邀请是一个恩惠,也表达出天堂福乐的团体性,及其共融与分享的层面。若望21、22又把宴席的图像和耶路撒冷相连,旧约中圣城代表希望、安全及团结,所以有和平与繁荣的意思。还有永恒的生命、光明、平安、天国的美酒、天父的家居、乐园等等。在天堂信徒与天主有密切交往(默20:3-4),在那里,地上的愁苦成为过去,眼泪将被擦干。《天主教教理》定义天堂是:人最后的归宿,也是人最深切期盼的圆满实现,是福乐的最高境界。中文翻译成"天堂"可能是受到佛教影响,其实原意可能更加接近中文的"天"。

保禄说,天堂是"天主为爱他的人所准备的,是眼所未见,耳所未闻,人心所未想到的。"(格前2:9)由于天堂超出人类想象的能力,非思想所能够领悟,非笔墨可以形容,所以圣经中用了很多意象来描述,对于这些意象,教会指出:"要尊重圣经中所用的意象,要对它们的含义加以分辨,不过不应过分减弱它们,免得使这些图像所指的真谛失去它的意义。"[①]

在中国民间信仰中,天堂、天国、天界、神界等都是同义语,指与地上的人间相对的神仙天界,也是人死后灵魂升天居住的地方。在有严格教义体系的道教中,则指人得道成神仙以后生活的世界。南传佛教和东密佛教认为天界是一个人人相爱、众生平等的地方。在印度教里,因为有轮回的缘故,天堂的概念不是很突出。他们称为天堂或者天界,或者神祇的星球,在那里神祇接受有善行及敬拜自己的信徒。但仅仅是过渡阶段,不是最后的自由、解脱。印度教徒热望的永久国度被称为Moksha,这是灵魂从生死轮回中解脱,个人的基本神性本性重新确立,与神最终融合。

但是,自从人类进入太空后,天堂的概念变得模糊不清了。人类的天堂似乎丢失了。

[①] 参考1979年《信理部关于末世问题的说明》。

2. 基督宗教信仰中的天堂

天堂,旧约内指天主的住所,天主的宝座,人所想象的符合天主身份的地方。天堂,并不是说天主被困在某一个特殊的地方,而是以比喻的方法指天主至高无上的权威,这权威是对于全宇宙和全人类的。所以,天堂,是指统治人类和宇宙的神圣力量,指天主的完全临在。升天堂,表示到天主那里去,与天主共融,但不是指一个特殊的地方,不是空间上的转移,而是指一种圆满的生活状态,与天主共存和圣者彼此共融的生活。不论是新约或者旧约,天堂首先都是指天主的所在,以及与天主在一起,如教理说,是"完美的生活,爱与生命的圆融,与天主圣三、圣母玛利亚、天使和所有圣者在一起。……将是你的荣耀和福乐。被允许参见天主,得以光荣地分享救恩和永恒光辉的喜乐,与主基督,你的天主在一起……置身于天主的义人和朋友之中,享受恩赐的、永不腐朽的永恒的喜乐"。① 所以,天堂是一个圆满、幸福、喜乐及和谐的生命,有天主圣三完满的恩宠,与天主圣三相互寓居。但是还需要强调,"在天堂是与基督在一起",同时"寻找到自己真正的容貌,实现自己真正的名字",也就是每一个人的尽可能完满实现,实现自己所是,而基督是完美的人和人的完美,人是他的肖像,他是人的标准。所以,在天堂,人仍然会继续参与天主的造化工程。那时,圣者会真正完美地分享基督的管理权和能力。"在天堂的荣耀中,享受真福的人们仍然会继续满怀喜乐实现天主的旨意,造福人类和整个造化"。②

对于天堂里的福气是什么,没有形成一致的见解,而大家所提出的几项特点是——永恒的生命、与天主在一起看见天主、更充分的知识和能力、圣徒之间的沟通与共融、肉体与灵魂和谐,精神获得自由。恶人所受的苦正与天堂所享的福相反。有些人相信,虽然所享的福或所受的苦都是永远的,但福、苦中仍然有等级的差别。天主把自己送给人,但是人接受的能力不同,对天主的爱不同。天堂的等级是爱的能力的不同,对天主认识能力的不同,不是这个世界所知道的社会等级。

---

① 《天主教教理》1024;圣西比连,《书信集》,56,10,1。PL4,357B.
② 《天主教教理》1029。

教义肯定天堂的永恒性,本笃十二世在 1336 年 1 月 29 号发表通谕《赞美天主》指出,人死后立刻或者经过炼狱后,将得享直接看见天主,而且此福是永远的。

完满的人类,可能是所有的个人都进入得救的人类团体之内,每一个人都要达到自己的完美实现,最后是全人类的完美实现,在每一个人和全人类整体的自我超越中与绝对的天主融合,达到完满,是生命与喜乐的互相赠与。物质世界不只是为人类服务,而且人类也有管理宇宙万物的使命。在人类最后的光荣和完满中,物质世界会继续保留它对于人的印记。教会相信世界有开始,但是不会终止,它会获得人类尚且未知的形式,朝向一个无止境的将来的存在。最后的荣耀不只是个人的复活,而是全人类大家庭的荣耀。血肉和命运密切联系的人类团体直到最后一批的加入才会圆满。

二、永恒生命在基督荣耀内

幸福首先涉及生命,天主的完全临在也首要表现在生命的完美。永生就是充分分享天主的生命,在永恒的认识与爱内与天主共融。永生在现世已经临在,只是还没有完全显示。

1. 永恒生命在圣经和教会文献中

生命是圣经的主题之一,在旧约和新约中都是一个最重要的词汇。生命指能动性、活力、完满、内在、永恒、幸福等等。永恒生命的恩赐是人从天主那里接受的最根本、深刻、内在的恩赐,是人受造的终极目的,尤其是对基督徒的恩赐。

与死神及异教神的无能相比,雅威是生活的天主,赋予生命,保持生命,更新生命,特别是向人类提供接纳和分享天主自己生命的可能性。雅威是生命的泉源。生命,在旧约中来于天主,雅威是泉源;新约强调圣子从圣父得到生命,他转送人类。"在他内有生命,这生命是人的光"。(若 1:4)"天主竟这样爱了世界,甚至赐下了自己的独生子,使凡信他的人不至丧亡,反而获得永生"(若 3:15-16)。"我实实在在告诉你们:听我的话,相信派遣我来者的,便有永生,不受审判,而已出死入生。我实实在在告诉你们:时候要到,且现在就是,死者要听见天主子的声音,凡听从的,就必生存。就如父是生命之源,照样他也使子成为生命之源;我实实在在告诉你们:信从的人,必得永生。"(若5:24—26)耶稣谈到永生如同一个已经存在、正在运行的事实,只是这个事实还没有达到完满。永生,是现实的、现在的,已经在通向完满的过程中,如同一枚神圣的种子在人内成长。

新约中谈论永生最多的是若望。若望作品中非常强调耶稣就是生命之主,如耶稣自己所宣告的:"我是生命的食粮"(若6:48)。"那信从子的,便有永生,那不信从子的,不但不会见到生命,反有天主的义怒常在他身上。"(若5:24)所以耿直的伯多禄代替众宗徒说:"主!惟你有永生的话,我们去投奔谁呢?"(若6:68)基督徒信仰宣誓的信经结尾都是:我信永生。

根据《教会宪章》定义,在基督荣耀内的永恒生命,这是人完美幸福的状态。永生是对基督荣耀生命的分享,与基督共同生活在荣耀中,也就是在天主内,通过基督看到天主的容貌。

2. 永生是天主的自我给予

天堂是不是很无聊?永生是不是让人疲惫?天堂里还有可期望的吗?与天主永恒地合一,那么人的个体在哪里?米古(Miguel de Unamuno)就曾经疑惑:"一方面人渴望完满的终极幸福,一方面又怀疑永生并非这个理想的实现。"到底人渴望的是什么呢?

信徒知道存在永生,但是不知道永生是怎样的,没有能力充分意识到分享天主的生命是什么意思。相爱的人会互相说:"我要让你幸福",同样天主也向人如此说。尽管我们不是很清楚那到底是怎么样,而事实上在承诺与信心中,我们已经开始幸福之路。

永生,是新诞生带来的成果,是天主的工程在人内的实现。永生是天主给人的恩赐,人可以接纳,也可以拒绝。这恩赐将人举起,在某种程度上达到天主的层次。这种状态绝对完全超越人的力量和能力。使人幸福的是天主,人分享天主的生命,分享祂的三位一体特性,也就分享了天主的幸福和完满无限。天堂不是一个有神圣气氛让人愉快、舒适的地方,而是天主自己给人完满,天主自己充满人,用真福填满人,让人自己的生命内在丰沛地充满幸福和荣耀。"天主的爱通过圣神注入我们心里"(罗5:5),所以,天堂的幸福有其圣神论的幅度。当我们拥有天主的爱时,幸福就是我们的,而这爱通过天主圣神注入我们心中,那是真实的对生命的分享,是对于三位一体天主幸福和完满共融的分享。天主在永生中不是给他忠信的人一系列受造物,通过它们达到某种程度的幸福,而是把天主自己的生命给予,让人分享天主自己。

天主是永恒的生命泉源,是创造之主,那么分享祂生命的人也会拥有祥和的生命,及超越的活力,像天主那样活跃地创造。生命意味着活力、运动,而永恒则表示和平、安详、恒久、安全。活力和运动很明显是生命的迹象,但是也产生疲劳、厌倦,让人渴望休息和安详。对于人,充分的活力与完美的休息似乎是不能同时共融的,而是互换的。在这个世界对于人不可能的——完全充分的认知;完满的活力和自由运动;绝对的安逸、祥和与永恒——而在永生中作为天主的恩赐,作为对于三位一体的分享,将是可能的。

印度教,相信人死后拥有完美的安宁与和平,也就是永恒的休息,但是个人意识消失,人的活动泯灭。幸福的代价是个人存在的消失。人几乎以消失来换取幸福。而完全相反的是德国哲学家理想主义者菲特(Fichte)认为人的幸福在于活动、运动,完全的个人意识,生命不是纯粹的运动能力,而是运动本身。① 而在基督信仰中,永生作为天主对其对话者的恩赐,不要求个人的消失,而是每一个人其生命的充分实现,个性的完美成就。人分享天主性的同时不丢失自己的个体存在。另一方面,我们相信,运动能力的泉源在于天主,个人意识的完全活跃在于其根源天主。奥古斯丁说,永生是神圣的、永恒的安息,没有疲劳和沉重,不是不工作的懒惰,而是无法形容的愉快的充满活力的完美的和平,活力中的祥和,创造中的安逸。

无论如何,人不能完全理解永生是怎样,因为它完全超越人的想象力,这如同试图理解天主。永生不是无限的空,而是非常浓密精纯,非常有质量有内涵的,是对于三位一体丰沛生命的分享。天主是既永恒不变,又完满活动,充满活力的。安布罗斯说,永生给予人的生命远远高于在这个世界我们可能拥有的,那时人更加完美地拥有自己,没有精神上的伤害和沉重,意志

---

① Fichte, Anweisung zum seligen Leben, 6, Vorlesung, Sämtliche Werke II, p. 299

上的不情愿,没有犹豫和懒惰。①

对于人来说靠自己的力量不论是安息还是活力都不能充分实现。而永生是天主爱的恩赐和成果,是对于三位一体生命深刻而永恒的分享。若望在耶稣与撒玛里亚人对话中:主,请给我这水,使我不再渴,不需要再来这里汲水。人总是寻求通过自己的活动和行动来解渴,但是没有能力一劳永逸。人心,是天主创造的,直到安息在天主内,否则找不到和平。②

三、荣福直观

"因为天主超越众生,一般人不能直接看到祂,除非祂亲自将这奥迹直接向人展示,并赋予人能力得到这份恩宠。这份仰视天主荣耀的福乐,教会称呼其为荣福直观"。③ 天主转化人的认知与爱的力量,使人得以分享他的能力。看见天主的是人心,在那里,认识与爱不分。

人类存在的参数定义了人类的视野,限制了我们所能够看见的,人类希望知道受限的人类历史和人必死的命运之外是什么。人类能够打破时空的限制瞥见另一个世界吗?人类的认知能力是非常有限的,但是人可以接受天主的启示。究竟是不是存在另一种多维空间我们不知道,但是基督徒渴望看到天主。永生的内容是看到天主,是恒久的认识与爱,是充分的认知。我们熟悉的自然节奏,光明与黑暗,清晨与黄昏,在电子世界的即刻中消失无踪,不再浪漫温馨,但是不论天堂是什么,那里一定充满爱与认识。依肋内认为:"看见天主,就是在天主内分享祂的荣耀,而生气勃勃就是天主的荣耀,所以看见天主的人将分享天主的生命。那触摸不到、难以理解、无形可见的天主,基于这样的理由便把自己奉献出来,并使人见到祂、认识祂、摸到祂,并且使摸到祂、见到祂的人充满生命。……因为没有生命就不能活,而唯有分享到天主的人,才能有生命;分享天主就在于见到天主,享有祂的美善。……天主的荣耀就是活生生的人,人的生命就是享见天主"。

---

① Ambrogio, Sant', Exp. Sec. Lucam, 10, 121.
② 奥古斯丁,《忏悔录》,I, 1, 1。
③ 《天主教教理》1028。

奥古斯丁向天主歌唱：看到你就是拥有你①。那么"看到"与"拥有"二者的区别和相同在哪里？

"看见"一词指看到一个客体，因为彼此不同。而"拥有"指看的主体，以某种方式拥有所看到的客体，并且将自己与其认同。而人的得救是人以非常紧密的方式分享天主，浸入那永生的活泉。不过这永恒生命的灌注，根据伯多禄的说法，不产生个体的消失或者蒸发。也就是说，尽管与天主有着紧密的内在关系，但是创造者和受造者二者根本现实的区别也是永远保留的。中世纪阿威罗艾（Averroe）和麦莫尼德（Maimonide）追随亚里士多德，认为人会被天主吸收在一个唯一的宇宙智慧中，那里包含所有死去的人的灵魂。而基督徒对永生的信仰中，人得以神化，但是永远不会成为天主本质中的一部分，而是看到天主。在天堂，人会成为更加完满实现的自己。"信仰基督的人在他内死亡，但是保存，甚至是找到自己的真正身份，自己真正的名字"（CCC1025）。

基督信仰拒绝本质上人与神的混淆。人越是靠近天主，越是成为人自己，越是完善实现自己的人格。人因为恩宠而神化的效果，不是个人意识的消失，而是看到天主。人属于天主，但是也看到天主，作为与天主不同的存在-人。不是人被转化为天主，而是人性得到提升。人享受天主，看到天主，因天主而使我们自己发生变化。如同欣赏美景时，我们陶醉于自己的感受，自己的头脑、心灵更加活跃，不论是身体上还是心理上都在于自己的变化，更加激活自己，实现自己。同样人看到天主时，更加注意到的是天主的天主性，天主的丰富，天主的奇妙，天主与自己的关系，但是不会失去自己，而是更加活跃，自己的生命力更加强健，身份特征更加强大，更加相似于完美的天主，但是自己仍然是一个被造的与天主不同的人，是自己。大良教宗在谈到天主靠近人时说，如同天主在实行祂的慈悲的时候自己不会改变，同样与天主接近时，人也不会失去自己的身份。②

---

① Soliloquia, I, 1, 3.
② Ep. 28 ad Flavianum, 4; PL 54, 766.

1. 圣若望文件中的荣福直观

(1) 基督的角色

荣福直观首先是由于属于天主才成为可能。"从来没有人看见过天主，只有在圣父怀中的唯一圣子将祂显扬出来了"（若 1∶18）。我们通过圣子看见圣父，认识圣父，因为圣子完全彰显了天主的荣耀。通过肖似圣子，拥有圣子性，我们看到天主。

不过这段经文的解读有个难度，在于我们很难确定荣福直观的客体是谁，也就是看到的是谁。常见的解读是看见天主圣父。但是视见的客体也可以是基督，因为只有基督在这句话中可以是"显现了"的，可见的。显现，这个词在若望作品中也指基督的二次来临 Parusia。这一种解释就是，我们将相似于基督，因为我们将看到基督是谁。所以，荣福直观看到的是基督，而不是天主圣父，圣父是无底的奥秘，人只能通过圣子和圣神来认识圣父。耶稣曾经回答菲理伯："谁见了我，就是见了父"。（若 14∶9）圣子降生成人就是为了让人从基督的容貌上认出圣父，而圣神使我们肖似基督。"我们所以知道我们存留在他内，他存留在我们内，就是由于他赐给了我们的圣神"。（若望一 4∶13）如同人与人以心交心才会彼此互相拥有，拥有基督的圣神时我们也与基督彼此拥有。而荣福直观只能发生在末世，当基督二次来临显现自己时。

虽然更加普遍概括的说法是看到天主，但是说看见基督更加符合经文。基督内在的本质是天主神性，是与圣父同性同体的天主圣子。通过圣子、圣神，认识圣父。同样，我们看到天主，也需要进一步让自己彰显天主的荣耀，彰显基督的荣耀，使人们因看到我们而认出基督，颂扬天主。

(2) 爱的共融

若望福音有个特色，就是把"生命"与"光明"联系在一起。在意大利语中，生孩子叫给予光明；在欧洲教会传统中，洗礼也叫做给予光明。而若望文件中的"生命"、"光明"、"喜乐"是与"爱"联系在一起的。"凡爱自己弟兄的，就是存留在光中，对于他就没有任何绊脚石；但是惆恨自己弟兄的，就是在黑暗中，且在黑暗中行走，不知道自己往那里去，因为黑暗弄瞎了他的眼睛。"（若 2∶1-11）"可爱的诸位，我们应该彼此相爱，因为爱是出于天主；凡有爱的，都是生于天主，也认识天主；那不爱的，也不认识天主，因为天主是爱。天主对我们的爱在这事上已显出来：就是天主把自己的独生子，打发到世界上来，好使我们借着他得到生命。爱就在于此：不是我们爱了天主，而是他爱了我们，且打发自己的儿子，为我们做赎罪祭。可爱的诸位，既然天主这样爱了我们，我们也应该彼此相爱。从来没有人瞻仰过天主；如果我们彼此相爱，天主就存留在我们内，他的爱在我们内才是圆满的。"（若2：7-13）是爱创造世界，给予共融，因此带来光明。

世界上亲朋好友的共融，及所有圣者的共融是天堂幸福的主要元素。奥古斯丁、安布罗斯、热罗尼莫都强调天堂里团体共融的重要性。他们认为，在天堂里生前没有机会相遇的人们，受时空限制慕名而不能相见的人们可以会晤，任何阻碍友谊的障碍都会被消除。天堂实现完美的共融，所以也充满光明。但是这共融并不是消除人与人、人与天主的区别或者个性。每一个人仍然是一个奥秘，仍然完整地拥有自己的身份，自己的位格，但是更加丰富。

2. 荣福直观与爱在保禄观点中

其最重要的章节是在格林多前书13章，讨论了神恩之后的小结："爱永存不朽，而先知之恩，终必消失；语言之恩，终必停止；知识之恩，终必消逝。因为我们现在所知道的，只是局部的；我们作先知所讲的，也只是局部的；及至那圆满的一来到，局部的，就必要消逝。当我是孩子的时候，说话像孩子，看事像孩子，思想像孩子；几时我一成了人，就把孩子的事丢弃了。我们现在是借着镜子观看，模糊不清，到那时，就要面对面地观看了。我现在所认识的，只是局部的，那时我就要全认清了，如同我全被认清一样。现今存在的，有信、望、爱这三样，但其中最大的是爱。"（8-13）

这里特别表现了"现在"与"那时"之间存在的强烈张力。也就是在现在根据信仰所认识的天主和未来面对面看到天主，前者是如同在镜子中、模糊的，后者是完美的。荣福直观中看到的天主不是我们尘世记忆的放大，或者更加清晰，而是一种非常不同的认识，包括对于天主的其它造物，那时几乎是神性的看和认识，分享着天主对于自己和对于造物的认识力。只有分享天主的生命和认识力时，人才有可能像天主那样认识。人，为了看到天主，需要处于分享天主性的情况下。

作为保禄仁爱颂歌的高峰,荣福直观不是来于冷漠的理性活动,也不是抽象的冥想,而是仁爱陪伴直观,因为爱不结束,但是通过直观而使信德和希望满足,以事实取而代之。信德被看到(认识)所替代,希望被临在的喜乐所替代,而爱却达到了完满、进入永恒。奥古斯丁说,爱的法律只能在我们面对面看到天主的时候才会得到完美实现。①

3. 爱与认识——荣福直观在教父观点中

关于天堂中荣福直观与天主之爱的关系,曾经有过非常大的争论,最著名的可能是托马斯与伯纳文图的争论。托马斯追随奥古斯丁,"如果不认识就不会有愿望",也就不会爱。他认为,认识(直观)先于意志和爱,因为不认识的是不会爱的。天堂是理性和智慧的,因此喷发爱。伯纳文图则坚持,爱优先,永生的基础是天主的爱,在于人对天主恩赐的回答,这要求意志,然后才是认识。与后者持同样看法的还有帕斯卡尔,他说:心有着理性所不能理解的道理。再者,还有我们熟知的俗语:爱是盲目的。

在闪语语系中,"爱"与"认识"有非常密切的联系。在永生中二者也不应该有太大区分,因为人所分享的天主本身同时拥有绝对真理和美善,而天主是爱。天主爱与智慧的永恒能力让人在永生中分享,这分享是对于三位一体内部互相之间的认识和爱的分享,也就是在天主圣父、圣子和圣神之间:认识爱,爱所认识的。所以,如果说爱是可以认识的,可以被理性认识,那么理性活动也被爱所促动,被爱所保存,乐意为了所爱者的好处而努力。

早在教会初期,伟大的教父们就热情关注过爱与认识之间的关系。依肋内说:"人由自己不能看到天主。不过如果天主愿意,祂可以让自己被人看到。让谁看到,什么时候看到,怎么看到,都由天主决定。天主是全能的。……谁看到天主就是属于天主,就在天主的荣耀内。天主的荣耀使人活,所以那些看到天主的人就分享天主的生命。这样,无限和不可理解对于人成为可见的、可理解的、可接触的,使理解祂、看到祂的人们活。"②西比连认为

---

① De Spiritu et lettera, 36, 64; CSEL 60, 225.
② Adv. Haer IV, 20:5.

看到天主是真福人的喜乐泉源。① 看见就是祝福,就是爱。

4. 荣福直观在教会文献中

关于荣福直观最著名的澄清是本笃十二世 1336 年颁发的《赞美天主》(*Benedictus Deus*)。其中指出:"所有义人的灵魂……在死后,或者在接受清洁后……马上会靠本能而简单的直观清晰而鲜明地认识天主的本质,不需要任何造物中介。看到天主的时候就会欣赏天主。在直观中亡者的灵魂得到真正的幸福,获得永恒安息……不需要任何中介"。荣福直观使信德和希望都显得肤浅,而不再存在,爱却更加深刻,爱与直观持续不断,互相增强。荣福直观是直接的、永恒的,不需要中介。

但是,"不需要中介","直接看到天主",是什么意思?4 世纪时,亚略弟子尤诺米(Eunomio)提出所有造物对于天主的认识(包括天使、人、基督)都属于同一层次,都是有限的。这种观点与亚略反对基督完满的神性有关系。若望克里索斯托莫反对说,天使看不到天主的本质,而只有圣子和圣神才能够看到天主圣父的本质,人也看不到。造物只可以看到天主的光荣,而看不到天主的本质。戴多录(Teodoreo di Ciro)做了很多分析,认为旧约中谈人看到天主,只是看到天主的光荣。我们需要注意区分,天主的本质和天主的光荣。前者作为造物是根本绝对不可能看到的,而天主的荣耀是可以被看到的。

大格列高里教宗(540-604)反对戴多录(Teodoreo),而肯定天主的简单性。在那个简单纯粹而不变的本质中不存在一方面是属性,一方面是清晰,而祂的属性就是祂的清晰,清晰就是属性。但是托马斯以人的创造为基础,给出一个有意思的建议:既然人的灵魂是由天主直接创造的,如果人不能直接看到天主就不可能幸福,那么人应该直接看到天主。14 世纪在拜占庭传统这个问题重新热起来,帕拉玛的格列高里(Gregorio Palamas,1296-1359)是最重要的助推手。他强调天主本质的绝对不可见性。圣人和天使只能够享见由天主的本质散发的天主的荣耀。这荣耀是永恒的、非创造的,但不是天主的本质,而是天主的工程,天主的恩宠、荣耀和辉煌,由天主的本质发射

---

① Ep. 58:10.

给天使和圣人。他认为,天主的这种光荣在圣经中有不少展示,尤其是耶稣在大博尔山显圣容,这个事件是使徒们获得荣福直观的开始。但是大格列高里教宗批评这种观点影响天主的单纯性。1352年拜占庭教会官方宣告承认帕拉玛的格列高里的观点,但是拉丁教会1439年佛罗伦萨大公会议予以否定。目前仍然存在争议。

5. 关于荣福直观的神学

戴多录(Teodoreto)和帕拉马(Palamas)提出启示中天主的不可见性。怎么可能看到天主的本质呢?若望在福音序结尾说:没有任何人看到过天主(若1:18)。天主绝对的不可见性,这种理论在旧约中持续出现。梅瑟祈求天主让自己看到天主(出33:17-18),得到的回答是:"我的荣耀将闪耀在你面前,我要告诉你我的名字。……但是你不能看到我的容貌,因为没有任何人可以看到我之后仍然活着。"(出19-20)直接看到天主,人会被摧毁,如同人离太阳太近会融化,或者眼睛直接看太阳会失明。

旧约中其它地方也表现了渴望看到天主。约伯坚信在死后可以看到天主(约19:26;42:5)。圣咏17:15也提出此渴望,"愿我因我的正义能享见你的圣面,愿我醒来得能尽情欣赏你的慈颜。"人渴望看到天主的容貌,但是人绝对没有能力做到这一点。保禄也同样肯定,在弟铎前书6:15-16中说,天主的本质从来不能被造物看到,不论是天使,还是人,"唯一全能者,万王之王,万主之主,是那独享不死不灭,住于不可接近的光中,没有人看见过,也不能看见的天主"。许多神学家,尤其是拜占庭传统,坚持天主本质的绝对不可见性。

需要注意,不可能看到天主的原因是由于人是被造的。一些教父谈天主的不可见性是指单纯完全靠人的力量(Basilio, Didimo Alessandrino),或者对于天主的本质(Cirillo di Gerusalemme),或者纯粹以肉眼(Epifanio)。那么天主的不可见性到底是什么意思?

一方面,教会坚持,只有圣子化身成人,是圣子使圣父可见。另一方面,天主的不可见性是因为天主远远高于我们,完全超验,绝对独立于一切造物。祂是神,创造者,我们是人,被创造者。此外,被看见,在某种程度上意味着脆弱、被动,将使人对其有某种权力,甚至是对创造主。天主是不可见的,因为人永远不可以控制他的造主。但是天主因为祂的爱和慈悲而屈尊降卑使人可以看见,如果天主愿意。由于天主的超验性,是不可以被看到的,但是除非天主自己向人打开自己的奥秘,恩赐人能力使人看到祂(CCC1028)。那么,除非是完全来于天主的恩赐,超验的恩赐,使人分享天主的神性,人就永远不可能看到天主。恩赐人能够看到天主的恩宠是圣化恩宠的最高层次,教会称呼为"荣耀光芒" lumen gloriae.

1312 年维也纳大公会议宪章 Ad Nostrum qui 反对灵智派的一些运动,肯定灵魂需要荣耀之光才能够提升,看到天主,享受天主。灵智派著名的教义是灵魂自然地分享天主的本质。而大公会议肯定,灵魂与天主之间有紧密关系,但是荣福直观不是来于灵魂的自然属性,而是天主另外的特殊恩赐。这种照耀人、启蒙人的荣耀在圣经许多地方都有。圣咏 35：10:"你是生命泉源,在你的光辉中我们看到光。"若望在默示录中看到:"他的众仆要钦崇他,仰望他的容貌;他们的额上带着他的名字。"(22：4-5)

托马斯认为在这个世界上自然认识方式是通过理性,但是人被造的理性不够看到天主本质,这需要恩宠来增长认识力。在荣福直观中需要纯粹的超验恩赐,也就是荣耀光照。荣耀光照是天主在人的理性中永恒灌注的潜在能力,深刻地根植在人的理性中。荣耀光照不是像望远镜或者眼镜,从外面帮助人,而是内在地坚强人的认识能力,智慧的视觉,这内在的视觉使认识能力变得更加敏锐。[①]

四、天堂的永恒性

天堂的永恒性在圣经中得到一致承认,教会也一直强调天主许诺给人的完满幸福是永恒的。路加称呼之为"永恒的居所"(路 16：9),保禄称为"永恒的家"(格前 5：1)、"不腐朽的王权"(格前 9：25),伯多禄称为"不消失的荣耀王权"(伯一 5：4)。若望对于天堂永恒的论述更加丰富。那么"永恒"是什么意思?永生有没有生命的增长和缩减呢?世世代代的轮回?永恒单调的不变?

---

① Th. Iq. 12, a5.

亡者礼仪中唱:生命不是丢失了,而是转化了,这个流放世界的摧毁是为了准备天堂永远的居所。那么是怎么样的转化呢?我们对于增长或者衰减有很多方面的经验。树木的发芽、开花、结果、凋谢,人的出生、成长、死亡。天堂里是不是没有局限、无尽成长、不断的活力?……可以这样理解,分享天主的故有本性是进入天主的能动生命,但是不能认为永生有生命像这个世界一样的新陈代谢。如若望指出,永恒地分享天堂的生活与尘世世世代代的累积完全不一样。耶稣与撒马利亚妇女的谈话中,耶稣告诉她:"谁喝这水,仍然再渴,但是谁喝我赐的水,再不渴,甚至这水成为在永恒生命中喷涌的活泉"(若4∶13-14)。耶稣对比以色列在沙漠由玛纳养育的朝圣生命与吃他肉喝他血而拥有的永生生命,说:我是生命的面包,谁到我这里就不会再饥饿(若6∶27、34-35)。永生是无聊乏味的吗?耶稣回答:"任何人都不能夺取你们的喜乐"(若16∶23)。永远的生命拥有永远的新颖和惊奇,及蓬勃的生命力,而不会枯燥。只有死亡才是停滞不前。沿承这种方式,波爱修也肯定天堂的永恒,那是"完全地拥有生命,再不结束"。艾迪斯坦茵(St．Teresa Benedicta of the Cross, Edith Stein, 1891-1942)说得更加清楚:"我渴望的不只是无尽的延续,而是完全地拥有存在"。所以,永生对于现世是质的变化。

在天堂人没有机会赚功劳,人不是在朝圣路上,而是达到了终点,人也不再可能失去永生。这个世界上的成长仅仅是象征性的,也是不完美的记号,会有死亡、腐败。永生不是此生的改善,外在环境或者内在心理,而是在于分享天主三位一体内在丰满的生命。在永生,有无限的能动性,在不变的活天主生命泉源内找到固定的基础。

永恒来于荣福直观,这是人幸福的基础。

1. 人的自由与永恒生命

天堂里人是不是还拥有自由?获得天堂的人会不会再失去天堂?

奥力金(-253)否定天堂永恒。他联系了当时的新柏拉图哲学,不过在基督宗教内部很少见。可以概括为:天主,全能者,至善,不可能是静止不运动的,所以他自永恒就创造一切。起初他创造的一切精神体都是完全一样的,都围绕着圣言冥想。由于是自由的,其中很多犯罪了。物质世界的创造是为了惩罚犯罪的精神体天使,从此不同的造物出现了,大的小的好的次的,每一个都有罪。精神在物质中的存在(对人来说是灵魂在肉体内存在)主要目的是为了清洁。他相信灵魂先存。清洁后,灵魂再回到天堂。那些没有完全清洁好的灵魂,去地狱接受医疗性的、治愈性的最后清洁,通过火,那是圣言的光照亮。在世界末日,所有的都清洁好了,那时有最后的复活,是在超越的身体里,然后有全部的和好,包括人、天使和失落地狱的。和好后,人重新得到自由意志,仍然完全有能力重新在挑战前分离。不论是天堂还是地狱都不是永恒的。奥力金是第一个尝试组织一套系统介绍基督宗教人学、救恩论和末世论的。他的影响非常大。他的思想核心在于:天堂的永恒密切联系着人不犯罪。地狱的永恒也在于人没有能力忏悔。由此他的理论引出问题:有没有获得拯救的人再犯罪,堕落地狱?或者,有没有人厌倦天堂永恒生命?

　　托马斯认为,人的自由意志在于可以在众多可能性中做出选择。但是自由意志的客体、选择的对象——善,在尘世被看到的方式是有限度的,与本来不一样的,人所看到的没有完善的,不是善的本来面貌。所以人犯罪是非常可能的。在真福认识中,选择与天主相反的客体的可能性——犯罪,在人的意识中不只是可能的,而是更加清晰的。但是这种选择在见到天主的情况下事实上成为不可能的。那时人不通过中介,可以直接理解天主——一切造物之美善的创造者的本性,那时绝对没有能力选择特别喜欢哪些,因为人的美善不只是远远低于天主的,而且完全是从天主得来的。"天主本性就是善,所以任何希望看到祂本性的意志都不会被拒绝"。所以人是不可能抛弃所接受的真福视见的。人不可能丢下永生,所以从某种方面来说人是不自由的——"外在地""被灌注的"——不自由,因为人不愿意放弃永生。人被天主彻底吸引。人没有能力选择低级的善,放弃高级的绝对美善,美善泉源。而在地上,人没有能力做到,所以犯罪,原因就是没有直接面对面看到天主。天主,在人的伦理生命中,几乎总是通过某种特殊的善进入人的意识。

　　同时,托马斯指出奥力金的错误。天使,精神体造物,奥力金认为在堕落前都同样看到圣子,但是他又认为圣子不是真正地与圣父同体。因此,奥力金认为人不是看到整个宇宙善的真正泉源,所以有自由选择圣子,或者其它,寻求与圣言相似的比较低级的美善。因为看到的不是天主的本质,而是某种荣耀(非直接视见),所以可能选择离开天主。这是对圣子神性的否定。

2. 永生的永恒和完满

在永生中人同时达到更高的幸福和完美的自由。但是需要解释什么是自由。

人在世界上对于自由的寻求和行为是为了获得更高的选择能力。人意识到在世界上是找不到完美幸福的,因为有许多阻碍。但是人渴望着幸福,不愿意放弃。这种自由鼓励人努力争取,也促动人的心血来潮,盲目激情,也就是说使人反而成为自由的奴隶。而根据保禄和奥古斯丁的观点,自由是基督为我们赢得的(迦5:1),是我们的终点,一种状态。基督徒的自由在天堂才会得到,首先是:不是奴隶。实现真正的自己,所有的愿望,不再不安、焦虑、不耐烦,没有任何不满足。不安、焦虑是人在这个世界上寻求完满自由的明显记号。天堂里再也没有失落、遗憾,他所追求的一切,希望的一切都完美获得。或许在这个世界上的追求不很明白自己到底追求什么,不认识那个绝对善。人在天堂不再保持简单选择的自由-拒绝绝对美善,事实上达到了完满的自由,天主子荣耀内的自由,与圣神完满通融。(罗8:21)根据东方传统,有选择就没有自由,真正的自由是放弃有限的自己,彻底进入绝对美善,任圣神之风吹拂,随圣神之风而飘。争斗、分裂是选择造成的,是心的分裂。

涅槃(Nirvana)是一种很流行的观点。当人达到永生时"灰身灭智,捐形绝虑",达到常、恒、不老、不死、无垢、快乐。进入涅槃,一种精神混合状态,我们的能量散佚在永恒内,返回无意识,没有肉体,没有区别,没有对立,没有活力。关于永生恒久、固定的概念给人一个天堂形式唯一、单调乏味,一切都围绕着神,其它一切都失去特色。

这个难题让我们注意以下四点:永生的相对无限性、层次、能动性;永生中基督的角色;永生中其它造物的状态和角色;复活所产生的不同。这些问题都聚合于一点:永生是人最高的实现,获得所有的潜能、力量,不论是个人方面,还是人类集体方面。天堂不只是为了人的一个完满环境,而是人自己达到完满实现。

首先,即使在荣福直观中人也不可能完满理解天主。圣神的恩宠使人神化,使人可能直接看到天主,给人一个几乎无限高的尊严——人以某种方式分享天主的无限。但是这是一种半-无限的直观,是由于天主的恩赐,并不意味着人可能是无所不知的。那是直接、直觉的,如《赞美天主》(*Benedictus Deus*)所说。但是荣福直观中,人并不能完整地认识天主性,如果这样那人就是本质上成为天主了。人被创造的理性不可能完美拥抱无限丰富的天主而同时却不失去自己。根据学院派说法:人看到天主是全部,但不是完整。(Totus sed non totaliter)。Totus 因为天主的简单纯朴的。Non Totaliter 因为天主是无限丰富的,不可掌握的。

每一个人在永生中的享受也是不一样的,也就是直观不同。直观与个人在世界上的修行、功劳有一定的关系。

永恒生命的不同层次被路德否认,因为他不承认功劳有别。即使有不同,那是来于天主的意愿,而不是来于人的功劳。真福完全决定于天主,尽管天主给人特别的接受能力,或者说接受多或者少的能力。天主教更加强调人生历史生命的价值,此生的点点滴滴在永生中仍然有其重要性。那么玛窦福音关于不同时刻来劳动的工人的报酬是什么意思? 劳动时间不一样,报酬却一样。似乎报酬与劳动时间和多少无关。初看,永生似乎对所有的人都一样。对此教父们的观点有些争议。托马斯说:"共同的是客体,钱,也就是天主。不同的是个人欣赏、视见层次的不同。"钱是一样的,但是接受可以是不同层次的谦卑、感恩、爱。从而个人内在得到的也会不同。托马斯认为,谁爱多,享受荣耀光照也多,谁爱多就看到天主更完美,更加有福。

其次,永生是在基督荣耀内的永生,是分享荣耀基督的神性,是与基督同在。玛窦福音末世谈话中,耶稣"对那些在他右边的说:我父所祝福的,你们来吧!承受自创世以来,给你们预备了的国度吧! ……对那些在他左边的说:可咒骂的,离开我,到那给魔鬼和他的使者预备的永火里去吧!" (25:34-41)十字架上耶稣对右盗说:"我实在告诉你:今天你就要与我一同在乐园里。"(路23:43)更加详细的是若望福音。"在我父的家里,有许多住处。我去,原是为给你们预备地方;如不然,我早就告诉了你们。我去了,为你们预备了地方以后,我必再来接你们到我那里去,为的是我在那里,你们也在那里"(14:2-3)。保禄明确肯定永生是"在耶稣基督我们主内的永生"(罗6:23)。他对与基督同在朝思暮想:"我正夹在两者之间:我渴望求解脱而与基督同在一起;这实在是再好没有了;但存留在肉身内,对你们却十分重要。"(斐 1∶23-24)"因为在发命时,在总领天使呐喊和天主的号声响时,主要亲自由天降来,那些死于基督内的人先要复活,然后我们这些活着还存留的人,同时与他们一起要被提到云彩上,到空中迎接主;这样,我们就时常同主在一起。"(得前 4∶16-17)

那么还涉及一个问题,永生中诸圣之间是什么关系?其它造物在永生中有什么位置和角色?教会宪章 48 和 49 第一次特别介绍诸圣相通功,还有牧职宪章 18。教会认为,永生中不应该是人孤独生活,不只是个人与天主和基督同在,而应该也与整个人类,甚至整个造物,同在。

教会有三种状态:世界上朝圣的教会、炼狱中的教会、天堂的教会。已经经过并且离开这个世界的人们,他们常常回望着正在这个世界上跋涉在旅途中的人们,同样正在旅途中的人们也常常遥望过去的前人。旅途中的行者与已经到达目的地的人们之间有着密切的关系,这种关系我们称之为"诸圣相通"(communio sanctorum)。这个词汇首次出现是在 Nicetas of Remesiana 的作品中,4 世纪的时候在宗徒信经中引用。这个词原来是指圣物的共享,后来指人的共融与圣德的共通①。

天乡的圣人对于正在世界旅途上的朝圣者有双重功能:楷模和帮助。作为楷模,圣人是天主爱和光荣的彰显;作为帮助,通过圣人们所散发的爱的力量,并且通过他们的转祷,尘世旅人会得到扶持。尘世旅人和天乡圣人之间的关系可以是敬仰和祈求。对于诸圣的敬仰和祈求开始于 3 世纪,最初是对于殉道人、宗徒和先知,4 世纪后扩大到精修人、贞女和天使。敬拜基督与敬仰圣人是不一样的。敬仰圣人是为了光荣天主,是因为他们实现了天主的计划,而敬拜基督是敬拜基督本人,因为他是天主,是他造就了圣人。尘世旅人所以呼求圣人,表示旅途中的人与到达目的地的圣人同属于一个团体,一个"我们"。尘世旅人对于天乡圣人的呼求首先是为了打开旅人的心,是准备旅人的心灵。与炼灵的相通也是有共识。最早记载为亡者周年献弥撒的是德尔图良。所以天堂的教会和尘世的教会都可以为炼狱的教会祈祷,但是炼狱的教会是不是可以为尘世的教会祈祷则有争议,一般认为炼

---

① 参考 Pio XII,《基督奥体》;格前 12∶25;罗 12∶4;15∶3。

狱的教会不能为尘世的教会祈祷。

教父们认为诸圣共融的喜乐是永生基本的条件。西比连(Cipriano)说:"那种光荣、喜乐,是当我们被允许看到天主,与基督共享天主的临在、永恒的光明,问候亚当厄娃、亚巴郎、依撒格、雅格,所有的圣祖,使徒,先知,殉道者,享受义人和天主的所有朋友们的美善……我们遇到等候我们的先人,那么想看到我们的父母、兄弟姐妹、子女,所有那些已经获得不朽的亲人。他们欢迎我们,拥抱我们,那巨大的喜乐是我们的,也是他们的。"[①]安布罗斯说:"永生本质性的一点是在爱内合一。"奥古斯丁介绍他的天主之城是:"与天使一起,所有的圣人,愉快地生活。"天堂是与基督,与所有相爱的人,所有造物,共聚的盛大节日。圣经说,天堂是盛宴(玛22:1-14),有丰富的食物(玛22:4)、饮料(若2:1-11),充满光明(玛22:13),享见天主(玛22:3;4:7-10)。

诸圣的共融 SANCTORUM 有两种意义:人的共融与圣德的共通;神圣事物(SANCTA)的共享。包括与所有造物、"圣人们"(SANCTI)之间的共享。"横向"的相互分享、团结,是建基在另一种"垂直"的共融上,借着信仰、希望和爱三超德生活在天父借着基督在圣神内与他们的关系中。若望福音记载耶稣在最后的晚餐中曾经向天主圣父祈祷说:"我不但为他们祈求,而且也为那些因他们的话而信从我的人祈求。愿众人都合而为一!父啊!愿他们在我们内合而为一,就如你在我内,我在你内,为叫世界相信是你派遣了我。我将你赐给我的光荣赐给了他们,为叫他们合而为一,就如我们原为一体一样。我在他们内,你在我内,使他们完全合而为一,为叫世界知道是你派遣了我,并且你爱了他们,如爱了我一样。父啊!你所赐给我的人,我愿我在那里,他们也同我在一起,使他们享见你所赐给我的光荣,因为你在创世之前,就爱了我。公义的父啊!世界没有认识你,我却认识了你,这些人也知道是你派遣了我。我已将你的名宣示给他们了,我还要宣示,好使你爱我的爱,在他们内,我也在他们内。"(17:20-26)若望一书中也说:"我们将所见所闻的传报给你们,为使你们也同我们相通;原来我们是同父和祂的子耶稣基督相通的。"(1:3)

---

① Ep. 56-58.

在天堂是爱的世界,爱产生共融、相通。可能有人认为应该更爱天主相对于造物,那么在天堂如果太爱天主,完全爱天主,或许就不能爱别人了。但是,在天堂实际上是既爱天主,又以同样的爱爱别人,因为天主的爱和爱天主而使人与人之间更加互爱。爱的能力由于天主恩宠和仁爱在我们心中的灌注,而无限增长。"当你爱时,从来不会爱得足够。人心的膨胀系数是无限大的。当爱的时候,情感的增长会无限扩展,超越一切障碍。如果你爱天主,就不会有任何造物不是在你的心内"。①

托马斯认为荣福直观中,"人看到天主的本质,以及所有在天主内的一切,本来的事实的天主,认识着天主,也认识一切的一切"。② 通过荣福直观人将真正地认识一切,并与天主同爱。人真诚的爱不会因为直观而受阻碍,或者被摧毁,而只是被清洁,更加明澈,更加拥有爱。托马斯还谈到在美善造物内的喜乐也属于永生的一部分享受③,所以共融不只是包括人与人的爱,也包括万物。若瑟玛丽亚(Josemaria Escriva)说:"死后,将会被爱所接纳。在天主的爱内我们获得所有在世界上希望过的明澈的爱。"④

进入天堂的每一个人都是复活后的,各自不同,而都美丽。人的复活是被吸引于基督圣言,融于圣神,天主完美地临在一切内,基督的祈祷得到实现:"我在他们内,你在我内,因为我们完美合一"(若17:23)。人类团体的最终实现与个人的完全实现同样重要,因为没有团体的完全实现就不会有个人的完全实现。反之亦然。也就是说,直到世界末日,人不会有完美的与基督的合一,因为只有死者复活基督才会完全地属于所有造物的头——理性、心灵,"一切都在基督内"(迦3:28)。只有复活后人才会成为完美的,不论是个人还是团体。

对于天主来说,复活后并不是人最后的完美,永远不会;但是对于人来说,是完美的,是彻底的发展。一旦人是完美的,永生就是完美的。类推地说,个人仍然处于不完美状态时,就没有能力完全享受、认识天主。严格地说,没有复活的人还不是真正意义上的人,还没有得到完全实现的自己,所

---

① Josemaria Escariva, Via Crucis, Milano, 1981, p. 76.
② Th. ,I. , q. 12, a. 9,c.
③ Th. I. q. 95.
④ Amici di Dio, Milano, 1982, n. 221.

以没有能力完全充分享受天主的救恩。……由于人自然的愿望是朝向幸福，所以终极的幸福是寻求幸福的主体的完善。如果一个人还没有完善，就不可能拥有终极幸福，因为他所渴望的还没有完全获得。灵魂与肉体的分开，在某种程度上是不完善的，不完整……所以，灵魂和肉体还没有在复活后重新合一之前，人是不可能拥有真福的。① 奥古斯丁说："渴望统治身体的欲望是灵魂的本质属性之一……直到灵魂能够完全统治肉体的时候，二者才会完全合一。"

天 国

一、天国临近了

天国，是耶稣的用语。"时期已满，天国临近了；你们要悔改，相信福音"（谷1：15）；"我们在天上的父亲，愿你的名字受显扬，愿你的国来临"，这是耶稣亲自教导他弟子们的祈祷。天国指天主的意志承行，强调与天主的关系。

耶稣基督，他为人间带来前所未有的喜讯，让人心花怒放；他医治疾病、驱逐魔鬼，让人身心健康；他平息风浪、增加鱼饼，让人与大自然和谐互助。他宣告："上主的神临于我身上，因为他给我傅了油，派遣我向贫穷人传报喜讯，向俘虏宣告释放，向盲者宣告复明，使受压迫者获得自由，宣布上主的恩慈之年。"（路4：18-19）曾经多少人渴望看到他，多少人渴望听到他的福音，历史终于等到了这一天。"我实在告诉你们：有许多先知和义人，想看你们所看见的，而没有看到；想听你们所听见的，而没有听到。"（玛13：17）孔子、老子、释迦牟尼、柏拉图、亚里士多德、犹太教众先知，普遍的准备，终于迎来了默西亚。

"这个王国以基督的话语、行为和他的临在清楚地彰显给了人们。"（LG

---

① De Potentia, p. 5.

5)基督耶稣,他的话语、行为和他本人的临在就是天国,天国来临了,但是人们对他的认识和接纳还需要时日,把他的要求生活出来、彰显在我们的生命中,还要很长时期。主的话语犹如播种在田地里的种子,谁以信德聆听,并且参与基督的小小羊群,就是接受了天主的国。种子因其自身的德能会发芽、成长,直到收获的季节。耶稣的奇迹也证明天国已经来到地上:"如果我以天主的手指驱魔,显然天国已经来到你们中间"。他养育人类、飞鸟走兽和花草树木(玛6:24-34),风浪听从他、海洋服从他,魔鬼从他面前逃窜(玛8:23-34);他来到人间,与人类共同生活(玛1:23),医治人的各种疾病(玛8:1-4,9:18-23),复活死人、赦免罪过,成为人民的救主(路2:10-11),在末日他还要为每一个人带来正义(玛25),把义人带入永恒的国度(玛25:34)。不过首先,"天国在基督、天主子、人子身上彰显,他来到世界是为了服务,为了付出自己的生命拯救众人。"(LG 5)他的话语将如阳光雨露、如和风沃土,养育心灵、丰沃生命,在人内种植天国。他的奇迹将陪伴着他的团体,披荆斩棘所向披靡,一切邪恶势力都终将落荒而逃。而天国的基础是耶稣基督,他本人。他的临在带来天国的实现。他的临在就是天国。这不只是表现在他物理性的身体的临在,而也在于他所彰显的圣神的力量。

二、圣经中的天国

"天国"这个词汇是用来与尘世的王国权力相对而用的,尤其是当时的罗马帝国。天国由天主治理,以爱为法律。在教会传统上天国常常与天堂通用。称天堂时,字面意思即天上的相聚之所,很多宗教信仰认为人死后的生命形式将存在的处所。天国,希腊文是 Basileia,指王权、至高权力、统治。因此天国是指天主的权柄、天主的旨意所统治的国度,在圣经中含有三层意义:1.个人层面。听从天主的旨意,恪守天道,尊主为王,作天主所喜悦的人,心属天主。2.教会层面。指天主的教会,由天主统治,彰显天主的智慧、权能与荣耀(谷13:24、31、44)。3.末世层面。主耶稣末日再临时,得救之义人要居住之处,也就是选民将来要去的永生国度(玛8:11),这是基督徒所盼望最美好的归宿。

"天国"在新约中出现了100次,主要是在对观福音书中,也称为"天主的统治"。玛窦喜欢用"天上的国"(*basileia tōn ouranōn*),路加和马尔谷多用"天主的国"(*Basileia tou Theou*)。但是玛窦福音取材于 Q 泉源和马尔谷福音,那么他采用天上的国一词可能是为了适应他的听众犹太人不直接称呼天主圣名的传统。若望是用"永生"、"新天新地",保禄用"新创造"、"救恩"、"正义"、"恩宠"、"荣耀",都是以不同的方式表达天国所包含的意义。

犹太传统中,天上的国指与天主的密切关系,听从天主的教导,遵守天主的法律,而达到的精神自由和物质丰盈。达尼尔书中指终结人类世界国度的天主统治的国度:"至高者的圣民要承受王国,永远占有,直至万世万代"(7:18)。依撒意亚书中认为天国是以熙雍山为中心的默西亚的和平国度,它属于万民。在许多比喻中耶稣尝试向人们解释这个天国是怎么样的。比如玛窦福音中播种的比喻:"看,有个撒种的出去撒种;他撒种的时候,有的落在路旁,飞鸟来把它吃了。有的落在石头地里,那里没有多少土壤,因为所有的土壤不深,即刻发了芽;但太阳一出来,就被晒焦;又因为没有根,就枯干了。有的落在荆棘中,荆棘长起来,便把它们窒息了。有的落在好地里,就结了实:有一百倍的,有六十倍的,有三十倍的。有耳的,听吧!"(13:1-9)芥子的比喻:"天国好像一粒芥子,人把它撒在自己的田里。它固然是各样种子里最小的,但当它长起来,却比各种蔬菜都大,竟成了树,甚至天上的飞鸟飞来,在它的枝上栖息"(13:31-32)。酵母的比喻:"天国好像酵母,女人取来藏在三斗面里,直到全部发了酵。"(13:33-35)藏起来的财宝、珍贵的珍珠、撒网的比喻:"天国好像是藏在地里的宝贝;人找到了,就把它藏起来,高兴地去卖掉他所有的一切,买了那块地。天国又好像一个寻找完美珍珠的商人;他一找到一颗宝贵的珍珠,就去,卖掉他所有的一切,买了它。天国又好像撒在海里的网,网罗各种的鱼。网一满了,人就拉上岸来,坐下,拣好的,放在器皿里;坏的,扔在外面。"(3:44-50)而且《宗徒大事录》说耶稣在受难及复活后,在世界上又停留了四十天,为了向弟子们讲论天国:"他受难以后,用了许多凭据向他们显明自己还活着,四十天之久发显给他们,讲论天国"。耶稣亲自教导的基督徒最重要的祈祷也是祈求天国来临:"我们在天上的父亲,愿你的名受颂扬,愿你的国来临,愿你的旨意奉行在人间如同在天上。"(玛 6:9-10;路 11:2)

天国里的荣美超越世界万物,我们现在所掌握的语言所理解的概念没有能力描述她,那里"不坏、无瑕、不朽"(伯前1:4),"高贵且常存"(希10:34),"再也没有死亡,再也没有悲伤,没有哀号,没有苦楚"(默21:4;7:13-17;路20:36),"没有不安定"(希12:28)。那里没有罪恶(若一3:5-6),"没有不洁和撒谎"(默21:27),"没有阴暗"(默22:5)。那里有"不可接近的光"(弟前6:15),在那里我们都相似于天主(若一3:2),像天主那样灿烂,美丽荣耀发光如同太阳(玛13:43)。

三、进入天国的条件

"我实在告诉你们:你们若不变成如同小孩子一样,决不能进天国"(玛18:3;参考谷10:14-15;格前14:20;伯前2:2)。这要求人像小孩子一样纯洁、谦卑、完全信任。"我实实在在告诉你:人除非由水和圣神而生,不能进天主的国"(若3:5)。进入天国是心灵属于天主,爱慕天主,被圣神所浇灌。"不是凡向我说:'主啊!主啊!'的人,就能进入天国;而是那承行我在天之父旨意的人,才能进天国"(玛7:21);"我告诉你们:除非你们的义德超过经师和法利塞人的义德,你们决进不了天国"(玛5:20);"你们先该寻求天主的国和它的义德,这一切自会加给你们"(玛6:7)。要求人爱主爱人承行主旨,实践爱德。"天国是以猛力夺取的,以猛力夺取的人,就攫取了它"(玛11:12)。进入天国需要努力争取。

获得天国需要良好的道德规范,保禄指出:"本性私欲的作为是显而易见的:即淫乱、不洁、放荡、崇拜偶像、施行邪法、仇恨、竞争、嫉妒、忿怒、争吵、不睦、分党、妒恨、醉酒、宴乐以及凶杀,等等与这些相类似的事。我以前劝戒过你们,如今再说一次:做这种事的人,决不能承受天主的国"(迦5:19-20)。"你们岂不知道,不义的人不得承继天主的国吗?你们不要自欺:无论是淫荡的、或拜偶像的、犯奸淫的、作娈童的、好男色的、偷窃的、贪婪的、酗酒的、辱骂人的、勒索人的,都不能承继天主的国"(格前6:9-10)。"其实天主的国并不在于吃喝,而在于义德、平安以及在圣神内的喜乐;凡是按这原则事奉基督的,才为天主所喜悦,为众人所称许;所以我们该追求平安的事,以及彼此建立的事"(罗14:17-19)。

相信耶稣基督是道路、真理与生命,是得救的必要条件:"除他以外,无论凭谁,决无救援,因为在天下人间,没有赐下别的名字,使我们赖以得救的。"(宗4:12)进入天国要求时刻警醒,意识到对天国的期待,时刻准备好迎接救主,如同拿着油灯的侍女:"天国好比十个童女,拿着自己的灯,出去迎接新郎。她们中五个是糊涂的,五个是明智的。糊涂的拿了灯,却没有随身带油;明智的拿了灯,并且在壶里带了油。因为新郎迟延,她们都打盹睡着了。半夜有人喊说:新郎来了,你们出来迎接吧!那些童女遂都起来,装备她们的灯。糊涂的对明智的说:把你们的油,分些给我们吧!因为我们的灯快要灭了!明智的答说:怕为我们和你们都不够,更好你们到卖油的那里去,为自己买吧!她们去买的时候,新郎到了,那准备好了的,就同他进去,共赴婚宴;门遂关上了。末后,其余的童女也来了,说:主啊!主啊!给我们开门吧!他却答说:我实在告诉你们:我不认识你们。所以,你们该醒寤,因为你们不知道那日子,也不知道那时辰。"(玛25:2-13)

为争取天国还要求我们为其来临积极努力,担负起天主赋予我们对于这个世界的责任,作兢兢业业的仆人而不是懒惰懈怠的仆人,如玛窦福音中讲的比喻:"天国如一个要远行的人,将自己的仆人叫来,把财产托付给他们:按照他们的才能,一个给了五个'塔冷通',一个给了二个,一个给了一个;然后动身走了。那领了五个'塔冷通'的,立刻去用来营业,另外赚了五个。同样,那领了两个的,也赚了另外两个。但是,那领了一个的,却去掘开地,把主人的银子藏了。过了多时,仆人的主人回来了,便与他们算账。那领了五个'塔冷通'的上前来,呈上另外五个'塔冷通'说:主啊!你曾交给我五个'塔冷通',看,我赚了另外五个'塔冷通'。主人对他说:好!善良忠信的仆人,你既在少许事上忠信,我必委派你管理许多大事:进入你主人的福乐吧?那领了二个'塔冷通'的也前来说:主啊!你曾交给我两个'塔冷通',看!我赚了另外两个'塔冷通'。主人对他说:好!善良忠信的仆人,你既在少许事上忠信,我必委派你管理许多大事:进入你主人的福乐吧!随后,那领了一个'塔冷通'的也前来说:主啊!我原知道你是个刻薄的人,在你没有下种的地方收割,在你没有散布的地方聚敛。因为我害怕,所以我去把你的'塔冷通'藏在地下;看!你的仍还给你。主人回答说:可恶懒惰的仆人!你既知道:我在没有下种的地方收割,在没有散布的地方聚敛;那么,你就该把我的银子,交给钱庄里的人,待我回来时,把我的连本带利取回。所以,你们把这个'塔冷通'从他手中夺过来,给那有了十个'塔冷通'的,因为凡是有的,还要给他,叫他富裕;那没有的,连他所有的,也要由他手中夺去。至于这无用的仆人,你们把他丢在外面的黑暗中,在那里必有哀号和切齿。"(玛25:14-30)

进入天国的标准是爱,所以人与人要彼此照顾,尤其是照顾弱小的兄弟姐妹,以爱心服务社会:"当人子在自己的光荣中,与众天使一同降来时,那时,他要坐在光荣的宝座上,一切的民族,都要聚在他面前;他要把他们彼此分开,如同牧人分开绵羊和山羊一样:把绵羊放在自己的右边,山羊在左边。那时,君王要对那些在他右边的说:我父所祝福的,你们来吧!承受自创世以来,给你们预备了的国度吧!因为我饿了,你们给了我吃的;我渴了,你们给了我喝的;我作客,你们收留了我;我赤身露体,你们给了我穿的;我患病,你们看顾了我;我在监里,你们来探望了我。那时,义人回答他说:主啊!我们什么时候见了你饥饿而供养了你,或口渴而给了你喝的?我们什么时候见了你作客,而收留了你,或赤身露体而给了你穿的?我们什么时候见你患病,或在监里而来探望过你?君王便回答他们说:我实在告诉你们:凡你们对我这些最小兄弟中的一个所做的,就是对我做的。然后他又对那些在他左边的说:可咒骂的,离开我,到那给魔鬼和他的使者预备的永火里去吧!因为我饿了,你们没有给我吃的;我渴了,你们没有给我喝的;我作客,你们没有收留我;我赤身露身,你们没有给我穿的;我患病或在监里,你们没有来探望我。那时,他们也要回答说:主啊!我们几时见了你饥饿,或口渴,或作客,或赤身露体,或有病,或坐监,而我们没有给你效劳?那时君王回答他们说:我实在告诉你们:凡你们没有给这些最小中的一个做的,便是没有给我做。这些人要进入永罚,而那些义人却要进入永生。"(玛25:31-46)

天国的法律是爱,耶稣山中圣训给出了天国爱的法律的解读,其总纲是爱:"你应全心、全灵、全意,爱上主你的天主。这是最大也是第一条诫命。第二条与此相似:你应当爱近人如你自己。全部法律和先知,都系于这两条诫命。(玛22:36-40)天国在不断成长、发展,整个创造都跟随我们每一个人爱的成长而处于成全的路上,日日更新。天国已经开始,她的威力已经在发挥作用。耶稣基督在个人生命和社会中的临在就是天国实现的保证。天国不属于变易的尘世,而是属于人的内心,被天主的手指所触动,成为天主的儿女。人可以进入天国,分享天主的荣耀,当他成为天主的儿女时。人靠着自己对天主的爱和天主关于爱的命令所回答的"是"或者"不",而得到自己的时间,但是人不是建设天国的主角,而是当我们面对天主成为天主的儿女时,人就实现自己所是,进入天国。天国不在山上、不在城市、不在月球,谁的心中拥有基督,天国就在这里。天国里,人完美发展,各种关系和谐愉快,人具有充分的认识力,处处充满圣神。

四、天国与教会

"他们聚集的时候,就问耶稣说:'主,是此时要给以色列复兴国家吗?'他回答说:'父以自己的权柄所定的时候和日期,不是你们应当知道的;但当圣神降临于你们身上时,你们将充满圣神的德能,要在耶路撒冷及全犹太和撒玛黎雅,并直到地极,为我作证人。'"(宗1:6-8)虽然升天而去的基督没有马上从天而降再次来临,但是天国却在呈现,那是在圣神的护慰下的呈现,是圣神力量的彰显。不仅征兆和奇迹越来越多,人和社会都在因此而发生变化。

《教会宪章》指出:"当耶稣,为了人类而死在十字架上,并且复活以后,见证了他是主、默西亚和永恒的大司祭,他还把圣父所许诺的圣神丰沛地赐予他的弟子们。因此,教会是由她的创建者的恩赐所塑造的,忠诚地遵行着他关于仁爱、谦卑和忘我的训导,接受了在万民中宣告和建设基督天主之国的使命,并成为天国的种子和开端。在逐渐成长的同时,她渴望着完美的天国,以她所有的力量期盼、渴慕与其君王在荣耀中的合一。"(LG 5)

教会从基督那里接受了建设天国的使命,但是教会不等同于天国,她只是天国的开始和种子。天国是动态的,在基督二次来临时达到成熟和圆满。教会被称为"携带救恩的人民"。天国可能一时微小如同芥子,但是她会成长为大树,成为飞鸟的乐园、众人的庇荫;她会在人心内发芽、结果,充满这个人的精神,如同孟子说的四善根的成长。事实上,天国首先是成长于人心。在道成肉身和基督二次来临之间,教会在人类中和宇宙中的正确位置:不是天国的完成,而是救恩的圣事,是救恩的记号和工具。这也就是教会在人类历史中的使命。教会如同光明在世界内,有责任和义务对整个社会发言,以基督真光照亮它、引导它。教会在第1世纪非常关注全人类和整个创造的完满未来,这个未来由基督所肇始。比如罗马的克来孟、巴尔纳伯等。后来这个倾向被对于个人命运的关注所代替。一直到20世纪,教会才重新关注全人类的共同命运,以普世的得救为己任。但是教会并不是一个批评组织,解剖每一个时代的社会形式并不是教会的本职工作,提供经济、政治或者社会方案也不属于教会的本分。

教会的使命是宣讲福音,根据福音的教导服务于世界;同时世界促使教会重新反省福音,不断地更新自己,在接受新价值的同时发展自己的普世大公性。如《牧职宪章》:"教会一方面帮助世界,一方面接受世界的帮助。教会的唯一宗旨是天国临在于大地,使人类得救。凡天主子民,在这世界的旅途上,所能提供给人类大家庭的好处,都出于一点,这就是教会是'拯救普世的圣事',揭示并且执行着天主爱人的奥迹。万有藉以受造的天主圣言,曾经降世成人,成为一个完人,为救赎人类,并为将万物总汇于自身内。基督是人类历史的终向、历史及文明所有的愿望,皆集中在祂身上,祂是人类的中心、人心的喜乐及其愿望的满全。"(45)

教会不是为了自己而存在,她存在是为了世界,为了将救恩带入世界,实现救恩,达到天国的完满。教会在世界上是记号和工具,通过她,在她内,一切造物得到自己的意义,实现自己,荣耀造主。她存在的意义恰是为造物指出"意义"。教会有认识和拥抱天主计划、天主恩宠的慧眼,因为她拥有"圣神"。教会的使命是在世界内,为了世界:使人们成为天主的子民,救世主的奥体,圣神的宫殿,帮助世界朝向天主的和平国度成长。那是一个听从天主圣言的人民、是一个因基督圣体而团聚在一起的团体、那里拥有圣神也彰显圣神的德能。教会在自己内存在,但是不是为了自己而存在;教会所开启的是天国,天国却不是一个地方,而是耶稣基督,因为天主通过他在世界上行动,他是圣神的派遣者,是世界的圣神之泉源。哪里有圣神,那里就是天国,因为圣神带来基督的临在和彰显,带来天国的荣耀。因为圣神是爱。

千禧年

末世论中辩论最激烈、最迫切,与现实生活联系最密切的一个问题就是千禧年。希腊文 Chiliasmus,拉丁文 Millennarismus。通俗用语可以是默西亚主义 Messianismus。在犹太传统中来于犹太经外文学和拉比文学。

欧洲大陆多用希腊文,而英美文献中倾向于拉丁文。美国还分为前千禧年和后千禧年主义。前千禧年主义认为这个国度是在基督二次来临之后。后千禧年主义认为这个国度是在历史中的,发生在基督二次来临之前。

天主教、东正教和主流新教都在教义上摒弃千禧年,但是千禧年主义在许多各种小团体中滋生,在政治中繁衍。

一、千禧年观点的历史

千禧年来于对默示录 20∶1-6 的字面解读。其中若望说:"我看见一位天使从天降下,手持深渊的钥匙和一条大锁链。他捉住了那龙,那古蛇,就是魔鬼——撒殚,把它捆起来,共一千年之久;将它抛到深渊里,关起来,加上封条,免得它再迷惑万民,直到满了一千年,此后应该释放它一个短时辰。我又看见一些宝座,有些人在上面坐着,赐给了他们审判的权柄,他们就是那些为给耶稣作证,并为了天主的话被斩首之人的灵魂;还有那些没有朝拜那兽,也没有朝拜兽像,并在自己的额上或手上也没有接受它印号的人,都活了过来,同基督一起为王一千年。这是第一次复活。其余的死者没有活过来,直到那一千年满了。于第一次复活有分的人是有福的,是圣洁的。第二次的死亡对这些人无能为力;他们将作天主和基督的司祭,并同他一起为王一千年。"对这一段文字的字面解释,导致一些古教父区分第一次和第二次复活,并且相信有一间插的千禧年王国。有些人以物质的方式来描绘这个未来世纪的福乐。帕皮亚与依肋内就有这样的想法。犹斯丁和德尔图良虽然也提起过这种观点,但避免夸大物质成分,而更加重视其精神内含。奥古斯丁早期也曾对这种见解有兴趣,后来他把第一次复活解读为洗礼圣事,而魔鬼被束缚一千年指教会时期,恶势力因教会所携带的救恩被束缚,至于一千只是个圣经神学数目;第二次复活则指基督再来带来的复活。在某种程度上奥古斯丁将教会与天国视为同一。

当宗教迫害终止,罗马帝国接受基督信仰为国教的时候,随着逼近的天国从希望中撤离,随时末世论得到广泛接受,千禧年主义学说在早期教会中很快地销声匿迹。人们逐渐习惯了教会目前的工作,君士坦丁把东罗马帝国视为千年国,在西罗马也认为教会就是天国,包括奥古斯丁。人们普遍地对教会的观念由未来转移到现在,在现今的基督徒世代寻求千禧年国。

在中古世纪千年国的说法,一般都被认为是异端。偶有关于千年国的谈论,但没有影响力。在第 10 世纪中有一种对世界末日普遍的期待,但却并没有对于千年国的盼望。在此后数世纪中教会艺术往往从末世论取得题材,比如:忿怒之日的诗歌(Dies Irae)描写即将来到之审判的恐怖;画家比如米开朗基罗也描绘到世界末日的情景;但丁的神曲(Divina Comoedia)如栩如生描写地狱。

在宗教改革时期千年国教义为正统抗议宗教会所拒绝,但在一些其他非正统派别中死灰复燃,即如比较狂热的重洗派,以及第五国人(Fifth Monarchy Men)派。路德痛斥在最后审判前有一基督国属地的"梦想"。

在 17 世纪中期,再次有千禧年国的主张出露头角,虽然大多数神学家反对在地上有可见的基督作王一千年的概念,但是很多人赞成属灵千年国的观念。他们认为在世界末日与基督耶稣再来之前,将有一个时期,在此时期中基督将有属灵的临在并为人所普遍经历,那时全世界的属灵大复兴就要来到;到那时耶稣基督的国将成为平安公义之国。这就是与前千禧年主义有别的后千禧年主义的早期形式。安息日会,摩门教,耶和华见证都如此热切盼望。1800 到 1820 年间从符腾堡迁居到俄国的人超过 200 万,他们为了在高加索一带寻找世界毁灭时的隐身处,期待就要来临的救主。1817 年弟兄会迁移,使图宾根一带的村庄成为空地,也是为了这个期待。

在 18、19 世纪当中,千年国的教义在某些团体中又盛行起来。为本格尔学派(School of Bengel)所支持,晚近则为尔郎恩(Erlangen)所支持。跟从者很多。至于世界最后事件发生的次序,以及千禧年国实际的状况,在千禧年各派中意见很悬殊。首先是关于基督再来的确定时间难以把握,他们都认为基督再来的时间是迫切的,或者算定某一个时间,但是到目前为止这些估算都没有兑现。

千禧年的信仰到目前为止虽然仍然传布广远,特别是在美国,认为基督再来后在地上将有一众目所睹的暂时国度,但是在神学上并不被接受。有些派别期待一个新的社会秩序,"在此新的社会秩序中,基督的律法将要盛行,而平安、公义,以及现在属灵势力的蓬勃,就是此新秩序的结果。"然而到目前为止,千年国的教义向来没有在任何正统教会的信条中具体化,也不是教会的教理。

二、千禧年主义在今天

达尼尔书二章,尼布甲尼撒的梦,深刻地影响了欧美政治理想。另外一个基督三来临的古老教义:在肉体中来临、在圣神中来临、在荣耀中来临——自然、恩宠、荣耀中来临,也影响深远。关于天主七天创造世界,而把历史阶段以七千年划分也是很流行的观点,那么第七个千年就是喜年。耶稣前有两个两千年,耶稣后有一个两千年,那么随后是第七个千年。

事实上,神圣罗马帝国瓦解后,宗教上变相的民族主义存在于几乎所有的欧洲民族中。希特勒的政治默西亚主义和他的千年国也是这个理念可怕的德国版缩影。19 世纪千禧年梦想也随着 20 世纪上半叶二次世界大战和奥兹威辛而恐怖地破灭。美国,从最早的移民开始,美国的政治就受到默西亚式信仰的影响,建设一个理想世界是美国人执著的梦想。威尔逊总统说:"美国拥有无限的特权,去实现它的使命,并解救世界。"约翰·肯尼迪和约翰逊以先人的默西亚信仰起誓。尼克松保证:"为了改变世界并且赢得自由而战,我们带着十字架热情的信仰必须实现。"罗斯福提出:"为民主拯救世界。"1813 年约翰·亚当斯写信给托马斯·杰弗逊:"我们纯洁的、具有美德的、具有公众精神的联邦共和国将会存到永远,治理全球,并引进人的完美。"美国具有明确的默西亚身份意识,他们自认是蒙天主拣选的民族,自己就是新世界。①

---

① E. Lee Tuveson, Redeemer Nation, The Idea of America's Millennial Role, Chicago, 1968.

贰　地狱

一、真的有地狱吗？地狱里有很多人吗？

地狱，不是基督信仰中的核心教导，但仍然是一项基本要素，而且是最棘手的问题。天主是爱，祂创造了生命，祂祝福了造物，所以祂愿意所有的人得救，与祂共融，可是，却有人处于受折磨的状态，而且可能是永恒的，这与天主的美善相互矛盾。一个永恒的地狱让人产生疑问，尤其是在现代人的思想中。圣女小德兰和西耶纳的凯瑟琳都曾经为地狱的永恒而疑惑。凯瑟琳祈祷说："主啊，我怎么能够忍受按照天主你的肖像所造的人中，即使一个，与我相似的人，从你的手中逃逸而失落呢？在任何情况下，我都不愿意在本性上、恩宠上同我一样出生的兄弟姐妹中，哪怕只有一个丧亡。如果你的真理、正义允许，我情愿希望地狱被摧毁，至少没有任何一个灵魂下降到那里。如果，你的慈悲允许，我情愿把自己放在地狱门口，以阻挡有人可能进去。这将是我非常高兴的事情，因为这样就可以救了我所有的近人。"丹麦哲学家克尔凯郭尔说，"我确实相信不是我，而是别人更加容易进入那真福的未来。我不能对别人说：你将永远丧失。有一件事对我来说确实是可靠的，就是众人都将获得真福，这已经够了；只是对我而言，获得真福是件侥幸的事情"。[①] 巴尔塔萨也轰动性地提出：我们可以希望地狱是空的！[②]

根据卡尔拉纳的看法，地狱观念是很严肃的，它提醒人注意，在一生中对自由权的使用上存在着危险。地狱是否存在并不是在天主的仁慈与天主的公义之间有什么冲突，而是天主的仁慈与人的自由权之间的冲突。人的

[①] V. Balthasar, Espérer pour tous, 1987, Paris, p. 77.

[②] Balthasar, Hans Urs von. Dare we hope: "that all men be saved"? with a short discourse on hell. San Francisco: Ignatius Press, 1988.

Pitstick, Alyssa Lyra. Light in Darkness: Hans Urs von Balthasar and the Catholic doctrine of Christ´s descent into Hell. Grand Rapids, Mich.: William B. Eerdmans Pub. Co., 2007.

自由权是个奥秘,女哲学家埃迪特·施坦茵写到:"决定灵魂命运的是灵魂自己。人的自由权所构成的大奥秘,连天主在它面前也得止步"。①

二、什么是地狱

几乎所有的宗教都承认有一个地方,人要为自己的罪恶付出代价,暂时的或者永远的。希腊人称 Ade-这个世界的下面。那是一个阴暗的地方,在水下,恐怖可怕,隔绝任何与神祇的来往。而 Sheol 是犹太人的称呼,可以称为阴府,与 Ade 相似,但有二点不同。Sheol 不是物理上的;所有死去的人都得去,好人坏人,皇帝乞丐,奴隶主人。在那里人仍然幸存,但是与天主隔离,没有情感、没有痛苦、没有幸福、没有爱和恨,昏昏沉睡,处于半生命状态,不过亲近的人彼此认识。比如约伯 7:9;10:21;14:7-22;16:22。不过先知中岳厄尔 32:22;依撒意亚 14:15,试图改变这种看法,认为那里分很多层次,恶人在 Sheol 的底层,而善人在高层。圣咏 15:48、72 寻求天主对于这里的人的拯救。智慧书认为恶人会永远在 Sheol(4:19),善人在亚巴郎怀里(智慧 5:3-13;路 16:22)。旧约后期对 Sheol 的观点逐渐改变,那里不再是一个中性的、对所有人都一样的状态,而是一种惩罚的状态。

地狱一词来自希腊文 Gehenna,这词又是源自希伯来文的 Ghinnm,更加具体地说,是 Hinnom(耶 7:31;19:4-7),是耶路撒冷旁边一个山谷,古代人们在那里给巴尔神 Baal 奉献人祭。Hinnom 是那个山谷的名字,意思是呻吟。新约中用 Gehenna 指尸体被焚烧的地方,也被描写为有切齿和哀号的地方(谷 9:42-48;玛 5:29;7:12)。耶稣曾经在讲解最后的审判时说:"当人子在自己的光荣中,与众天使一同降来时,那时,他要坐在光荣的宝座上,一切的民族,都要聚在他面前;他要把他们彼此分开,如同牧人分开绵羊和山羊一样:把绵羊放在自己的右边,山羊在左边。……然后他又对那些在他左边的说:可咒骂的,离开我,到那给魔鬼和他的使者预备的永火里去吧!这些人要进入永罚,而那些义人却要进入永生。"(玛 25:31-46)在保禄文件中,地狱为堕落者带来灾祸和毁灭。默示录中描述地狱是充满烈火和硫

---

① La science de la croix,1957,Paris,p.180.

黄的地方。

《天主教教理》中对"地狱"的解释是:"如果我们故意选择不爱天主,就不能与祂契合。如果我们犯重罪违抗祂,违抗近人,违抗自己,我们就不能爱祂。'那不爱的,就留存于死亡内。凡憎恨自己弟兄的,便是杀人。你们知道,凡杀人的,便没有永远的生命留存在祂内。'(若一3:15)我们的主早已说过,假如我们不对贫穷者、弱小者在其急需中施予援手,我们就会与天主分离。如果人死在罪恶中没有悔改,没有接受天主的仁慈,那么这表示他是自由选择永远与主分离。换言之,就是把自己排除于天主和享受真福者的共融之外。这种决定性的、自我排除的境况就是一般称为'地狱'。"(CCC 1033)

三、教会关于地狱观点的训导

新约谈到地狱的地方非常多。教会在训导中也申明地狱的存在和永恒性。"那些在死罪中死去的灵魂会立即下地狱,受到地狱的痛苦,也就是'永火'的处罚。"(CCC 1035)

奎库桂(任何人 Quicumque)信经里宣告有地狱(DS 76):行善的人进天堂,行恶的人下地狱;达玛所信经和亚达纳信经中也肯定这一点。亚历山大的克莱孟第一个认为地狱的痛苦有期限,后来这种看法的主要代表是奥力金,持类似观点者还有尼撒的格列高里、西比连等。543年君士坦丁堡主教会议否定以奥力金为代表的关于地狱有时间性的思想,尤其是最后全人类普世和好于天主内的看法,提出:"如果有人认为魔鬼该受的惩罚和恶人该受的惩罚都是暂时性的,在一定的时间后会结束;魔鬼和恶人都有机会重新整合自己——他受绝罚"。圣金口若望克里索斯托莫和奥古斯丁都拥护地狱是永恒的观点。

1215年教宗英诺森三世在拉特郎四次大公会议上再次声明"地狱永恒":"原罪的惩罚是看不到天主,本罪的惩罚是永恒的地狱"。里昂二次会议和佛罗伦萨大公会议也对之重申。1336年本笃十二世《赞美天主》(*Benedictus Deus*)通谕也同样声明地狱永恒,犯大罪的灵魂死后进入地狱,承受永远的折磨。1575特兰托大公会议也提到。保禄六世也肯定:那些直到最后一刻都拒绝天主的人要去火永远不熄灭的地狱。

地狱之苦开始于罪人死亡之时的观点起于6世纪教宗格列高里一世时期,后来逐渐流行,直到1336年成为教义的一部分。

梵二会议除了大量引用圣经,在《教会宪章48》中提出:人死后,善人享受盛宴,恶人受惩罚。《天主教教理》1034段说,地狱"是为那些至死都不肯悔改、不肯相信的人而保留的,在那里灵魂和肉体都会遭受苦难。"1979年信理部关于末世论文件,也清楚地解释:教会,赤诚地忠诚于新约和传统,相信义人的幸福……而罪人会受到惩罚,他们将看不到天主。所以,首先,关于地狱的存在是基督宗教信仰所肯定的;其基础是启示;地狱指一个实在的永恒的状态;在人此世生命结束后存在另一种状态的生命,不是一个地方,死在大罪中及失去圣化恩宠的人的所在,那是恶人将会得到的报应;在那里看不到天主;处于地狱中的包括整个人的灵魂和肉体;在那个所在里有火。

四、地狱里的痛苦

"地狱中主要的痛苦是与天主分离,而人只有从天主那里才能够获得福乐,因为人是为此而被造,并且不断地渴求这福乐的"。①《天主教教理》这样肯定。地狱里有什么惩罚则不属于信条。一般认为可能包括二方面,也就是失苦和觉苦,一是丧失看到天主的机会,丧失荣福直观;另一方面是某些感觉得到的痛苦。地狱之所以可怕首先是在于其与天主隔绝。人最大的幸福和喜乐是看到天主,与真善美圣的根源天主在一起,分享天主的美善和智慧,而在地狱的人与天主分离。在地狱的人也失去认识力。当没有真善美圣作标准,人就不知道自己是谁,不再为人。那里不是简单地缺少美德或者爱和正义,或者表面的什么,而是人本质的丧失。玛窦25章12节说天主不认识罪人。彻底远离天主的人将不为人。

失去天主,也就会失去罪恶感、失去正义、失去爱、失去希望,让人空虚、挫败、灰心丧气,矛盾、没有尊严,因为人是天主的肖像,失去天主也就没有了光明,失去了生命。人都希望幸福,世界上有希望,地狱里再没有任何希

---

① 《天主教教理》,1305。

望,只有憎恨。尼采说,人杀死了天主。人杀死天主的时候也杀死了自己。地狱不再是单纯的痛苦、疾病、不幸,而是永恒的失望。地狱是不会再改变。

地狱里是孤独。罪恶是抛开天主,自己做主人实现一切。在地狱里,受惩罚的罪人抛弃天主,也抛弃任何其他人,也抛弃环境,互相之间没有任何接触,每一个罪人都是孤立。罪人恨天主,恨别人,恨自己,罪人恨一切,也恨大自然,没有任何共融,不能与天主、与他人、与大自然、与自己共处。他们离开天主,万物也离开他们,水、火、土等都离开他们。根据玛窦的教导,罪人被惩罚在于他们没有关怀有需要的人。那么在地狱,他们要咀嚼他们自己创造的孤立。罪人在地狱再没有可能实现与别人的对话、照顾别人,而这是人存在的本质。他们互相之间没有安慰,没有鼓励,没有沟通,没有分担和分享。他们只有对抗、仇恨、摧残、分裂。罪人不只是把天主当敌人,也把造物当敌人,嘲笑它们作为彰显天主光荣的工具。罪人不尊重、不爱护、不认识天主和万物,罪人是封闭。罪,在西方语言中是分裂的意思,打靶不中,魔鬼也是分裂的意思,分成二个,或者许多碎片。罪是分裂,对抗,是摧毁共融,传染死亡,分离,失望,孤立,憎恨,嫉妒,贪婪,残暴,就是地狱的状态。"黑暗"正是在于此。

感官的惩罚有切齿、虫子啃噬、绝望的愤怒、恐怖、惊骇。地狱里有火,不熄灭的火。天主"要差遣祂的天使,把一切作恶的人收集起来,扔到火窑里去"(玛13:41-42),要宣判:"可咒骂的,离开我,到永火里去吧!"(玛25:41)

五、地狱的空间困顿及其来于罪恶的后果

基督的死,十字架,疼痛、恐怖、罪恶的力量、摧毁天主正义的规划都充分展示了罪的可怕。对于被钉死在十字架上的基督,罪恶不是抽象的。对于许许多多被伤害的人们,被剥夺生命的人们,罪恶不是抽象的。人不只是可以杀死人,甚至可以杀死天主。虽然基督和佛陀都宁愿自己承担一切,去打穿地狱,但是罪确实是可怕的。基督战胜恶不是靠着哲学理性,不是靠着冥想,而是真真实实以自己的身体、灵魂和精神承受了实实在在的苦难,罪恶的可怕实实在在落在他的身体上、灵魂内,折磨着他的心神。舒迈斯

(Schmaus)认为地狱是一个奥秘,是关于罪恶的奥秘。基督宗教宣告人是天主的肖像,人是无比尊贵的,同时也宣告人生是严肃的,有些事情是无法挽回的。

地狱不是一个空间性的事件,而是一境遇或状况。不过地狱里的灵魂从某种意义上讲是困于一个地方,因为他不是无所不在的,而又不共融于天主,天堂是完全的自由,而地狱是完全的不自由,没有空间。但是,并不能把地狱定在某个地点。他排斥空间,更不被超空间容纳。地狱是个人的封闭,是罪恶的结果和延续,也是罪恶的显示。尼采说,地狱是罪人自己的理性力量凝聚成的。博罗斯(L. Boros)认为地狱是个人内在自我所认同的,是罪恶的结果,存在于人心里。天主只创造了天堂,到达天堂需要人自己的追求、向往和努力。罪不被天主承认,地狱是人自由拒绝天主的结果。地狱不是惩罚,而是人在这个世界选择的延续,是自私、封闭的延续。

地狱不是一个来于我们经验之外的一种情况,而是警告人执著于恶可能会产生什么后果。人对天主的拒绝会伤害到人自己的本性,也是对自己的否定,会使人失去能力建立关系,失去光明无法认识自己,所以圣经中以黑暗和死寂描述地狱。地狱不是一个地方,而是人可怕的内心,地狱就在人心内。是一个人处于分裂状态,自我分裂,与天主分裂,与他人分裂,与大自然分裂。一个分裂的人不能成为自己,不能实现自己,他也永远无法面见天主。如果一个人冥顽不化、至死不悔改,集恶成性,他将没有能力、没有自由整合自己,也无法接受天主的恩宠。

六、地狱的永恒与天主的慈悲

地狱不是长久,而是永恒。永恒,只能与天堂对谈,尤其是永生,与全能天主相对应。但是托马斯说,在地狱中不存在真正的永恒,而是只有一个时间。教会不接受世界末日所有人都皈依和好的看法。罪人到地狱是自己的选择,不后悔,尽管有折磨、痛苦,但是他们不放弃罪恶。地狱成为他的自然属性。希望对他不再是美德。在那里他不想悔恨,没有能力再行动,不想与天主和好。贝尔纳诺(G. Bernanos)说,活人最可悲的是不再相信爱,即使如此,他仍然保留着爱的可能,接受或者给予爱……但是,地狱里再没有爱……再没有分享，没有成长。所以地狱不是永恒，而是凝固，永恒的是天堂，因为人在天堂仍然持续发展，持续生活，而在地狱没有发展，没有希望，是僵化和顽固，是故步自封在恶中，积累着憎恨。

几个困难：为什么人死后再没有能力悔改？为什么所有地狱的人都永远不会改变他们的态度？有限的人的罪受到无限的惩罚。这不平等。为什么会是无限的惩罚针对有限的人的恶行？为什么不是具有医治目的的惩罚？为什么惩罚没有效果？似乎天主不够正义，不够慈悲。

托马斯的解释是，天主给人友谊，而罪人拒绝。如果人至死都拒绝天主的邀请，到死亡后，一切都定了之后，就无法改变了，再没有机会改变。有人认为，地狱的固执是魔鬼的固执，人死后，人以有限的方式幸存，如同分离的灵魂，他们的意志一次而永恒地决定选择，不再改变。由于心理上内在的本性，使他们没有可能再改变选择，他们的选择已经凝聚定型为他们的本性。是人自己的意志和取向使他们进入地狱的。

但是地狱的难题如何面对天主的慈悲？天主的慈悲永远不会高兴人受罚。人不是天使，人的灵魂无法与天使的精神自由程度相比，为什么人在死后一瞬间就根本性地确定了他在一生中积累的决定，为什么不能返回可以悔改的状态，比如复活后。再给一次机会似乎更加符合天主的正义，更加尊重人的自由。事实上关于人死时会得到一个天主给予的最终选择机会，这种观点也非常普遍，可是为什么仍然会有灵魂落在地狱呢？为什么天主在这个世界没有提供所有的悔改可能性？甚至在死亡时刻的机会也不能改变罪人吗？苦难是清洁罪过和恢复关系的一种方式常常受到欣赏，所以地狱惩罚的医治目的我们更加容易接受。我们希望一个人受惩罚，不论是今生还是来世都应该有个目的，苦难有其意义，是为了一个美好和平的未来。相反，地狱的惩罚没有目的，不是为了改善。这好像不正义。为什么天主创造了人，却将他永远打入地狱？即使只有一个。既然如此，天主为什么要创造他？天主可以预知，那为什么不阻止一个人犯下下地狱的罪行？

天主的正义和慈悲受到质问。但是惩罚罪人不是天主正义的匮乏，因为天主的正义在于天主给予每一个人他所是。天主给予罪人他所寻找的：封闭。地狱是人自己的成果。《天主教教理》说："因为下地狱是故意离弃天主的行为，也就是死罪，在死罪中罪人死不悔改"（1040）。但是终归在地狱的惩罚与天主的慈悲之间仍然留下矛盾。文学和哲学中也表达了许多同样的希望,"我们应该思考,那个著名的问题:当我们意识到在关于人类的得救情况中,有某一个人却被注定承受永恒的刑法,我们应该怎么办?"

天主的慈悲与不能改变的地狱似乎不相容。一个慈悲的天主,在意人类的天主,他不应该对此惩罚无意识、冷漠无动于衷。天主是一个为了人类而受难的天主,与人类、在人类内共同承受、经历苦难。天主对人类的一切行为,不论是善良的还是坏的都表示了关心。他在意人类,他宽恕一切。天主尊重人的自由,但是孩子往往不懂事,需要父亲长辈宽恕和指导。整个造物和全人类都是天主慈悲的成果,同时也离不开天主的正义。既然天主造人的目的是分享祂的天主性,到达真福,那如果有人在地狱,就是天主计划没有实现,即使只有一个,耶稣也说他要找回一个迷失的比九十九只的在家的更加高兴。耶稣会去寻找迷失在地狱里的灵魂吗?

通常说人的理解力没有办法理解的奥秘有四个:三位一体,道成肉身,圣体圣事,永恒的惩罚。地狱的奥秘联系着罪恶的奥秘。地狱揭示罪的深刻可怕,而基督的十字架揭示天主的爱。常常人不能认识到罪恶的严重,习惯于天主的宽恕,认为惩罚是暂时的,而事实上罪恶可以打开地狱之门。

天主创造人类是因为爱。如果说地狱的惩罚不是以悔改为目的,那就没有意义,但是也有人认为可能地狱的意义不是在于让人悔改,它本来就不是为人准备的,而是为了启示天主的神圣、爱、至洁和正义。只有魔鬼从属于地狱,除非人自己去打开它的大门。可谓:天堂有路你不去,地狱无门非要进。

七、地狱之火

地狱之火是什么火?奥力金就曾经说是心理反射,来于个人罪过及与天主分离产生的失望、恐怖,是个人内心的经验。但是其他教父并不支持这种观点。圣经上用阴暗、抱怨、切齿、蛆虫以及不灭的火,这些非常图像性、非常强烈清晰的词汇来描述地狱的惩罚。它们是来于人之外的吗?那就是说,天主创造了一个客体,早于人存在,为了惩罚犯罪的人。

旧约梅瑟传统中,火是天主临在的标记,来于天主的光荣,是天主的恩宠和爱的彰显，也是义怒、正义、惩罚和试炼的彰显。创世纪15：17和19：18中火出现在天主与亚巴郎和以色列订立盟约的行动中。出谷纪中记载天主的云柱和火柱陪伴以色列人走沙漠；梅瑟在西乃山会晤天主时，看到烧而不焚的荆棘，整个西乃山烟雾滚滚。先知们也常常用"天主发火了"来警告邪恶的时代，他们自己也被称为"如火一般"。①

新约里，27次讲地狱之火。好像是客观存在，在罪人到达前已经有。玛窦福音第二十五章41节最后审判的主"对那些在他左边的说：可咒骂的，离开我，到那给魔鬼和他的使者预备的永火里去吧！"但是，另外谈到火的还有天主圣神，比如耶稣说自己来到世界上是为了带来火，比如圣神降临是以火舌的形式。而在《默示录》中人子的眼睛冒着火焰。

对于火，人可以欣赏，火的光明、热量，但是如果靠近火就会痛苦，会被烧毁。爱让人陶醉，给人生命，但是恨会害怕爱，恨可以拒绝爱，甚至憎恨爱。火才可以与火接近，爱才可以与爱共融。罪人因其黑暗和憎恨而与光明不相容。教父中，德尔图良认为地狱的火是真正的火，也就是物质的火。但是有人反对他，指出现实的火都会熄灭，而地狱的火是不熄灭的，但是德尔图良的支持者们提出世界上也有不熄灭的火，比如火山火。奥力金认为火是象征性的，是人内心的不安与痛苦。

中世纪讲到地狱的双重惩罚时，只是提到感觉上的惩罚，而没有谈具体是什么，对于火被解读为烧灼肉体的火和折磨精神的火。现代有人解释是分裂、不和谐所产生的压力之苦、恐怖之苦。保禄六世解读信经说，那些坚持到最后拒绝天主的爱和慈悲的人到永恒的地狱。1979年信理部关于末世论的文件指出：不要以幻想和主观去解释地狱火；尽管如此，圣经中形象的说法应该被重视。教理中对地狱的"火"不加可否，并在1306条结束时说，天主有关地狱的启示其目的是为"强调人的责任"，召请人"及时皈依"，"善用自己的自由决定自己永恒的终局"。

一般认为，地狱火是客观现实的，那是与失去天主不同的另外一种惩罚。但是也不能对其进行字面解释，地狱火与这个世界的火可能不一样，因为是"为魔鬼和它的天使准备的"（玛25：41）。天使和魔鬼是没有肉体的，

---

① 参考列下1：10-14；亚1：4-2：5；依66：24。

它们的感官与人不一样,这火应该也不一样。那里确实有客观现实的火惩罚死于罪恶的人,但是我们不确实知道这是什么样的火。可能相似于这个世界的火,至少效果差不多。实际上对于这个世界的物质火是什么,人类目前也仍然并不清楚。所以关于地狱或者炼狱的火,这里谈火对罪人的效果,不是谈火的属性。地狱火造成最可怕的折磨、恐怖、绝望。

八、地狱里有什么?

有很多人的灵魂,还是很少,或者一个都没有?在耶稣的时代就有人问耶稣,"主,得救的人果然不多吗?"耶稣要求他们警醒,对他们说:"你们竭力由窄门而入罢!"(路 13:22);玛窦也记载耶稣的劝告:"你们要从窄门进去,因为宽门和大路导入丧亡;但有许多的人从那里进去。那导入生命的门是多么窄,路是多么狭!找到它的人的确不多。"(玛 7:13-14)并且说:"被召的人多,被选的人少。"(玛 22:14)。教义上认为全人类得救不合法。教父们对地狱问题持不同的观点。拉丁传统的教父一般相信地狱永恒。希腊传统的教父一般寻找普世救恩。依肋内区分永恒和暂时的惩罚;第欧尼吉说,受永恒火罚的羡慕暂时的;奥力金认为是暂时的,如同医治,末世的时候一切勾销、和好,所以大部分去炼狱可以接受。但是他的观点教会不接受。尼撒的格列高里、第第默(Didimo)也认同暂时性,寻找普世拯救。方济各沙雷认为地狱里有很多灵魂,小德兰认为很少。许多灵修家说看到地狱罪人受苦。当然,"许多人不能进天国",却并不是说"大部分"。一般都承认有灵魂在受苦。由于教友信仰和实践的冷漠,佩拉究太乐观的态度,教会一般是坚持惩罚的严格性。但是教会肯定殉道者或者圣人已经在天堂,却从来没有断定谁在地狱。正如我们在本书开头谈到的,上世纪以巴尔塔萨为领袖的许多人提出希望地狱是空的。有人认为通过教会和圣人的祈祷,恶人受的惩罚会减小。托马斯认为亡者弥撒对于地狱的人没有用,教会不必也不应该为他们祈祷。但是东正教仍然为可能落在地狱里的灵魂祈祷,希望他们有一天能够得救。

地狱的问题往往联系着善恶报应,这在人类社会中一直是个大难题。几乎所有的民间宗教都相信恶人在死后会受到惩罚。其基础是人期望普世的正义。人们认为不可能,如果一个人做了许多坏事,尤其是大坏事,却可以不受到惩罚。地狱是正义的要求,人应该为自己的恶行付出代价,不论是生前,还是死后。圣咏36首就谴责人的邪恶,期待天主的慈爱:"恶人从心里就喜爱不义,他毫无敬畏天主的诚意。他只是在自己的心里自慰:无人发现他的罪,无人惩治。他满口尽是虚伪与诈欺,早已把智慧与善行抛弃。他在床上筹划作恶,立于邪道,不怕罪过。上主,你的慈爱高达青天,你的忠义上彻云间。你的正义有如摩天的高山,你的公平有如无底的深渊;上主,是你使人畜生命安全。天主,你的慈爱多么可贵可珍,人子们都向你的护翼下投奔。他们不但饱尝你宫殿中的盛筵,你还赐他们畅饮你人怡乐的溪川。因为在你那里有生命的泉源,借你的光明才能把光明看见。求你为恭敬你的人保留恩宠,并为心地正直的人保持公平。求你不要让高傲人的脚践踏我,求你不要让罪恶人的手骚扰我。请看!作恶的人已经一败涂地,他们既已倾倒,无法重新兴起。"

但是圣咏38却为我们提供了一份罪人的祈祷,让人嗟叹唏嘘:"上主,求你不要在你的震怒中责罚我,求你不要在你的气愤中惩戒我。因为你的箭射中了我,你的手重压了我。因了你的盛怒,我已体无完肤;因了我的罪行,我已粉身碎骨。因为我的罪过高出我的头顶,好似重担把我压得过分沉重。我的疮痍溃烂流脓,完全由于我的愚蒙。我悲伤得身已佝偻,终日行动满怀忧愁。因为我的腰肢焦灼难受,我的肉体已无完肤。我已筋疲力尽,奄奄一息;我已心痛欲绝,嗟叹不已。我主,我的呻吟常在你的面前,我的悲叹不会向你隐瞒;我的心颤栗,我的精力衰退,我眼目的光明也已经消逝。我遭难时,我的友朋都袖手旁观,我的亲人都站得很远。追寻我命的人,张设网罗,设法害我的人,散布恶谋,他们要行诡计,日夜思索。但我好像是一个有耳听不见的聋子,我又好像是一个有口不能言的哑巴。我竟成了一个没有听觉的人,成了一个口中没有辩词的人。因为我唯有仰望你,上主,你必应允我,我主我天主!我祈祷:'不要让他们洋洋得意,不要让他们因我的失足而沾沾自喜。'我生来就易于失足,因此我常心怀痛苦。我的确承认我犯了罪愆,我为了我的过恶而忧惭。无故加害我的人,力强凶暴,无理憎恨我的人,成群结伙;他们都以怨报德而对待我,因我追求正义而恼恨我。上主,求你不要舍弃我,我主,求你不要远离我。我的上主,我的救助,求你速来,要为自己的选择负责任。天主爱每一个人,在人的一生中天主会给人很多机会和各种得救方式。天主的慈悲也联系着天主的正义,天主需要尊重人的自由和意志。基督宗教相信人是生活在天主的恩宠中的。但是人需要与天主的恩宠合作。

天主是爱,天主创造了世界,并且派遣祂的圣子来到人间,宁可上十字架、进入死亡,为了拯救人类。教会还特别强调玛利亚祈祷的力量,她呵护全人类,她是天主之母也是全人类的母亲。许多神学家和灵修家肯定,虔诚求圣母就是得救的保证。教会自己也在每一台弥撒中祈祷,希望没有人会失落:"'主,请不要让我们有一刻与你分离'。没有人能够自救,这是真实的,但是,天主,你愿意所有的人都得救,在你一切都是可能的,也是同样真实的。"[①]东正教和许多圣人甚至有勇气为魔鬼祈祷,做补赎,希望它们也会忏悔,回归天主。

有受惩罚的人吗?有没有人被惩罚?作为人,任何人都无法肯定。教会信仰向我们肯定,一个人死于大罪中会堕入永恒的地狱状态,但是没有让我们相信有什么人是死于死罪中的。根据圣经,"因为他愿意所有的人都得救,并得以认识真理"(弟前2:4);"主决不迟延他的应许,有如某些人所想象的;其实是他对你们含忍,不愿任何人丧亡,只愿众人回心转意"(伯后3:9),所以教会从来不停止为了使所有的人都得救而祈祷。不是少数基督徒相信,救恩是有条件的,要求人与天主恩宠的合作,要求相信基督十字架的救恩力量。但是教会从来没有肯定或者假设哪一个人会被打入地狱。所以巴尔塔萨的思想完全是正统的。巴尔塔萨的话与天主教信仰不矛盾。巴尔塔萨肯定对于所有的人都获得救恩的希望,这与天主教会信仰不冲突。巴尔塔萨说:"天主不处决任何人……甚至在圣经中也有很多地方谈到所有的人都可能得救的希望……我的意思是我们可以希望我们所有的兄弟姐妹都得救。"但是有两点是肯定的:如果一个人拒绝天主给他的救恩,永恒失败的可能性是存在的;圣经、圣传和今天的训导都不断地警告我们,不要太自信于绝对把握。"希望"与"确实"二者是不一样的。

为了了解地狱需要先了解死罪的严重性。罪是一个奥秘,罪是一个人

---

① 《天主教教理》1058。

反对自己的存在,拒绝自己的生命根源,拒绝让自己成为人。地狱是罪人的实现,是他在一生中所追求的罪恶在他身上成就。地狱是罪人自己的工程,天主只能尊重人的自由和意志。在地狱里罪人得到他想要得到的。这与天主的善不矛盾。地狱涉及到人的自由和基督徒的希望。天主尊重人的自由。爱是礼品,需要人接纳。天主的爱转化人的卑微、无助。人对天主爱的回答不是来于人自己,而是被天主爱的力量所促动。但是人有自由拒绝天主的爱。保禄六世在1972年很确定地说:"恶不只是缺乏,而是活的存在着的,精神性的,邪恶的,邪恶者。"所以"地狱可能是空的",这个观点应该不是伦理性质的。米兰天主教大学权利哲学教授伦巴第瓦拉里(Lombardi Vallauri),现任教宗发言人伦巴第的表弟问:"如果以恶对待一个做了恶的人,这是不是合乎伦理呢?"他解释说,"我赞同地狱不是伦理性质的,因为不只是永恒的惩罚相对于罪恶是不平衡的,不只是与人类的感觉对立,甚至它也不是教育性的。"

1977年,拉辛格被擢升为枢机主教的当年,出版了关于末世论的小书,其中四页讨论地狱问题。30年后,成为教宗本笃十六世,他在《在希望中得救》通谕中重新谈到这个问题。"可能有一些人完全毁灭了自己对于真理的渴望、拒绝付出爱。这种人自己完全成为谎言者,他们生活在仇恨中,践踏爱。这种前景非常可怕,但是在人类历史中有些人留下了可怕的这种选择的轮廓。这样的人无药可救,善在他内的被摧毁无可避免。我们称呼这种状态为地狱。"但是这"可能不是人的正常状态。大多数的人,我们可以认为现实中在他们内在深处对真理和爱、对天主,是开放的。不过,在生命的具体选择中,又常常重新对恶妥协,因此而遮蔽这开放,许多丑行掩盖了纯净,可是尽管如此,他们仍然是饥渴的,尽管如此,仍然不断地在深处,在灵魂中,有对真理、爱和天主的开放。"教宗问:"当这样的个人出现在末世审判官面前时,会发生什么?是否他们一生中累积的一切不洁会突然无足轻重吗?或者会发生什么其它的事?圣保禄在他的格林多前书中,给我们一种观念,天主的判断会根据每个人的特殊环境,考量到不同的条件。保禄用图像来设法在某种程度上表达那不可见的,以便使我们不要简单地具象理解,因为我们无法看到死后的世界,也没有任何这方面的经验。保禄说基督徒生活的本质首先是建立在一个共同的基础——基督之上。此基础是坚实、永存的。如果我们稳定地站立在此基础上,并将我们的生活建立其上,我们知道即使是死亡也不能把我们从此基础上拉下来。"

那么我们是否可以期望所有人最终都得救呢？"希望"地狱可能是空的,与"相信"地狱是空的,二者是非常不一样的。人有自由,可以选择地狱。有人说,如果一个人可能被救,那么全人类也应该有可能被救。对此,人可以期望,但是无法相信,因为人只能相信天主存在,其它的取决于天主。人相信天主慈悲,正义,愿意所有人得救,但是不能相信所有的人都愿意得救。我们可以祈祷天主的恩宠,天主的光照,但是不能相信所有的人都肯定回答。为此愿望,我们除了祈祷天主的恩赐,还需要参与拯救,包括自己的得救和他人的得救。人要对自己的得救负责任,也需要对他人的得救负责任。这首先宽恕,如同主基督亲自教导的祈祷文中:"我们的天父……求你宽恕我们的罪过,如同我们宽恕别人一样"。面对天主每一个人都是罪人,如果我们祈求天主的宽恕,首先我们需要宽恕他人。如果不宽恕别人,地狱就先已经存在于了我们自己的心里。宽恕产生共融,宽恕引起悔改。基督,道成肉身的天主圣言,永恒的道,毫无任何罪污,为了我们的得救,背负人类的罪恶,承受殴打、侮辱,最后以最残酷、最耻辱的十字架酷刑被钉死,在最后的时刻他竟然为钉死他的人们呼求:"父啊,宽恕他们吧,因为他们不知道自己在做什么。"希望人类得救的每一个人也都需要像基督一样,宽恕他人,包括任何伤害我们的人,宽恕所有的人；同时,也需要像基督一样,甘愿为了他人的罪过,为了他人的得救,而承受苦难,承担罪责。不止如此,基督还像个死人一样下降阴府[①],与死人同在,为了重新赋予死人生命。拉辛格在反省基督下降阴府的事件中说,我们与基督的共融正是表现在分担他下降阴府的黑夜中,分担着他的暗夜我们也会靠近光明。他来到人间以他进入死亡的暗夜苦痛来转化我们的死亡暗夜,使我们进入生命,那么我们的祈祷、我们

---

① 《天主教教理》第632-633条指出:"基督死后所降到的死者的居所,圣经称之为阴府、Sheol或 Hades,因为在那里居住的人不能见到天主。原来在等待救赎者期间,这是所有死者的命运,无论他是坏人或义人；但这不表示他们的命运是一样的……。耶稣下降阴府,并非为救那些下地狱的人,也非为毁灭地狱,而是为拯救那些先他而去世的义人。……下降阴府使救恩的福音宣布达至圆满境界……,把救赎工程伸展至所有时代和地区的人,因为所有得救的人都有分于他的救赎。"《宗徒信经》中"我信他下降阴府"的拉丁文是"*Credo in Iesum Christum…descendit ad inferos*", *inferos* 在拉丁文字中常指"地狱",或者"深渊"。

的希望,只能在分担基督自己下降死亡阴府的苦痛中成为现实。但是教宗提醒,我们的希望不能成为个人自由意志的滥用,我们可以参与拯救,但是不能相信,因为决定权只在天主。① 教理告诉我们,有关地狱的问题,首先是为了强调作为人的责任,要善用自由意志,严肃认真地对待自己永恒的未来:"我们不知道何时何日,我们必须遵从主的劝告,常常警醒,期望在结束了我们现世生命的唯一途程之后,能与主同赴天宴,并且加入受祝福者的行列内,不像懒惰的恶仆被贬入永火及外面的黑暗中。"②

九、什么罪导致地狱

什么罪如此严重,不可饶恕呢?耶稣曾经说:"我告诉你们:一切罪过和亵渎,人都可得赦免;但是亵渎圣神的罪,必不得赦免;凡出言干犯人子的,可得赦免;但出言干犯圣神的,在今世及来世,都不得赦免。"(玛12:31-32;谷3:28-29;路12:10)若望福音中,耶稣说:"你们若不相信我就是那一位,你们必要死在你们的罪恶中。"(若望8:24)

圣神是爱,是天主的恩宠。天主唯一不能做的是不能强迫你爱天主,不能强迫你接受恩宠。一个人如果拒绝爱,拒绝恩宠,天主也救不了他。所以说,可怕的地狱现实是对天主爱的肯定。

只要在天主的恩宠下,人总有希望。圣女贞德在面对审问她的人时,审问者问:"你灵魂上有天主的圣宠吗?"她回答:"我灵魂上确实有天主的圣宠,是天主使我保持祂的圣宠的。假如我没有天主的圣宠,天主会给我的。"基督宗教相信人是生活在天主的恩宠中的。但是人需要与天主的恩宠合作。只要有信心有意愿,总可以得救,但是不是真的所有的人都有意愿,都愿意呢?

---

① 参考 J. Ratzinger, Escatologia, pp. 225-227.
② 教会宪章48。

第三章 过渡阶段末世论

壹 死亡

"生命不是被毁灭,而是要被改变"

对于死亡,人们或者试图超越,或者逃避面对,不论是帝王将相,还是平民百姓,每个人可能都难以正视死亡,死亡让人无奈,也让人不甘心。死亡,是人生最大、最难的问题。

在中国远古时代,有大量关于死亡的反省和叙述。最古老的典籍中不论是《易经》还是《山海经》所表达的都是绵延不绝的希望。它们所表现的并不是对生命简单的否定,而是对生命延续的信念,对生死转化的思考。不论是盘古死后化身于雷电风云、江河山岳、草虫树木,还是颛顼变鱼妇、鲧化禹、后稷死为稷、夸父之杖为邓林、蚩尤桎梏为枫林等等,都表达了对超越死亡,生命永存的向往。在此,死亡不是生命一了百了的一个无可奈何的终点,死亡中蕴含着再生的契机,是一个新生命的起点。中国的神话和哲思都盼望生命永恒,没有死,只有化。生命不已、生生不息。

对生命的向往在春秋战国时期转化为对长生不死的实际追求。幻想仙丹灵药的超凡功效,使王公贵族采取几近疯狂的寻找行动。战国的王公贵族垂涎于海上仙药,派人入东海,寻找蓬莱、方丈、瀛洲神山。古代帝王中,最醉心于海上仙山、仙药的莫过于秦皇、汉武,他们不懈地苦苦寻求,一直到死。秦始皇派徐福率领"童男女数千人,入海求仙人",至碣石,使韩冬、侯公、石生求不死之药。汉武帝对于方术之士,加官进爵,妻之以公主,一次次被方士们戏弄蒙骗,又一次次地对他们恩宠有加,明知求之无望,却又欲罢不能。正如《封禅书》所云:"天子益怠厌方士之怪迂语矣。然羁縻不绝,冀遇其真。"道破了历代人们求仙访药,渴望生、不想死的复杂心态。

尽管孔子"未知生,焉知死",阻碍了对于死亡问题的进一步思考。但是沿着另一条路线,彰显了中国贤哲对于人生命价值的追求和某种程度的永垂不朽的渴望。孔子求杀身以存仁、孟子宁舍生以取义,屈原"恐修名之不立",司马迁感慨"死有重于泰山,有轻于鸿毛",文天祥高歌"人生自古谁无死,留取丹心照汗青",表达了面对死亡的另一种追求。

基督徒不刻意寻求在这个世界的长生不死,而是在对于永生的信念中,执着探索一种品质上完善,意义上丰富的生命,不论是今生还是未来的生命。所以基督徒非常重视"善终",因为那是一个人最脆弱的时刻,最需要帮助的时刻。临终圣事和临终陪伴被教会一直特别强调,为亡者奉献弥撒、祈祷和善功则表达了对亡者持续的爱和关怀。

"一粒麦子如果不落在地里死了,仍只是一粒;如果死了,才结出许多子粒来。"(若 12:24)

一、生死之间

"面对死亡,人生之谜达到高峰"(GS 18)。死亡似乎是人类生命中最让人不安的事情,因为它对我们说:一切都结束了。死亡结束一切,再没有机会。

在我们的社会中,死亡好像是个禁忌,人们不喜欢提到它,常常用其它含蓄的词汇代替它,中文里面比如"归家"、"过身"、"过背"、"老掉"、"走了"、"过世"、"百年"、"逝世"、"寿终正寝"、"与先人在一起"等等,暗示一种过渡,一种这个世界看不到的生存方式。意大利文中也称呼其为:"经过了"、"去另一个世界了"、"与天主在一起了"、"永远离开了"等等。今天的社会中人们甚至希望把死亡排除在生活之外,把它隐藏在医院里。面对死亡,人无能为力。所有的人都得死,死亡的经验普遍来看是可怕的。它使人痛苦,甚至使人绝望。死亡至少告诉我们此世生命旅程结束了,一切在生前原有的人际关系和事业,爱和恨,成功和失败,追求和遗憾,都必须因死亡而放弃。

虽然我们没有自己死亡的经历,而死亡却在我们的身边常常发生。亲人一个个死去,永远地离开我们;朋友、熟人也撒手尘寰;每分每秒也都有这个世界的人死去。死亡是个事实,它带给我们伤痛,因为有些人我们再也看不到了。死亡会斩断我们与人、与这个世界的关系,它可能会提醒我们更加珍惜生活的日子,在一起的日子。但是,难道我们积极生活过的日子有一天就会烟消云散,永不存在了吗?我们爱过、奋斗过、渴望过、建设过、伤害和帮助过别人,也被别人伤害和帮助过,难道这一切有一天都要随着死亡而消失吗?死亡让人遗憾万分。

但是,如果死后什么都不存在了,那死亡怎么算是坏事情呢?古希腊世界中,皮塔各拉相信死亡不是很重要,因为死的是肉体,不是人,人的核心和真实身份是精神性的、是不死的,甚至就是不死的灵魂,与完全肉体不同。从灵魂产生了理性、愿望、意志、宗教。人根本没有必要去追求不死,因为人本来就是不死的,真正的生命开始于肉体生命的死后。幸福和完满实现是属于人本性的,至少是潜在的。人在今世就应该尝试活得不死,与不死的因素合一,它们是:真、善、正义,努力做神的伙伴,远离腐朽,远离与肉体、物质世界有关的事情。

伊壁鸠鲁认为死对于我们什么都不是。他说:我活着的时候,死亡不在;死亡来时,我已经不在了,死亡与我何干?我活着的时候一切都在,我死了一切都不在了,为什么活着的时候要让死亡打扰我。所以活好才是根本,及时享受现在的一切。

古希腊世界死亡的伦理价值是柏拉图建设起来的。他提出死亡是人生最高、而具有决定性的时刻。柏拉图提出理念世界和二元论,相信人有不死的灵魂,有未来的永恒生命,死亡对于人是好事,因为人可以摆脱肉体这个坟墓的束缚而使灵魂获得自由,重归理念世界;死亡之时就是打开监狱之门,让灵魂冲出牢狱重获自由。灵魂和肉体共同组成人,但是肉体是可鄙的,只有灵魂是神性的。所以死亡是人的朋友,死亡的时刻是人的庆节,是真实生命的开始。但是,人死后不死生命的完满来于在这个世界上正义的生活,尤其是与社会的合作,对城市(polis)的贡献,所以人在世界上时应该尽可能地培养美德。柏拉图的宗教和末世论理论与社会伦理密切联系,也就是政治论。苏格拉底的死就被认为是见证真正宗教价值和对年轻人美德教育的范例。柏拉图的意义在于重新找到今世短暂生命与死后永恒存在的关系,也就是生者与死者之间那种神秘奇妙的联系,这是初期人类几乎都同样体验到的。柏拉图,使死亡重新获得价值、意义和奥秘,因为生活是考验,死亡是对于人生命伦理生活的审判。这个短暂的、有限的、表面看来似乎庸俗的生命,实际上决定着未来的永恒。他的老师苏格拉底就是为了维护真正永恒的生命之尊严而坦然赴死。苏格拉底把死亡的时刻当作节日,认为死亡才是真正的出生。

现代哲学中重新失去了死亡对于今世生命的意义。整个人类从一开始就被切入一个成长的、进步的自然而必然的过程(身体、生理、伦理、技术、文化、艺术等等),个人只是历史洪流中的一部分。在这个过程中,黑格尔认为,个人不重要,只有少数人被选定作为工具担任特殊角色——比如基督、亚历山大、拿破仑等。个人虽然死亡,但人类仍继续生存,因此人类团体的力量胜过个人,所以死亡并非终极。马克思则把个人看作团体目标实现的工具,为了集体的目标牺牲个人是应该的,是人的义务。在蔑视个人价值的观点中,死亡是合一于集体的时刻,集体代替了天主,个人消失,只留下集体意识。所以为了实现人间天堂,牺牲个人,甚至有计划地剿灭许多人也是合法的方式,甚至是义务。就是这种思想导致了20世纪的悲剧。

19世纪末,个人价值无上开始报复,旗手之一是克尔凯戈尔。他扎根在个人价值至上的基础上,认为每一个人与他的创造主都有不可代替的、奥秘的关系,强调人的本质存在实际上只是面对天主。不过他的观点太缺少团体幅度,缺少历史、传统、人与人的关系和互助。可能是由于克尔凯戈尔格外强调个人主义,视人为独立的、奥秘的和封闭的存在,所以他之后的存在主义成了无神论。人生存在自我孤独的贫瘠中。天主死了,消失了,科学证明人仅仅是动物,无数残酷的战争毁灭着人类对未来的希望,人类的一切努力都没有用。死亡标志着一切的结束,整个人的生命事实的结束,消灭任何进步,任何希望。

20世纪存在主义大师萨特说,人的生命是一个旅程,从虚无出发到虚无去,人只需冷漠而淡然地勇敢面对虚无现实,一切激情都是没有用的。生命是脆弱的,人生应该是高贵的、英雄式的,冷漠地接受必死的、堕落的事实。

海德格尔感叹:人被扔在这个世界上,却不知道是为了什么!死亡对于今生的压抑正是面对生命持续的焦急。雅思贝诗意地悲叹,所有的人,每一个人,都是孤独地死去。死亡的孤独似乎是完美的,不论对于生者,还是对于死者。死亡是生命的绝对极限,是生命的墙,是生命中最浓缩的时刻,它带来极大的痛苦,这痛苦来于分离,这也是临死的人与活人最后的沟通。

维特根斯坦像古人一般洒脱,他说:死亡并非生命中的事件,我们根本经历不到死亡。既然那是一个既无法感知又无法证明的世界,我们就只能"等着瞧或者不瞧了"。① 但是,真的能够如此洒脱地不瞧它吗?乌纳牧诺(Unamuno)不愧是西班牙人,很实在:虚无,如果是为我们准备的,那让我们反抗命运,甚至不奢望胜利,但是仍然反抗。不必从深刻期望死后一个甜美的永恒生命的愿望中解放,因为在这个期望中没有傲慢,也没有健康或者不健康。我也不说我们是不是值得永生,也不想谈什么逻辑。我只是说,我需要。不论功劳不功劳,需要,这就够了。消失的一切都不能让我满足,我渴望永生,即使没有永生与我也没有关系。我需要永生,我需要它,这就够了!没有它我的生命没有喜乐。生命的喜乐。很简单:我需要生活,需要高兴地生活。存在主义没有解释死后幸福还是不幸,只是承认其绝对奥秘,很难说它是死亡哲学还是生命哲学。

中国人忌讳谈论死亡,孔子名言:"未知生,焉知死",让人们停留在"清明时节雨纷纷,路上行人欲断魂"的门槛前无奈地忧伤。死亡成为禁忌,也阻挡了人们对未来生命的想象和探索,折断了灵魂飞翔的翅膀。《荀子礼伦》说:"生,人之始也;死,人之终也。终始俱善,人道毕矣,故君子敬始而慎终"。人的生命被局限在生死之间,那么君子也将只能停留于此,难以跨越。但是,"事死如事生,事亡如事存",难道是自欺欺人的谎言?人殉和厚葬到底表达什么愿望?是后辈的孝心,还是各自的自私和恐惧?镇墓文上"苦莫相念,乐莫相思"、"生人前行,死人却步"、"生死各异路,不得相注忤"②,这种隔绝生死、莫扰生者的冷漠让人心寒。民间把办丧事叫做"做白喜事",婚

---

① H. E. Mertens, Tendenzen in der englischsprachigen Eschatologie, 见 TTh, 1981, n. 21, pp 407-421.

② 贾小军、武鑫,《魏晋十六国河西镇墓文、墓券整理研究》,中国社会科学出版社,2017。

礼和葬礼共同被称为"红白色喜事"。葬礼上豪哭、狂笑,或如庄子"鼓盆而歌",都是为什么呢?

在印度尼西亚,盛大以及喧闹的葬礼组成了社会生活的中心,成为使社会交织在一起的集会。葬礼是宣告这个人生活故事的机会,纪念这个人对现在活着的人们的意义。

20世纪,世界一体化了,普遍爆发的对生的希望招致了心理学家、史学家、社会学家、哲学家、医学家、自然科学家和神学家们对死亡或者死者的普遍关注。死亡学作为一门学科堂而皇之出现,无数的刊物、研讨会、报告会呈级数般递增。60年代,精神史的发展使死亡主题又一次更新。有人甚至质疑,死亡是不是阻碍社会科学的绊脚石?[①] 现代科技使人与死亡的接触偏离了传统。死亡一方面远离人们的视线,由"家族化"转变成"专业化",从"人性化"转变成"机械化"。[②] 传统中由家族团体陪伴临终者走完最后一程生命,在今天成为医院里医护人员的工作。另一方面现代通讯和科技又让人大量接触到地球遥远另一边的和游戏中的死亡,电视报道、电子游戏中的死亡似乎事不关己。而安乐死、冷冻遗体也广为人知。死亡变得遥远而抽象,同时又神秘而让人恐怖。而同样也是在这个时代,各种各样的灵修团体在全世界如春草一般几乎在一夜间遍布各地,人们希望超越死亡,超越肉体,人们如饥似渴盼望灵性生命。

二、魄落哪里,魂归何处?葬礼为何?

不论以什么态度看待死亡,死亡对大多数人来说都是不愉快的,而且它一定会降临,不论早晚,不论你是谁。。为什么会死亡?疾病、事故、肉体老化……肉体受到严重的伤害时人会死亡。生理学和医学上说,一切生理作用停止时,人就死了,具体而专业地说是大脑或者心脏停止运作后人就可以被宣告死亡。这都是肉体方面的事情,难道大脑或者心脏或者生理就是人吗?死亡是由于肉体被摧毁吗?难道,肉体就是我吗?我只有肉体吗?不

[①] C. 雅沃、J. 科尔内,《多重死亡》,布鲁塞尔扶危援助中心,1987。
[②] 参考:黄怀秋,"基督宗教的生命观",见《宗教的生命观》,台湾:五南图书出版有限公司,2010,第37-58页。

给我护佑。"这样的罪人是不是应该下地狱呢?

新约中非常丰富地表达了对所有人得救的希望。保禄宣告:"天主愿意所有的人都得救,并得以认识真理。"(弟前2:4)"天主在基督内使世界与自己和好,不再追究他们的过犯,且将和好的话放在我们的口中。所以我们是代基督作大使了,好像是天主借着我们来劝勉世人。我们如今代基督请求你们:与天主和好罢!因为他曾使那不认识罪的,替我们成了罪,好叫我们在他内成为天主的正义。"(格后5:19-21)。他甚至相信:"哪里罪多,那里恩宠也多。"(罗5:20)耶稣的爱徒若望直接劝告我们,"谁若犯了罪,我们在父那里有正义的耶稣基督作护慰者。他自己就是赎罪祭,赎我们的罪过,不但赎我们的,而且也赎全世界的罪过。"(若望一2:2)他坦诚地告诉我们:"天主竟这样爱了世界,甚至赐下了自己的独生子,使凡信他的人不至丧亡,反而获得永生。因为天主没有派遣子到世界上来审判世界,而是为叫世界藉着他而获救。"(若3:16-17)

教会认为应该尊重天主给予人的自由,如果有人选择恶,他是有自由的。可是人的自由是有限度的自由,到底应该负多么大的责任呢?这只有等待最后的审判来明了。所以基督徒信仰宣告有地狱,但是我们需要声明,基督徒不相信,也不希望有什么人被打入地狱。信经里面没有谈地狱或者有人在地狱。这种惩罚不是信仰的对象。《天主教教理》也明确宣告:"天主并没有注定任何人下地狱。"(1040)信德是对于我们所看不到的事情的渴望(希11:1)。如果人都不希望下地狱,那么相信地狱存在似乎就是不合逻辑的。既然信德是所希望的事情的基础,那么,地狱似乎不应该属于信仰的对象。但是,天主赏善罚恶。虽然天主希望所有的人都永远与他在一起享受真福,但是他给了人自由,包括人有可能永远拒绝救恩和永生的力量。也就是说,基督徒不相信任何人被惩罚,但是相信天主尊重每一个人的自由选择。人被天主创造,但是人也被允许违背天主,直到拒绝接受他的爱。不过教义和牧灵上都仍然留下空间希望地狱是空的。但也不能否定地狱有东西的可能性,即使里面有魔鬼。梵二会议尝试就地狱里有人的灵魂的可能性做出指示(Acta Synodalia),但是没有结果。

在这个问题中既涉及天主的慈悲,也涉及个人的责任,还涉及我们的宽恕和对基督使命的参与。人得救靠天主的恩宠,也需要自己的责任。人需是还有灵魂吗？肉体死亡后，"我"是不是还能够继续生存呢？灵魂哪里去了？它会随着肉体一起死亡吗？还是灵魂会幸存？人类传统中有个最古老、持久而普遍的观点，告诉我们灵魂不死。① 传统中的祖先牌位、对亡者的各种纪念，梦境和思念，使人感觉到亡者并没有完全离开活者，他们仍然以某种方式临在于这个世界的生活中。死亡并不是生命的中断，而是转移到先祖那里去。

葬礼是人类独有的现象，几乎所有比较开化的民族都对亡者遗体表示尊重。《礼记·婚义》讲"夫礼始于冠，本于昏，重于丧祭"。中国传统文化中把丧葬视为人生中最重要的大事，为孝中最重。孟子《中庸》中认为："养生者不足以当大事，惟送死可以当大事。"为什么将要腐败的肉体会受到如此重视？事实上对于许多人来说亡者没有消失，仍然活在一个活人不了解的什么地方或者什么状态中，并且与生者之间保持有深刻的沟通，对生者生活中各个方面仍然有着影响。

重视葬礼是所有人类文明的共同现象。几乎所有的民族传统中都不承认人死亡就是人真的彻底结束，一个未来的存在模模糊糊都被所有的文明所盼望。对于亡者的敬礼和对于死者仍然生存的信念自有人类就存在了。葬礼不只是献给亡者的，也是为了活着的人，是对活者的安慰和尊重。

死亡不只是未来的事情，也影响着现实社会。古希腊柏拉图建设死亡伦理是在希腊政治危机的时刻，因为其原因其实是精神危机。希腊神话世界走到了末日，人们需要新的世界观，柏拉图以正义和伦理的具体现实世界的政治观与未来的幸福永生重建希腊社会的稳定。苏格拉底其实就是新政治观念的殉道者，他不只是要求现在生活的生命，而且要求正义。柏拉图思想的指向似乎是否认尘世生命的价值，引人躲避于未来世界，但是他的目的却是重建希腊城邦，恢复政治的尊严。他的哲学是围绕正义、发展而展开的，在希腊政治危机的时候，他指出，如果正义不是现实的、不是真理，那么城邦就不可能稳定。所以，柏拉图的政治论与不死密切联系。为了能够在

---

① A. Champdor, *Das ägyptiche Totenbuch in Bild und Deutung*, (《埃及死亡书的图像和诠释》), M. Lurker 编, Bern-München-Wien, 1977, p. 151：至于他们的灵魂，埃及人把它想象成鸟的形状加上死去的人的脸孔。

尘世生活得更好，人应该拥有比生物生命更高的生命，就是应该懂得通向更加真实的生命的死亡。

看来死者与活者是分不开的。那么人可感可触的肉体被摧毁后，有什么还可以让他们与活人保持联系呢？只是活者的一厢情愿，还是真有联系？事实上人们普通说的是某人死了，而不是说某人的肉体死了。那么人除了肉体，像通常说的还有灵魂或者精神吗？它们是怎么组成的？是灵肉三明治吗？是肉体加灵魂，还是人就是灵魂？或者还有精神？如果不只是肉体，那么肉体死亡，对于人可能只是损失，而不是完全消灭。如果说人就是灵魂，那么肉体死亡人并不受影响，毁掉肉体，如同毁掉我的房屋，与我没有关系，不是毁掉我。如果肉体死后，灵魂能够幸存，它能够活多久？是永远的吗？什么是灵魂的本质？它不能被摧毁吗？

灵魂与肉体分离，肉体腐烂而灵魂仍然存在。那么，灵魂是主动逃逸，还是被抛弃？是任务完成后主动脱离，瓜熟蒂落，如十个月怀胎，终于一朝出生？还是事故，破坏了人的存在？人哭着出生，又哭恼着死，但是出生对于一个胎儿是件好事，也是必须的，那么死亡呢？再者，灵魂肉体分离，灵魂是去了完全灵性世界，脱离物质，还是与物质世界合一了？它离开肉体，将如一团缥缈的气息飘荡在某一个空间，还是无处不在？死亡会不会开始建立一种新的关系形式，不论是与宇宙，还是与人类整体和天主？

中国古人认为：人之生，气之聚也。聚则为生，散则为死。[①] 人由魂魄组成，人死后，魂魄分离，一上天，一入地。灵魂来自于天，属阳，主管人的精神知觉；魄来自于地，属阴，主管人的形骸血肉。魂魄相合人则生，相散人则亡。二者离散之后，魄入地，消失于万物中；而神是有智力和意志的精神性存在，不会散去。但是魂没有魄的支持，就无法作用于物质世界。魂有两种存在方式，一种是人活着的时候，魂魄结合，魂对魄有支配能力，从而对身体有支配能力；另一种是存在方式是人死后变成灵，与祖先同在。鬼魂是人死后魂魄尚未分离的一种短暂存在形式，魄在人死后会逐渐减弱而至消失，但是魂成为神灵而永存。

至于人为什么会死亡，中国文化没有探讨，希腊文化既然认为人是灵魂

---

① 《庄子·知北游》。

堕落到肉体受难,当然肉体应该死去,灵魂回归天界。

三、天主没有创造死亡

尼撒的格列高里谈到灵魂在人死后的去处时,在《论灵魂与复活》中讨论:身体腐烂后灵魂会住在它的原子中吗?原子不是冥府,冥府在许多宗教和哲学文献中被用来指我们看不见的那个不可见世界。

圣经晚期认为死亡是罪恶的后果。但是如果人类没有犯罪是不是就没有死亡呢?圣经没有讲。不过若是那样,所谓死亡的表现可能会是另外一种现象,比如像哈诺克、厄里亚,或者圣母玛利亚[①]。而且新约也指出末世前的最后一代人未必要经历死亡,比如格前 15:51:"我们众人不全死亡,但要全部改变。这发生在顷刻眨眼之间,在末日吹号筒时发生。"得前 4:16-17:"在发布命令时,在总领天使呐喊,天主的号角吹响时,主要亲自从天降来,那些死于基督内的人要先复活,然后我们活着仍然存留的人同时与他们一起被提升到云彩上。"信经里我们宣誓:"我信他要从天降来,审判生者死者。"说明有些人不经过死亡就直接与死而复活的人们一同接受审判。如此看来,死亡不是人必须的命运。梵二会议文献也告诉我们:"如果人没有犯罪,本来可以免除肉身的死亡。"(GS18)无论如何,人如果没有犯罪,那么对死亡的观点肯定会与现在不一样。如果死亡和疾病都是来于罪恶,那么如果人没有犯罪,死亡给我们的经验肯定也不一样。

圣经中存在两种观点,一种是认为死亡是生命的自然终点,另一种认为死亡是被天主诅咒脱离与天主的关系。《创世纪》的第十一到五十章成书比较早,记载诸位圣祖的故事,在他们的观点中死亡是件单纯的事情,人出生、长大、年老,当活到"满期",然后死去"回到列祖那里"。是件自然的事情。不过,能够活得长久是天主最大的祝福,充分地享受这个生命,拥有很多儿女子孙,所以不生育、死亡,尤其是早亡都被认为是非自然现象,而是惩罚。他们用来指称死亡的词汇是:断气而死(创 25:8、17;35:29;49:33)、与祖先同眠(申 31:16)、走世人应走的路(苏 33:14)。

---

① 信理部 1979 年。

在梅瑟时代,对死亡的看法有了新的一面,死亡与罪恶有了联系。法律的产生使死亡不只是自然现象,人可能因为犯重罪而被处死。于是也产生了对于人类生命中死亡现象的新反思,人类所以有死亡是不是因为违反了天命?这种反思在创世纪前十一章中得到表现。同样,出埃及的人群中那些没有能够进入福地的人被认为是因为在旷野流浪期间犯了罪。达味和巴特舍巴所生的第一个孩子的死亡也被归于他们二人的罪。

充军时代是以色列深刻反省的时代,从这个时候起死亡和疾病不再被看作是单纯的惩罚,而是一种引导人走向天主的道路,而对于一个团体来说,受难者可能是他们的拯救者。为了天主,或者为了别人而受难,是见证天主和服务于生命的最崇高方式。疾病和死亡不再摧毁人的意义,而是成为磨砺人、成就人价值的最高要素。死亡不再是被充军到阴府,而是构建重归雅威的机会,如同充军是为了让以色列人更加完美地服务于雅威,是清洁和转化的力量。疾病和死亡成了义人的道路和命运,其正义展示在慈悲和为他人的服务中。以撒意亚53:9-12:"虽然他从未行过强暴,他口中也从未出过谎言,人们仍把他与歹徒同埋,使他同作恶的人同葬。上主的旨意是要用苦难折磨他;当他牺牲了自己的性命,作了赎过祭时,他要看见他的后辈延年益寿,上主的旨意也藉他的手得以实现。在他受尽了痛苦之后,他要看见光明,并因自己的经历而满足;我正义的仆人要使多人成义,因为他承担了他们的罪过。为此,我把大众赐与他作报酬,他获得了无数的人作为猎物;因为他为了承担大众的罪过,作罪犯的中保,牺牲了自己的性命,至于死亡,被列于罪犯之中。"已经在期待真正的生命意义,受难者是众人的救星。圣咏16把一切的希望都寄托给天主,坚信与天主的关系是比肉体的毁灭更加强大的力量。这里并不是建构一种不死的理论,而是表示坚定的信念。这种信念既不是希腊式的,也不是波斯式的,没有谈论灵魂,也没有谈论复活,而是对与天主共融关系的渴望。达尼尔先知书12章和智慧书、马加伯书下对复活的问题有了进一步的探索,更加确信死亡不是结束。

但是死亡对以色列人并没有摆脱神秘。《箴言》主张人的幸福在于有智慧,而智慧帮助人获得幸福,幸福是健康长寿子女满堂。《约伯传》中对善恶问题提出尖锐的质问。为什么恶人享受幸福,而义人遭受苦难?但是并没有给出答案。《训道篇》和《德训篇》提出对死亡和善恶问题无能为力,所以

不如正视现实,掌握现在的生活:

"我儿,该按你所有,好待你自己,并向上主奉献相称的祭品。要记住:死亡决不迟延,阴府的约期,你又无从得知。未死以前,你要厚待你的朋友,按你的力量,伸手加惠于他。不应取消你佳节的喜乐,连一点好希望,也不要轻易放过。难道你把你劳碌所得的留给别人?难道把你辛苦所得的,叫别人抽签分得?你要施舍,也要收受,总要使你的心灵愉快。死前你应履行正义,因为在阴府里,无福可寻。凡有血肉的,有如衣服,逐渐陈旧,因为自古以来的定案是:你一定要死;又如葱茏的树上发的枝叶,有凋零的,有发芽的,有血肉的种类也是如此:这人死去,那人出生。各种腐败的工程,毕竟都要被遗弃,它的作者也要随之而去;但一切优良的事业,必为人所公认,它的作者也要与它共享光荣。"(德14:11-21)

"我留心考察这一切,终于看出:义人、智者和他们的行为,都在天主手里;是爱是恨,人不知道;二者都能来到他们身上。无论是义人,是恶人,是好人,是坏人,是洁净的人,是不洁净的人,是献祭的人,是不献祭的人,都有同样的命运;好人与罪人一样,妄发誓的与怕发誓的也一样。太阳之下所发生的一切事中,最不幸的是众人都有同样的命运;更有甚者,世人的心都充满邪恶,有生之日,心怀狂妄,以后与死者相聚。的确,谁尚与活人有联系,还怀有希望,因为一只活狗胜过一只死狮。活着的人至少自知必死,而死了的人却一无所知;他们再得不到报酬,因为连他们的纪念也被人遗忘。他们的爱好,他们的憎恨,他们的热诚,皆已消失;在太阳下所发生的一切事,永远再没有他们的分。你倒不如去快乐地吃你的饭,开怀畅饮你的酒,因为天主早已嘉纳你所做的工作。你的衣服常要洁白,你头上总不缺少香液。在天主赐你在太阳下的一生虚幻岁月中,同你的爱妻共享人生之乐:这原是你在太阳下,一生从劳苦中所应得的一分。你手能做什么,就努力去做,因为在你所要去的阴府内,没有工作,没有计划,没有学问,没有智慧。我又在太阳下看见:善跑的不得竞赛,勇将不得参战,智者得不到食物,明白人得不到财富,博学者得不到宠幸,因为他们都遭遇了不幸的时运。因为人不知道自己的时期,当凶险猝然而至的时候,人子为不幸的时运所获,就像鱼被网捕住,又像鸟被圈套套住。在太阳下我又得了一个智慧的经验,依我看来,大有意义:有座小城,里面居民不多;有位大王来攻打此城,把城围住,周围筑了高垒。那时,城中有个贫贱却具有智慧的人,他用自己的智慧,救了本城:可是人们却忘了这贫贱的人。"(训9:1-15)

但是:

"有时我看见恶人被抬去安葬,而行义的人却反离开圣地,在城中被人遗忘:这也是虚幻。因为惩恶的定案未有迅速执行,世人因此充满了行恶的偏向。恶人虽百次行恶,仍享长寿,姑且不论;但我确实知道,那敬畏天主的人,因他们在天主前起敬起畏,必得幸福。而恶人必得不到幸福,他的时日如影,决不能久长,因为他不敬畏天主。在世上还有一件虚幻的事:就是义人所遭遇的,反如恶人所应得的;而恶人所遭遇的,反如义人所应得的;我遂说:这也是虚幻。为此,我称赞快乐,因为在太阳下,人除了吃喝行乐外,别无幸福;因为这是人在天主赏他在太阳下的一生岁月内,从他的劳苦中,所获得的幸福。当我专心追求智慧,观察人在世上,连黑夜白日都不能闭目安眠所行的工作时,我面对天主的一切作为,发觉人决不能知道在太阳下所发生的一切事。人虽然努力研究,终归无法得知;纵然有智者以为知道了,仍是一无所知。"(训8:10-17)

不过,圣经中并不认为死亡就是人的彻底毁灭,或者在死亡中人的身份被停止了。死去的人,并没有结束,他的一生成败得失都不会消失,而是在天主面前长存。死人下到一个"阴府",那里是死人的世界,一种严重缺乏生命的、昏昏沉沉类似睡眠的状态,如同阴影,人并没有消失。但是与生者有隔离,不能来往。事实上以色列人认为人本身是一个整体,人不能被分为肉体和灵魂,灵魂与肉体是一个有生命的身体的两个幅度,二者共同组成有生命的人,处于与天主交往中的人。天主本身就是生命,所谓死亡是陷入一种特殊的虚弱状态,与天主和人交往的虚弱状况,但是他们"安息在亚巴郎的怀中",耶稣下降阴府就是去那里他们睡眠的地方向他们宣告救恩,唤醒他们,给他们重新赋予力量。所以,生命意味着交往,死亡的本质就是失去所有的关系与交往,而支持所有关系的力量是天主。但是身体被摧毁后生命还怎么生存呢?旧约里面其实既没有讨论不死也没有讨论复活,他们只是简单质朴地把希望寄托给雅威,生命的泉源。训道篇和约伯传中讨论死亡很多,前者陷入不可知论,一切都是虚空,结果生命也面临危机;后者渴望天主的拯救,把自己托付给不知道名字、不能理解的天主。

新约首先是继承旧约的传统,崇尚生命,肯定其是天主的恩宠,不过也有一些发展,尤其是关于死亡方面。耶稣经历了很多死亡事件,他的义父圣若瑟,他的表哥和前驱若翰,他的好朋友拉匝禄,他也知道自己会牺牲在耶路撒冷,并且坦然地来到耶路撒冷慷慨赴死。耶稣对死亡的态度基本上继承旧约传统,但是他把对死亡的超越与成为天主子联系,与他自己相联系:"我是生命……"(若14:6),"吃我的肉,喝我的血……"(参考若望6:53-57),"我是葡萄树……"(参考若15:1-7)。在最后的晚餐上他把自己的死亡与全人类未来的命运联系在一起:"这是我的身体,为你们而舍弃的。你们应行此礼,为纪念我。……这杯是用我为你们流出的血而立的新约。"(路22:19-20)耶稣肯定复活。[①] 耶稣宣告自己带来的天国是医治病人、解放奴隶、接纳麻风病人、宽恕罪人、复活死者。"我就是复活,就是生命;信从我的,即使死了,仍要活着"。(若望11:25)

保禄坚信,就是基督在十字架上的死亡赦免了全人类的罪,死亡由于罪恶而带来的晦暗在基督的血内洗净。也是因着基督的复活,众人获得新生。若望则宣告基督本人就是生命,信仰基督就是进入生命,在基督的生命中死亡消失殆尽。在默示录中死亡被分为两种,一种是受迫害而死,这不是决定性的死亡,决定性的死亡是那些没有被记录在生命册上的人的命运。新约中谈死亡已经不是现世生命和肉体的死亡,而是深入到人是否得救。一个人如果不能认识到死亡并非生命的终点,而处于对死亡的焦虑和恐怖中,那么他就是属于死亡的;或者一个人不能生活在天主的爱中,不能领悟生命的

[①] 参考路20:36。

真价值,虽然活着,却如行尸走肉,那么他已经处于死亡中。耶稣基督不只是以宣讲天主的爱、行施奇迹来帮助人超越死亡,而且他亲自进入普通人的死亡,以自己的复活给予我们复活的担保。《若望默示录》宣告在最后的日子,海洋,也就是神话象征中的死亡阴府,死者的世界,被迫交还它的囚徒,吐出所有被它吞食的死者,死亡要被扔入火坑,彻底被焚毁:"海洋把其中的死者交出,死亡和阴府都把其中的死者交出,人人都按照自己的行为受了审判。然后,死亡和阴府也被投入火坑,这火坑就是第二次死亡。"(20:13-14)那时死亡不会继续存在,死亡将被摧毁,只有生命留存。① 格林多前书中保禄也肯定:"最后被毁灭的仇敌便是死亡。"(15:26)基督徒把对生命的渴望转向对天主的渴望,在天主内期待救恩的完满,丰沛的永恒生命。

四、死亡来于罪恶

梅瑟传统中,死亡被看作是来于罪恶,《创世纪》前十一章也属于这一部分。智慧书中承认善人和恶人都得死亡,人对死亡一无所知,但是很明确地相信:"天主并未造死亡,也不乐意生灵灭亡。他造了万物,为叫它们生存"。② 死亡被看作人类的仇敌,是天主愤怒的表示:"我们因你的义愤被摧毁,因你的怒火而扑倒"(咏90:7、11),所以,死亡不是一种自然现象。由于罪恶进入人的生活,死亡才随之而来。智慧书说:"其实天主造了人,原是不死不灭的,使他成为自己本性的肖像;但因魔鬼的嫉妒,死亡才进入了世界"(智2:23—24)。是亚当厄娃的罪把死亡带给了人类。"因为你吃了我禁止你吃的果子,为了你的缘故,地成了可咒骂的;你一生日日劳苦才能得到吃食。地要给你生出荆棘和蒺藜,你要吃田间的蔬菜;你必须汗流满面,才有饭吃,直到你归于土,因为你是由土来的;你既是灰土,你还要归于灰土。"(创3:17—19)亚当,陶土俑,但是亚当不只是来于土,他还接受了天主在他鼻孔中吹入的气息。归于土的只是骨骼血肉。感慨人生虚而又虚的训道篇作者说:"灰尘将归于原来的土中,生气将归于天主,因为原来是天主所赐。"

---

① J. Ratztinger, Esctologia, p. 108.
② 参考智2:23-24。

(12∶7)旧约末期的《达尼尔先知书》和《玛加伯书》认识到死亡不应该是一切的结束,在这个世界义人受苦、恶人得志,这不能因为死亡就不了了之。他们开始超越死亡的困惑,寻求复活和永生。

对观福音中记载耶稣的宣讲并没有谈到很多死亡与罪的问题,路加十三章中谈到耶稣得知比拉多杀害加里肋亚人的事情及史罗亚塔倒塌造成的事故时,要求人警惕死亡随时会来到,提醒人与天主保持和好的重要性,并没有讨论死亡与罪恶的普遍关系问题。并不是这些人的罪恶比别人大而招致不正常死亡,但是如果不悔改才是真正的丧亡。重点在于人与天主的好关系。他们的非正常死亡,并不一定是来于他们自己的罪,但一定是来于某种或者某个人的罪,所以人需要因此而警醒。

保禄与梅瑟传统一致,他相信死亡是人类罪恶承受的审判(罗1∶31);是诅咒(迦3∶13)。"就如罪恶借着一人进入了世界,死亡借着罪恶也进入了世界;这样死亡就殃及了众人,因为众人都犯了罪:成义也是如此"(罗5∶12)。罪恶并不是仅仅因为人生不能达成理想境界的一种缺陷,而实际上是不符合且敌对人生,所以引发天主的震怒。

若望没有关注很多关于死亡从哪里来,而是更加关注如何消除死亡。他谈到死亡是这个败坏的世界的标志,接受生命是消除死亡的最好方法,只有生命可以驱散死亡,而基督就是生命,生命来于爱,相信基督的人已经在生命中,投身于基督的人就在爱内,死亡自然消失殆尽(若望8∶51-58)。在告别赠言中,若望一再强调耶稣是去天主圣父那里,不是人们想象中的死亡:"现在我就往派遣我者那里去,你们中却没有人问我:你往哪里去?……我将真情告诉你们,我去为你们有益……"(若16∶5-6)耶稣而且启发弟子们:"只有片时,你们就看不见我了;再过片时,你们又要看见我。……我出自父,来到世界上;我又要离开世界,往父那里去。"(若16∶16、28)

《天主教教理》指出:"死亡是罪过的后果。作为对圣经和圣传真实的诠释者,教会的训导当局认为死亡是因人的罪过而进入世界。虽然人具有一个可死的本性,但天主却注定人不会死亡。因此死亡曾经是与造物主的计划背道而驰,它作为罪恶的后果进入世界。'本来人若没有犯罪,就大可免除肉身的死亡',现在肉身的死亡就因而成为人类'最后大敌',务须要将之克服。"(CCC 1008)"耶稣,天主子,已刻意地选择了死亡,为了我们祂在死亡中完全地和自由地按天主父的旨意交付自己。祂以死亡战胜了死亡,为众人打开了救赎之门。"(CCC 1019)天主是创造者,不是毁灭者;天主是赋予生命者,不是吞噬生命者。

五、我信永生

梵二会议《牧职宪章》对死亡的奥秘指出:

"面对死亡,人生之谜达到高峰。人不只是被肉体的痛苦和逐渐衰弱所折磨,而对自己永远毁灭的恐怖更加摧残人。但是心灵的直觉拒绝、排除这种人完全灭亡、彻底消失的观念。植根于人性内所有不可能归属于纯物质的永生的种子奋起反抗死亡。所有的技术尝试都很有用,但却不能平息人内心的焦渴:生物学所获得的延年益寿的卓越成果,不可能满足深植于人的内心、不可遏制的对于永生的渴望。

"虽然,面对死亡一切幻想都归于失败,但是,建立于天主启示之上的教会,肯定:人是被天主为了一个幸福的命运所创造,这命运超越于尘世所有的不幸之外。信仰还告诉我们:肉体的死亡,人本来是可以避免的,如果人没有犯罪①;这死亡有一天将会被战胜,那一天全能而慈悲的救主要恢复人因为罪过而失去的救恩。天主曾经并且仍然在召叫人们以整个的生命皈依他,共融于永不腐朽的天主的永恒生命中。这是基督在以自己的死亡把人从死亡中解放,并且复活起来的时候,已经赢得的胜利。② 信仰,为任何愿意反省的人们提供坚实的论证,回答他对于未来命运的焦虑;而对与自己被死亡分离的亲人,提供在基督内共融的可能性;并且赋予我们,关于他们已经在天主内享有真实生命的美好希望。"(GS 18)

在某种意义下,肉体死亡是自然的事情,人像世界上的一切其它生命一样会生老病死,但是就信仰而言,教会肯定死亡事实上是罪过的代价,天主

---

① 参考智 1:13;2:23-24;罗 5:21;6:23;雅 1:15。
② 参考格前 15:56-57。

曾经赋予人不死的特恩。拥有肉体和天主气息的人,因为拒绝天主的气息而使肉体的死亡性占据优势。罪过使疾病和死亡来到世界,死亡便成了人最后的致命大敌。人出生来到被人类罪恶污染的世界,最后被死亡抓获。但是人被创造不是为了承受苦难,更不是为了成为死亡的奴隶。人是造物的冠冕,万物的管理者,是天主的肖像,拥有天主的气息,注定分享天主的永生和荣耀。所以,死亡必须被粉碎,肉体不是人的一切。死亡也是人尘世历史的结束、完成和高峰,但是它不能把人结束,不能把一切归于乌有。死亡只能是个转折点,而不能是最后结束。死亡只是今生的结束,但不是生命的结束,因为这不是天主的意志。死亡的意义是,结束可以改变的时间,开始不变的时间;结束可死的生命,打开不死的生命;结束考验的时期,开始荣耀的时期。

死亡因耶稣基督而被转化,使众人出死入生。"即使耶稣身为天主子亦经历过死亡,因为这是属于人的处境。虽然祂面临死亡时曾感受到恐惧忧伤,但祂基于要完全地及自由地将自己交付给天父,而按其意愿踏上死亡之路。耶稣的从命将死亡由诅咒变为祝福。"(CCC 1009)"耶稣,天主子,已刻意地选择了死亡,为了我们祂在死亡中完全地和自由地按天主父的旨意交付自己。祂以死亡战胜了死亡,为众人打开了救赎之门"。(CCC 1019)

六、死亡,盖棺论定

轮回、转生或者灵魂转移,在宗教史中一直存在。他们认为人是灵魂,肉体是附属,所以有能力重新成型,进入不同的身体,包括人的、动物的,甚至植物的。轮回观念影响非常普遍,在某种程度上它表示了人内心深处对正义的渴求。人们希望善有善报,恶有恶报。多少人壮志未酬身先死,多少人憔悴终生难了宿愿,多少人忍辱负重一生坎坷,多少人慈悲善良却苦难连连,而也有多少人恶贯满盈却春风得意;有些人天生穷困、病弱、愚钝,有些人天生富贵、健康、聪颖……轮回给人一个心理平衡,给人一线希望。但是教会拒绝此观念,相信人只有一次生命,死亡就是未来酬报决定性的时刻,而且酬报是永恒的。"死亡是人在世旅途的终结,结束天主在现世施予恩宠和慈爱的时刻,这恩宠和慈爱是为按照天主的计划去实现他现世的生命和决定他的终局。当'完结了我们人生唯一一次的在世旅程',我们再不返回其他尘世的生活。'就如规定人只死一次'(希9:27),故此,没有死后再'轮回'一事的。"①

本笃十二世的《赞美天主》提到,在恩宠中死去的人直接获得荣福直观,在罪恶中死去的人直接进入地狱,仍然在天主爱内却留有瑕疵的去炼狱。死亡是救恩的决定时刻,死后不会再改变。当人死亡的时刻,也是人的尘世生命跑到终点的时刻。正如圣经说:"树倒向南或倒向北,一倒在那里,就躺在那里"(训11:3),不再变动。死亡是人生旅程的结束,也是恩宠和慈爱所给予我们在这个世界机会的满期,一个人所能够使用的在尘世实现自己的时间的终局。一切无法再改变。《训道篇》劝告人:"你能够做什么就努力去做,因为在你所要去的阴府内,没有工作,没有计划,没有学问,没有智慧"(9:10)。死亡剥夺人实现自己的权力。

不论是哲学、神学,还是心理学上,都有些人认为,死亡时刻是人生高峰时刻,更加深刻、丰富,同时也产生焦虑。或许如同胎儿降生时的焦虑,将面对一个陌生的世界,陌生的生命状态。有些人认为死亡的时刻人将脱离物质条件的束缚,和各种罪恶的枷锁,心灵获得自由。那时人一生的功过将得到酬报或者惩罚,人的认识力将获得超越。人在死亡的时刻会得到一个机会,拥有一瞬间的绝对清醒,同时一生如电影闪过,在此清醒中人做最终决定,选择站在天主一方,还是对立面。由于天主愿意拯救全人类,会赐给面临死亡一刻的人最后的抉择机会,即使是罪大恶极的人也会得到这个最后的机会。所以死亡是人生中最重要的时刻,是人最终自我实现的时刻,只有在死亡中人才有可能与天主相会,通过死亡人完全实现自己。

教会一直坚持临终敷油,相信天主的帮助对于临终的人至关重要。死亡的时刻是人最脆弱的时刻,最需要尊重、保护和安慰的时刻,但是教会并没有把死亡决定论的观点当作教义的一部分。教会承认的只是死亡结束人今生行善作恶的机会,为自己未来的永恒命运打下句号。若望保禄二世对此反问:死亡时刻的状态各不相同,平安、猝死、事故、处死、自杀等等,在亲人环绕中的死亡、在团体呵护照顾中的死亡、被遗弃中的死亡、饥寒交迫或

---

① 《天主教教理》1013。

者病痛中的死亡、战争或者罪恶中的死亡、功成名就中的死亡、祈祷中的死亡、憎恨中的死亡等等,其心理或者生理状况都非常不同,这样的一个时刻可以决定人的永恒命运吗?① 将人的选择与当初天使的选择并列不合理,因为人不是天使,人有肉体。拉辛格也反对这种观点,他认为无论是逻辑上还是圣经上死亡决定论观点都行不通。他强调人生历史和具体经历的实际价值,即使人死亡时面对天主有这样一个特殊时刻。希克也认为如果把一切都依赖死亡瞬间的状态,那么我们生命历史中其它时候的价值是不是被削弱了。黄怀秋也认为这种主张弱化了整体生命的价值,可能使人投机取巧。不过教会没有完全关闭这种观点,如果天主愿意在这个特殊时刻给人机会,他一定会帮助人,但是,人生历史的价值是不会被抹掉的。人的生命历程铸就人的一生,死亡的时刻只是其中最后一个点滴,所以教会既有临终敷油圣事,也有日常陪伴中的忏悔圣事和圣体圣事。

无论如何死亡时刻是一个极为重要和关键性的时刻。这个时刻一过,人一生的功过就已盖棺定论,无可翻改了。死亡是人人所不能免的,也是最确定无疑的,而死亡到来的时刻却最不一定,随时都能突然来临。圣经上把死亡比做贼,往往在人不提防的时候,突然光顾。所以圣经劝告我们防死要像防贼一样,要时常做好准备。也就是劝告我们要时刻努力避恶行善,像十个童女中的五个明智的童女,不离手地提着灯,装满油,准备新郎迎亲归来同赴喜筵;切莫像其余那五个愚昧者,一无准备只知睡大觉,到时手忙脚乱,不知所措,结果被摈弃在喜筵门外,空自懊恼为时已晚。

七、爱,消除罪恶、战胜死亡

不死是天主赏赐人的特恩,死亡是罪的后果,但是藉着基督的爱和基督的死亡,人获得永生的希望。人可以希望,只有当那里有爱,因为在被钉十字架的基督身上爱宣告自己战胜了死亡。

教会强调死亡的重要性,但是从来不认为死亡是好的。死亡是对生命的摧毁或孤立,是人的彻底分裂,是不自然的,是恶,是惩罚。死亡本身不是

---

① Veritatis Splendor, nn65-70.

天主的愿望，也不是人的行动，不是人主动的行为，而是受难，它违背天主的计划，也与人内心深处的愿望敌对，人是被迫接受它。死亡是违背人愿望的最大的受难，伤害到人最深处的渴求。死亡是最大的痛苦，最大的不幸。耶稣曾经为他的好朋友拉匝禄的死亡而哭泣。耶稣自己也害怕死亡，在橄榄园祈祷时他因为紧张而血汗并流，他向天父祈祷："父啊，如果可以请免去我这杯吧。"（玛26∶39）在十字架上基督经历着极度的痛苦和绝对孤独的死亡恐怖，祂不但被弟子遗弃，也体验被天主父舍弃的痛苦："我的天主，我的天主！你为甚么舍弃了我？"（玛27∶46）。死亡使我们与一切人、与一切断绝关系。但是最后他说："父啊，我把我的灵魂交在你手里"。（路23∶46）这是耶稣最大的安慰，他相信自己不会被阴府吞灭，自己的灵魂在生命之泉天主圣父手中。

死亡是罪恶带来的恶果，由于罪恶而来到世界。如果没有罪，生命不会这么悲惨。虽然死亡与罪恶不是一回事，也不是本质性的关系，但是它们有关系。① 罪恶破坏了天人关系以及人与其它一切的关系，最后导致人彻底地断绝一切关系。虽然生物学证明人死亡是自然的，好像天主创造人就是为了死亡。但是教会信仰对此科学说"不"。② 无罪的耶稣为了背负起人类的罪恶而承受苦难和死亡，为了打碎禁锢人类的罪恶和死亡。他告诉他的朋友："我就是复活，就是生命；信从我的即便死了，仍然活着；凡活着而信从我的人，必永远不死。"（若11∶25-16）

死亡是受难，不论是对于基督，还是对于我们。但是普通人的死与基督之死不一样。基督不需要救恩，他的使命是拯救我们；他的死是升天，我们是死于罪过；基督是自我奉献生命，我们是被生命抛弃。基督的死亡具有无上价值，因为吸纳了人类的死亡，将死亡转化为生命。但是死亡本身从来没有积极价值，耶稣也不是给死亡价值，死亡所展示的是圣子至死不变的爱和拯救人类的绝对意愿。战胜死亡的是爱。罪恶不会最后胜利，它不能摧毁天主的爱。耶稣因为爱而进入死亡，我们因此而被赋予生命。③ "没有比这

---

① 参考若9∶2-3.
② 罗6∶23："罪恶的薪俸是死亡，但是天主的恩赐是在我们的主基督耶稣内的永生。"
③ 罗5∶21："罪恶怎样借死亡为王，恩宠也怎样借正义为王。"

更大的爱了,为了朋友牺牲自己的性命"(若15:13),耶稣为了他的朋友,人类,而甘愿自我牺牲。他把摧毁人类生命的力量吸纳,在他自身内把它转化为生命,从而把全人类带入复活。在基督的胜利中,死亡被吞灭了!① 基督已经"藉死亡摧毁了死亡,藉着复活重建新生",②在光荣十字圣架颂谢词中也咏唱说:"主!你将人类的救恩建立在十字架上,为的是叫死亡从哪里产生,新生也从那里重现;使那个因木(知善恶树)致胜者(魔鬼),也因木(十字圣架)被彻底击败"。魔鬼因嫉妒,引人犯罪,使人招致了死亡,而耶稣基督则"藉着死亡毁灭那握有死亡权势者,魔鬼"。(希2:14)死亡成了我们进入永生的途径和桥梁。

基督徒不再害怕死亡不是来于人的自我说服,也不是因为不把死亡当作恶。基督徒承认,死亡是恶,因为它摧毁生命;不怕死亡,是因为天主的爱。基督徒的死是死于天主内,天主的爱内。③ 耶稣宣告:"我是道路、真理与生命。"(若14:6)有生命的地方没有死亡!

基督,真正的绝对义者,曾经是苦难和不义的承受者。他作为天主,而取得肉身,进入时空,隐藏自己的神性;他纯洁无瑕,完全无罪,却担负全人类的罪恶,从而使人获得自由;他作为天主子,甘愿被天主父所抛弃,进入远离天主的死亡之所,堕入没有生命的黑暗,以使得人重获生命。因为基督替人类担负罪恶而使人重新获得生命成为可能。因着基督,天主自己进入死亡之地,把与天主没有共融关系的地方转化成为天主临在的乐土,把死亡取消,将死亡战胜。④ 最后的生命将是真正的生命,甚至比人类现实的生命更加真实,因为事实上这个世界的生命也是一种生命的不完全形式,某种程度上的阴府,在这其中我们其实只可能有很少几次恍惚意识到真实的生命。死亡持续存在于我们的日常生活中,当我们封闭自己,当我们无所事事,当我们被疾病威胁,死亡就在敲门。所以,拉辛格认为死亡包括三个层次:死亡是徒有生命形式的虚空;死亡是生物生命的解体,比如疾病可以导致身体

---

① 格前15:54。
② 复活瞻礼弥撒颂谢词。
③ 《天主教教理》1006条。默14:13;斐1:21;Rm6:3、5;格后4:10。
④ 参考J. Ratzinger, Escatologia, p. 107-110.

的毁灭;死亡与爱相遇,在放弃自我,为对方奉献自己中,超越死亡。① 爱,是人所最需要的,而爱不能靠自己产生。

基督徒向往生命,信仰生命之主天主。基督信仰的终点是生命,是完满的生命;基督信仰坚持对生命的希望甚至是在深重苦难的阴影中,因为即使是在苦难中生命仍然是天主的恩赐,对人弥足珍贵,人仍然可以从中找到意义。基督徒知道人的生命不只是生物生命,而真理和正义是具体生命中不可缺少的要素,虽然常常人需要为此生命而承受苦难、做出牺牲。信仰并不寻找苦难,但是完满的生命需要经历苦难。基督徒不接受"不值得活下去的生命",任何生命都可以活出爱,都被赋予为爱而服务的使命。爱使人富有,给人自由,在爱中没有死亡。

八、与生命之主同死同生

"死在耶稣基督内真美",安提约基雅的依纳爵告白,"这一刻我再度出生已临近了……请你们容许我走到那纯美之光;到了那里我就会成为真真正正的一个人。"②纪念亡者的弥撒礼仪中我们诵唱:"主,为信仰你的人,生命只是改变,并非毁灭;我们结束了尘世的旅程,便获得永远的天乡。"③因此,对基督徒来说,死亡并非一件令人望而生畏的事,许多圣人都能视死如归,切望死亡。教会也是在圣者的死亡之日为他们祝贺在天乡的新生。保禄曾对教友说:"因为在我看来,生活原是基督,死亡乃是利益。但如果生活在肉身内,我还能获得工作的效果:我现在选择那一样,我自己也不知道。我正夹在两者之间:我渴望求解脱而与基督同在一起:这实在是再好没有了;但存留在肉身内,对你们却十分重要。"(斐1:21—24)圣奥古斯丁也常这样求天主说"我的主,请赐我死亡,好使我生活"。圣女小德兰在临终时也说:"死亡为我是一件很愉快的事"。圣人们之所以有如此的心情,因为他们有极大的信心,知道死亡就是安眠于主怀中,进入真实的生命,永恒的活水泉源。因着他,"'我们相信今生我们这个身体将会真正地复活。'虽然在坟

---

① J. Ratzinger, Escatologia, p. 110.
② 安提约基亚的圣依纳爵,《致罗马人书》6:1-2。
③ 《罗马弥撒经书》,追思亡者诵祷。

墓中我们播下的种子是一个可朽的身体，可是一个不朽的身体将会复生，它是一个'属神的身体'。"（CCC 1017）

九、神学家观点

新教神学家卡尔·巴特拒绝灵魂不死论，他认为死亡是人整体的消失和被破坏。灵魂不灭不是来自圣经的启示，而是天主教会受到希腊文化影响的产物。巴特深受第二次世界大战的震动，那些悲惨的死亡经验告诉他死亡是恐怖的，是破坏，是摧残，是痛苦，而不是像希腊文化中悠然飘离，幸福安逸。所以他更加认同圣经中指出的死亡是一种破坏。同时他不同意死亡来于原罪的观点，他认为人的本质就是要死的，但是如果说死亡真的把一切泯灭，实在太让人无法接受。而天主的本质是不死，天主是纯粹的生命，所以人只有完全依赖天主，寄托全部希望于天主。虽然死亡把人破坏，但是天主的生命力会把人复活。人会复活，但那是基于天主的力量，是天主完全新的创造。这种观点在某种程度上消除了末世期待。那个未来复活的人是今世这个人的复活吗，或者是新造物？死亡泯灭的恐怖让人可能领会到自己的无能和渺小，而把一切希望寄托与天主。但是我们认为巴特的理论仍然是建立在信仰的基础上，否则这种死亡的泯灭恐怖可能让人绝望而疯狂，无所事事或者穷凶极恶。

另一位新教神学家库尔曼，他也拒绝灵魂不死的观点。他用救恩史的观点解释死亡。人在基督内获得新的时间，在基督内的人死后脱离现世的时间，而存在于救恩的时间内，不会完全消失。在救恩的时间内死人进入睡眠状态，直到被基督唤醒，就是肉身复活之时。

拉内也主张对于"死亡来于罪恶"的观点应该给予重新解读。他认为伊甸园里的死亡是一种自然的生命完成，是主动的。后人的死亡虽然成为痛苦的和被动的，但是它仍然有两面性，一方面是对人的破坏性，另一方面却是为了达到生命。首先卡尔拉纳提出自己的时间观，他认为永恒不是在时间之外，而就在时间内，且在时间内成熟。人在时间中活动和生存，但是人的自由使人超越时间，而具有永恒的价值。由于人的自由，使人不是生活在圆周性的时间里，因为在人生命中发生过的事情真实地留存在生命中，所以永远就在时间内。死亡也是如此,虽然死亡在现象上呈现出来的是黑暗和破坏,但是就在死亡现象中,在黑暗和破坏中,人以自己获得了解放的自由一次而永远地做出选择。就在选择的同时,永恒成熟了。所以,永恒蕴含在时间中,生命产生于死亡内。死亡在现象上好像给人带来限制,如事业的半途而废、亲友的分离等等,拉纳认为,恰恰就是在这种被限制的现象下,却是人拥有最大自由的时刻,是人的自由最成熟的时刻。一方面这种选择不同于人在生命中时做个别选择的自由成熟度,同时也脱离一切物质羁绊,在自由中做出抉择。这时人的自由是完满的。所以死亡一方面是空虚和限制,另一方面是人生命的完成点,人在死亡时得到完全的自由。死亡,看起来一方面是新陈代谢的衰退和老化,是被动;另一方面人却在死亡时获得最大的自由,不受物质牵制,成为主动的。属于死亡决定论者。博罗什(Ladislaus Boros),天主教灵修神学家,也是耶稣会士。在其著作《死亡的奥秘》中,把注意力投注在"死亡瞬间"的"临终基本抉择"上。那个瞬间是超越时间的,在那瞬间,人终极地、圆满地、全然地、毫无束缚地、不可重复地面对自己生命的真实,以其全部生命力做出终极选择:赞成或者反对天主。卡斯(James Carse)认为,罪,与其说是死亡的原因,不如说它是死亡的"刺",如保禄提到的,它使死亡变得痛苦。而基督之死拔除了这根刺,把死亡转化成为希望。也就是说,罪恶使死亡变得痛苦可怕,不自然。

还有一派被称为先知派。先知们曾经宣布人在死亡时会进入天主的许诺内,所以先知派主张,天主的许诺这个外在于人的因素,就是天主的爱,在人死亡的时刻决定性地拯救人。如心理学肯定,人内在深处有一种对生命的深度渴求。这种渴求来于天主,是天主的承诺,天主的爱,所以人的生命必要实现,而不是毁灭。真爱是利他的,天主希望人生活。人在一生中常常会得到来自他人的意想不到的帮助,使一个人逐步实现自己。同样在死亡的时刻,面对无法参透的死亡奥秘,爱的天主必会帮助我们实现跨越。拉辛格认为,死亡是关系的断裂,爱可以使之恢复,从而战胜死亡。

那么死亡会不会是两个世界的中转站呢?在生物学中,人生命的时间性不只是指身体生命,而也包括人认识能力的成长和心灵的成长、爱的能力的成长和人格的成熟,包括全方位人之为人的成长。那么一个人死去,就是从历史中逸出,对这个人来说他的历史结束了。但是他并不会失去与人类历史的联系,他仍然处于人类历史的大网中。不只是他的罪继续起作用,他的爱也继续影响。教理说,"死亡是天主呼唤人到祂那里的时候。"①

天主与人的关系如同灵魂与肉体的关系,天主使人活如同灵魂使肉体活。死亡是今世生命的界限,但不是我们与天主关系的界限,相反,死亡如同一扇门或者入口,通过它我们与天主的关系获得更新,进入永恒。通过死亡,我们的生命达到完满,获得荣耀。

贰 私审判

"在人生的暮钟响起时,我们将按爱德受审。"②

一、私审判

教会从来没有以宗座训导权定断私审判的内容,它从来没有被列为正式教义,不属于信理内容。不过教会在很多场合常常谈到私审判,人们也普遍接受。

《赞美天主》通谕明确肯定每个人死后马上接受对个人的审判(DS1000)。《教会宪章》谈到私审判,引用格后5∶10和若5∶29,"在我们和光荣的基督一起凯旋之前,我们都要出现于'基督的法庭,按照生前所做的善或者恶,领取相应的报酬',并在世界末日,'行过善的,复活进入生命,做过恶的,复活接受惩罚'。"(LG 48)认为"与光荣的基督一起凯旋之前"与"世界末日"的最后审判是不同的时刻。而《天主教教理》直接谈到私审判:"新约谈到审判时,所采用的基本脉络是迎接基督第二次来临。但是有些经文暗示义人和罪人死后立刻进入不同的境地,马上就按其生前的功业和信仰得到报应。比如可怜的拉匝禄和富翁的比喻,富翁和穷人拉匝录死后处

---

① 《天主教教理》1011。
② 参阅圣十字若望,《光明和爱德之言》57。

于不同的境地。"①

二、圣经依据及在教会中的演变

圣经谈论最后的审判很多,但是也有一些章节涉及个人审判或者说私审判。旧约中雅威非常重视以色列人民的伦理道德生活,并且以此生活而施行奖惩。"你有伟大的计谋,行大事的能力;双目注视人类子孙所有的行径,依照各人的行径和行事的结果,给予酬报。"②"对自己的行为,人都自觉无瑕;但审察心灵的,却是上主。"③而且指出雅威的审判是全面性的。

整个圣经都没有明确谈到人死后立刻有审判,但是暗示出人死后马上有奖惩,一个人的终局可能与另一个不同。比如,关于拉匝录的故事,

> "有一个富家人,身穿紫红袍及细麻衣,天天奢华地宴乐。另有一个乞丐,名叫拉匝禄,满身疮痍,躺卧在他的大门前。他指望藉富家人桌上掉下的碎屑充饥,但只有狗来舐他的疮痍。那乞丐死了,天使把他送到亚巴郎的怀抱里。那个富家人也死了,被人埋葬了。他在阴间,在痛苦中举目一望,远远看见亚巴郎及他怀抱中的拉匝禄,便喊叫说:父亲亚巴郎!可怜我罢!请打发拉匝禄用他的指头尖,蘸点水来凉润我的舌头,因为我在这火焰中极甚惨苦。亚巴郎说:孩子,你应记得你活着的时候,已享尽了你的福,而拉匝禄同样也受尽了苦。现在,他在这里受安慰,而你应受苦了。除此之外,在我们与你们之间,隔着一个巨大的深渊,致使人即便愿意,从这边到你们那边去也不能,从那边到我们这边来也不能。那人说:父亲!那么就请你打发拉匝禄到我父家去,因为我有五个兄弟,叫他警告他们,免得他们也来到这痛苦的地方。亚巴郎说:他们自有梅瑟及先知,听从他们好了。他说:不,父亲亚巴郎!倘若有人从死者中到了他们那里,他们必会悔改。亚巴郎给他说:如果

---

① 《天主教教理》1022。
② 耶32:19。
③ 箴16:2;21:2。

他们不听从梅瑟及先知,纵使有人从死者中复活了,他们也必不信服。"(路16:19-31)。

比如基督在十字架上对悔改的右盗说的话:"我实在告诉你:今天你就要与我一同在乐园里。"(路23:43)。保禄对菲利伯人表示自己希望马上死去以便与主基督同在:"我正夹在两者之间:我渴望求解脱而与基督同在一起;这实在是再好没有了"(斐1:23)。他在格林多后书中也说:"我们几时住在这肉身内,就是与主远离……我们放心大胆,是为更情愿出离肉身,与主同住。为此我们或住在或出离肉身,常专心以讨主的喜悦为光荣。因为我们众人都应出现在基督的审判台前,为使各人借着他肉身所行的,或善或恶,领取相当的报应。"①

关于私审判,1世纪的教父们在著作中表现出非常大的不确定。从4世纪开始就越来越清晰地发展私审判的教理。一般都认为殉道者会在死后马上接受审判而进入天堂,义人也如此。热罗尼莫就认为在最后审判发生的事情在个人死后已经发生。不过安布罗斯认为所有的死人都安息在阴间,直到末世审判,有人等待光荣,有人等待惩罚。奥古斯丁不是很确定,他有时认为在死亡和最后审判之间,死人要安息在一个隐蔽处。有时他又认为灵魂一离开身体就接受审判。8世纪以后普遍肯定人死后马上赏报。另外里昂二次大公会议(DS 857,858),佛罗伦萨大公会议(DS 1305,1306),都谈到人死后马上有私审判。

经院时期,托马斯认为,除了最后审判,还有一个审判,人一死就接受。14世纪,教宗若望二十三世在阿威农多次讲道中提到,被选者的灵魂到最后审判和肉身复活后,才能够获得享见天主的荣福。这让当时的人们很惊讶,就是说在那个最后的时刻前灵魂一直拥有不完全的幸福。其实教宗的意思可能是,在基督再来时,人类才可能达到最后的完满。强调团体共融。这个问题在当代又开始受到关注,并被重新认真考虑。他的继任本笃十二世在1336年颁发《赞美天主》(*Benedictus Deus*)肯定人死后马上有审判,那是私审判,不需要炼净的人可以直接升天堂,死于大罪的人立刻受永罚。(DS 1000)1513年拉特郎大公会议宣布灵魂不朽为教义(DS 1440)。

---

① 格后5:6。

三、私审判的性质

死亡是一个人生历程的终结,如果人死后立刻面对他的最后命运,那么也就应该立刻面临审判。这个审判是指人在死亡时所体验到的审判,属于个人性质,所以称为私审判。"每个人自死亡那一刻起,在其不灭的灵魂上会领受永远的报应,这就是私审判,因为人此刻将自己的一生与基督的作对照:或者经历一个炼净期,或者直接进入天堂的荣福,或者直接承受永罚。"[①]

但是有些神学家认为,天主通过基督最后审判人类,不会有个人面对天主的审判。马丁路德也否认私审判,认为这与最后审判重复,所以人死后只有最后审判。否认私审判的一方,主要持两种理由。首先是圣经大量谈到最后的审判,而没有明确关于私审判的证据,并且即使被引用为证据的章节也寥寥无几。教父传统中也几乎没有人谈到。

第二个理由来于神学。如果说天主通过基督对历史和全人类进行普遍审判,超越人类的设想和预见。那怎么可能还有个人面对基督的私审判呢。因为人深深联系着社会和人类,沉浸其中,被外界、环境和心理所左右,不能独立接受审判。另一种方法来说,社会的罪、集团的罪、机构的罪,它们比个人的罪更加严重,只有在社会大背景下,在全体连带关系中才可以合适地审判个人,个人的救恩也只有在最后审判时才会完全实现。所以这是神学上接受人死后马上进行私审判的难点。

但是天主教会肯定,每一个人得救或者受罚,自己的伦理认识、自己的自由选择很重要。如告解圣事要求人认识、告明、忏悔、补赎。诚然,外界影响很大、很重要,但是,对人的内心深处并不是决定性的。人的尊严,要求个人面对自己的创造者。忏悔圣事使基督徒习惯于在日常生活中、在人生中,不断地用天主的标准反省自己,也就是审判自己,可以及时矫正自己的生活、指导生活,而避免像从来没有体验过忏悔圣事的人,在生活中缺乏反省和标准,一旦面对天主就手忙脚乱,无从打点自己的一生。

关于私审判与公审判的关系,教会认为二者有截然区别,也彼此联系。

---

① 《天主教教理》1022。

从人学基础上来说,个人不会在团体内以无名氏得救或者被惩罚,也不会如单子元素与别人没有任何关系。二个审判看上去似乎重复,不过表现人生的二个方面:个体-责任-人,团体-社会。人是个体人,也在团体内。

私审判与公审判二者有密切联系,因为主体是同一的。私审判是个人的伦理认识,也就是他在世界上做过的一切,留下的一切;公审判是个人行为对于世界善恶的影响,对人类团体、对历史的影响。如托马斯所说:每一个人同时是个体,也是整个人类历史中的一部分。最后审判是对于历史的审判。

这里又涉及另一个问题,如果说人死后永恒的命运决定于每一个人的认识和责任,那么这是不是一种自我审判。比如博罗斯:"审判将会在我们个人最隐秘的内在深处实现……审判是我们个人经验、希望的最深处。"①地狱"就是这个人内在称量自己……而认识到自己的卑劣恰恰适合于那里。"②他认为在这个审判中,人不需要面对天主接受审判,而是自己完全认识,自己审判。自己为自己找到合适的位置。人自己实现自己的永恒,不幸或者幸福。这种理论试图挑战审判中天主可能的独裁,由天主单边给予的审判。

这是不是一种自我审判,甚至个人决定?这种观点违背传统,比如奥古斯丁说:"生命书是指人由于天主的力量和能力而记得自己的一切行为,而看清楚自己,审判自己。"③托马斯也认为,"写在我们心中的法律,将是我们认识力和理性的见证。有时谴责我们,有时保护我们","天主在审判中对人的认识力如同人的控告者。"④人的灵魂是被天主照亮,认识到自己适合奖励还是惩罚。

审判不能是个人决定,不是人决定哪一个地方更加适合自己。如特兰托大公会议指出:任何人不应该审判自己,人整个的生活只能由天主审判,而不是人。一个罪人,魔鬼的奴隶,谎言之父的孩子,没有能力正确自我审判。人靠自己常常没有能力实现自己的幸福,没有能力确立在善内。是天主给我们幸福,赐予永生。只有天主才知善恶(Gn3)。最圣的人也不能探测

---

① L. Boros, Noi siamo futuro, p. 165.
② L. Boros, Noi siamo futuro, p. 165.
③ 《天主之城》, XX, 14.
④ 《神学大全》, II-II, 问题 67。

天主的慈悲。所以人应该谦卑接受天主的启示,请求天主告诉我们他的法律和意志。是天主将人带向天堂,不是靠自己。

不过这种理论有一个正确的直觉。天主审判每一个人根据自己的认识。这种理论不能被接受,因为没有表现罪恶是对天主的冒犯,也没有表现永生是天主的恩赐。根据天主教信仰,天主拯救,或者天主惩罚每一个人,根据人对于天主恩宠的回应,是一种对话关系。在死亡的时刻,人会看清楚自己处于什么样的地位,是与天主结合的还是隔离的;是处于罪恶中的,还是忏悔了的。他采取接纳天主,还是选择继续与天主背道而驰。在这样做的同时,他就是在审判自己,这是自我审判,但根本上是天主的审判。首先,是天主给人最后选择的机会,接受爱,或者拒绝爱,人在这时最后抉择。另外,在这个审判中,人将放弃自己作为衡量一切的标准,而面对在耶稣基督内展示的天主的标准,那普世真理——在耶稣基督内实现的天主的爱、神圣和公义。人不能再把这个世界的动机和标准带入死亡。面对此真理,此标准,人做出审判,找到自己的位置。那一刻,人站在天主面前,面对基督,认识自己的一切,正确地、没有偏见地、不再寻找借口地、不再隐晦地、肯定地,看到自己的生活谱写的自己的一生,确认自己属于天主还是远离天主。但是,那不是一个决算的时刻,而是一个心灵发现自己的时刻,自己是否处于信仰和爱中。在天主基督的标准内,他成为自己的判官。在这一刻,一个人也可能面对天主翻然悔过,为他所犯的一切罪过求得宽恕,成为一个充满信仰与爱的人。这个私审判是个人与天主的对话,是人在天主基督内深刻地、真实地认识自己,从而审判自己。这是按基督的工程而做的一个私审判,而基督就是生者和死者的审判者。① 审判官是耶稣基督,标准是自我启示的天主,是爱。事实上,人在洗礼和忏悔圣事中,已经参与了天主对罪人的审判。在圣事中,人得到的是罪过的赦免和内心的革新。这个事实也同样适合私审判。天主为每一个人预定了完美的规划,但是由于人的软弱和顽固而导致规划不能完满实现。在人死后,到了盖棺论定的时候,人的生命要被检验。每一个人的生命都要受到审查,每一个人都要对自己的生活做出反省和回答,每一个人都要再次被质问:亚当,你在哪里?——你处于什么样的

---

① 《天主教教理》1051。

境地?

审判有双重意义,可能是释放,也可能是定罪。在这个审判中,"展示给人两个可能性,接受或拒绝天主在基督内显示的慈恩"。① 对于那些接受过洗礼和忏悔圣事的人,在恩宠、忏悔和良知中已经接受天主的审判,这时在私审判中将是获得解放和自由。

叁　末世过渡阶段及灵魂的幸存

一、灵魂,古来的信仰

灵魂的命运在末世问题中占据核心地位。圣经中"灵魂的不朽"虽然借助于希腊哲学得以发展,但我们不能说它是不合法地由哲学插入基督信仰的。相信灵魂不死是人类中一个普遍的古老传统。教理指出,"很多次,灵魂一词在圣经里是指人的生命,或者指完整的人的位格,但也指人心内最隐秘的、最有价值的和特别使他成为天主肖像的一切:'灵魂'是指人的精神本原"②一个人死后,肉体我们可以看到它腐烂了,那么灵魂哪里去了呢?或者说人死后肉体腐烂了,或者被火化了,那这个人有没有什么留下来呢?腐烂的那个肉体就是那个人吗?或者腐烂的只是那个人的肉体,而那个人却仍然存留。人活着的时候,灵魂也未必受肉体完全的限制,在黑暗的囚牢人仍然可以冥想蔚蓝的天空,一个身体伤残的人也可以想象翱翔长空的自由,即使身体睡眠了人仍然可以在梦中谈笑风生。人的灵魂本来就是开放的。肉体死后,灵魂在哪里呢?

按照人类学家和考古学家的发现,人类自古就不只是关心自己的饮食,而且敬神、祈祷,为死者举行安葬礼仪、纪念亡者等等,对灵魂的存在和人死后灵魂不灭一直有信仰,尽管或许不清晰。鬼神信仰在中国一直非常流行,源远流长的祭祖和丧葬礼俗都说明国人相信灵魂不灭。几乎遍布整个中国

---

① 《天主教教理》1021。
② 《天主教教理》363。

的汉代丧葬艺术中的画像砖和画像石上，经常出现的一个题材是"仙人骑白马"。画中的仙人就是死者，骑白马瑞兽升天，周围飞腾环绕着龙凤。汉代人认为，人死之后，身体是不动了，但魂魄还可以存在，所以，在汉代的很多墓葬中，在棺椁及墓门上，都有专门的一个小孔，供魂魄出入。古埃及人也相信人死后灵魂仍然继续生活，葬尸的地方就是灵魂的住所。生前敬礼神明的人，在死后也获享神明的礼遇，享受天国。在印度活人很害怕死人的鬼魂打扰他们，所以特别重视葬礼祈祷安慰亡者。灵魂观在希腊罗马非常普遍。毕达哥拉斯相信灵魂和灵魂轮回，也相信事物、宇宙和星辰都有灵魂。柏拉图明确主张灵魂不死，灵魂不只是人生命的根源和自动原理，而且主宰人的全身。亚里士多德相信灵魂和肉体共同形成一个人，人的灵魂有三种功能：生活、感觉、思想。罗马人认为死人如果得不到活人的葬礼和供祭就会成为游魂，到处害人，所以他们祭鬼如祭神，对死人敬而远之。现代的未开化民族中，一般都惧怕死人，相信死人的灵魂神通广大，可以加害于人，也可以帮助人。非洲人相信灵魂和肉体平常合为一个人，但有时会分开，当人幻想出神时，灵魂会跑得很远；睡眠时，灵魂会出去旅行；人有病是因为两个灵魂抢夺一个肉体。当代人仍然不懈地探索灵魂是什么，是不是永生。

那么灵魂是什么呢？中西哲学家自古就关注灵魂问题，但是至今不论是自然科学还是人文科学都没有定论。德尔图良在《论灵魂和身体复活》中说："我们承认灵魂起源于天主的气息……灵魂是被造的，有它的出生。"尼撒的格列高里说："灵魂是一种被造的、活生生的、有智慧的实体，她把生命力和把握感觉对象的能力从自身发送给结构精致、感觉灵敏的身体，只要有这种能力，作为感觉对象的自然物能够联系在一起。"[①]奥古斯丁在《灵魂不灭论》中，强调灵魂为神体，不死不灭，灵魂与肉体的关系是使用肉体。圣托马斯定义灵魂是：肉体、营养、感觉、行动和思想的第一根源；灵魂是非物质的，人只有一个灵魂，人死后灵魂可以存在。现代西方哲学中，斯宾诺莎和莱布尼兹等人追寻传统认为灵魂是自立体；休谟和一些实验心理学家主张灵魂为意识；康德认为灵魂是人的纯粹理性无法认识的；黑格尔称灵魂为理智；叔本华称呼灵魂为生活意志。卡尔·亚斯培(Karl Jasper)对灵魂的定义

---

① 尼撒的格列高里著，张新樟译，《论灵魂与复活》，上海世纪出版社，2005，第33页。

是：人思想和行动的源流。对于灵魂与人的关系，亨利西·利克（Heinrish Rickert）主张三元论：肉体与外界、灵魂与肉体、意识与意识的内容。马克斯·谢勒（Max Scheler）主张的三元论是：人的精神中心位格、心理现象我、科学研究对象肉体。胡塞尔（Edmund Husserl）把三元论分为：肉体现实的世界上的我、纯粹意识的现象我、形成前两个来源的形上我。

现代许多科学家也通过科学实验对灵魂的奥秘进行了大量探索，并取得了明显成绩。1963年诺贝尔医学奖获得者，澳大利亚神经生理学家若望艾克理教授（John Carew Eccles，1903-1997）在他的获奖论文中说："神经细胞彼此之间有无形的沟通物质，这就是灵魂的构成。人体内蕴藏着一个非物质的思想与识力的'我'，它控制着大脑，就好比人脑指挥电脑，它使大脑内的脑神经细胞发动工作，这种非物质的'识我'，在肉体大脑死亡之后，仍然存在并仍能有生命活动形态，可以永生不灭"。美国加州工学院著名神经生物学家史柏理博士，曾经以其分解人类大脑两半球的详细功能学说而获1981年诺贝尔医学奖。他说："人的自我是一种崭新的必要的非物质，只出现于复杂分层结构组织的肉体大脑，控制着大脑的每部分，制约着合计一百亿个脑神经细胞的机械功能的本能活动。"全世界很有名的数学家约翰·冯·纽曼博士，曾经发明精密的数学定理，为新兴的"量子学"奠下基础。他也提出："人体可能具有一种非物质的'识我'控制肉体的大脑和遥控物质。"1963年诺贝尔物理发明奖得主尤金·威格纳博士，这位本世纪最伟大的物理学家之一，大力支持冯·纽曼博士的量子学说内涵的哲学部分："人类具有一个非物质的意识力，能够影响物质的变化！"1978年，诺贝尔医学奖的获得者，神经生理学家艾克尔斯总结他多年的研究经验，提出了一个惊人的新观点：大脑的兴奋并不等于精神和意识。他认为人有一个独立于大脑的"自觉精神"，大脑只是它的物质工具而已。他说："我们每个人在胚胎发育或幼小的某个时期，就具有非物质的思维和自我领悟能力，这种人的'灵魂'，使我们具备了人类的特征：意识、思考、爱、恨、怕等。"他推测，非物质的"自我"在物质大脑死亡后依然活着。

二、教会信仰中今天面临的问题

在宗教内部,近代以来灵魂问题曾经受到怀疑。20世纪下半叶灵魂不死的观点受到质问。其实自20世纪50年代已经开始热烈讨论灵魂不死与复活的问题,逐渐影响到整个神学领域和宗教领域。

20世纪在基督新教有三派不同的观点。卡尔·斯汤(Carl Stange,1870-1959)、阿道夫·舒特(Adolf Schatter,1852-1938)和保禄·阿托(Paul Althaus)认为谈论灵魂不是圣经的话题,而是来于希腊文化,应该拒绝灵魂肉体二元论,这是受到柏拉图的人死后灵魂肉体分离学说影响。这个问题涉及复活的问题,他们认为人未来的复活应该是整个人的复活,而不是灵魂与肉体重新相遇。死亡是一个人彻底的消失,死亡以后人不存在,复活是完全另外的整个人的新创造。不存在死亡到最后审判时期的过渡阶段,因为灵魂不幸存。但是复活的人还是原来的同一个,性格、形象、方式等都一样。阿托说,在我们和天主之间隔有死亡,人不可能不越过死亡而到达天主。另一派以卡尔·巴特和布鲁内(E. Brunner)为代表,也反对灵魂幸存。他们认为死亡只是把人从时间领域推出,所以不存在死亡与最后审判之间的时间问题,人死后马上就看到Parusia,处于复活状态。在死亡与复活之间不存在区别,而是二者完全合一。对于每一个人,死亡的时刻也就是复活的时刻。复活是对于一切人相同的、普遍的事情。事实上这种观点消除了末世论。第三派是库尔曼和梅诺(P. Menoud)的观点,他们承认在个人死亡与最后人类大结局之间有一个过渡,人死后其内在自我仍然幸存,但是处于睡眠状态,这是不完美的、一种过渡的状态,需要天主的介入才会复活。但幸存的不是像马丁路德说的灵魂,人死后不能丢失的是精神,而人已经不是原来的人。他认为精神是天主的恩赐,人死了也不会失去,其依据也就是圣经传统中认可的人是由土和天主的气息组成的。库尔曼在1956出版的《灵魂不死,还是死人复活》一书,谴责灵魂不死的观念是来于希腊文化影响,尤其是柏拉图,现在我们需要回到纯粹的福音信息,宣告死者复活。只有复活才决定整个的救恩史,死亡、复活与希腊文化中的灵魂不死是不相容的。

天主教也受到影响,1970年甚至在罗马亡者弥撒和葬礼弥撒中"灵魂"

二字也消失了。但是,"灵魂"在传统上一直被认为是教会宣讲的中心问题之一,到底是什么如此快地改变了长久的传统呢?拉辛格批评这种观点是受到现代自然人学的影响,相信人只是身体,不希望承认还有一个灵魂。圣经中确实提到人是不可分离的整体,教会也肯定死亡是对整个人的吞噬,是一个"人"的死亡,而不是"肉体"的死亡,不过这种说法被现代自然人学推到了极端。

但是这些探索使人们开始重新认识时间和肉体的概念。"在最后那天复活",是什么意思?在时间结束时如何确认复活者的身份也是个大问题。生前的那个和复活的这个有什么关系呢?以什么为关系呢?死亡即是复活之时的观点一度很有影响力。时间的结束将不再是时间,不是日历的结束,或者日历中未来的某一天,而是在时间之外。死亡是逃离时间,进入无时间,无先后,与所有的时间都是同样的距离。这个问题在天主教会钦定圣母玛利亚升天信条时已经有过热烈讨论。或许我们可以思考,时间是肉体生命的形式,死亡是从时间逃出,进入永恒,进入永恒的"今天"。只有肉体才受时间限制,在无时间的领域,肉体也将是另一种状态。那么,人死亡与人复活是不是同时发生呢?从死亡到复活的"中间状态"是不是仅仅来于人的观点呢?时间结束后既然是非时间的,那么人死亡就是进入最后的现实,是不是也进入了审判、复活及主的来临中呢?所以,复活发生在个人死亡的时候,而不是在宇宙的最后一日。在死后某种程度上的存在已经是某种程度上新肉体的复活。这个观点曾经被许多教理书所接受,比如荷兰教理书。那样,圣母玛利亚的情况就适合于所有的人,每个人死后都进入新天地,相遇基督再来和复活。但是教会虽然相信童贞圣母玛利亚灵魂和肉体一起升天,预示人类命运的真正未来,也是每一个人被召叫要达到的目标,但是教会强调玛利亚的事件是独一无二的。

卡尔·拉纳接受死亡之时也是复活之时的观点,但是拉辛格反对。拉辛格指出这种情况引发二个问题:这是不是在含蓄地讲不死?当死人被抬往坟墓时,他却已经在时间之外复活了?另一个问题是,时间、历史与永恒。与物理时间不同的、非时间的形态,也就是永恒,只对死后的人才会有吗?时空与永恒是什么关系呢?永恒,有没有开始呢?永恒需要一个时间性的开始吗?人死亡就复活在永恒中吗?同时这个观点也预设不存在世界末日。末世论被缩减为个人的事情,再没有历史,因为没有赋予历史以整体意义的历史的结束。拉辛格说:"如果一个永恒有开始的话,那它将不是永恒。所以,那些在一个有限的时间中生活过又死去的人,不可能简单地从一个时间的结构中过渡到一个永恒的、非时间性的结构中。"①人死了,仍然是人,而不会变成天使或者神,所以天使或者神的存在方式仍然不适合人。那么,人在不同于现在这种物理形式的状态下,将如何仍然以人的方式活呢?拉辛格借用奥古斯丁《忏悔录》中的思想,谈到人一生中不同的生活阶段与"记忆"。在记忆中,过去、现在和未来都存在,这使得人一方面联系着天主的永恒,另一方面联系着人的时间和超时间。记忆把持续流淌的事物、事件和现实合一。每一个人各种各样的"今天"因记忆而不同。在记忆中,过去也是今天,但是那个今天与现在这个今天是不同的,同样未来的今天也与这个今天不同。那就是说,人处于现在的物理环境中时,其肉体结构受到这种物理限制,但是人同时不只是肉体,还有精神。所以,仅以物理条件分析人的问题是不足够的,尽管物理时间限制精神功能。即使仅仅在生物环境中,已经表现出来超越物理环境的现象,何况在人的精神生命中呢。比如表现在树木年轮中的时间不只是指出太阳照耀它的轨迹,同时也是它自身生命的一部分。"对于人的认识力来说,他所经历的不同时间段就是他的所谓的时间。时间对于人来说不只是外在的、物理性的,而恰恰是在这时间中人得以成长,塑造了人的认知和爱、变化和成熟。这就是我们的所谓人性。"②所以,拉辛格说,人不只是有其物理时间,也有自己的人学时间,与记忆时间有关。人的时间不是单纯地联系着物理时间,更不是建基于其上,所以,我们也不知道在未来人与物质会是一种什么关系。但是,人死亡,脱离历史,却不能脱离与历史的关系,他仍然处于人类之间互相不可能脱离的关系网中。整个的历史只有当最后一个人完成他的生命时才会告终。所以,事实上人类是互相依存的,包括整个造物,对于任何一个离去的人,仍然在流淌的历史都不是与他毫无关系的。每一个人与整个人类的命运都是息息相关的。

对于复活的人的问题,拉辛格认为在灵魂脱离肉体时,并不失去它与物

---

① Ratzinger, Escatologia, p. 191.
② Ratzinger, Escatologia, p. 192.

质最基本的关系,不会变成纯精神,而是与物质仍然保持某种关系。但是,由于脱离了属于它的身体,它也在某种程度上被改变,不能发挥其功能,不过它仍然是一个人的灵魂,注定再属于那个人,也就是复活后的身体的魂。

三、圣经和教会中关于灵魂的观点

圣经中对人死后情况的启示是比较模糊的,尤其是关于个人死亡与世界末日之间死者的状态更少提及。圣经谈人是肉体与天主口中的气息共同组成的活人。人的生命气息来于天主,因此来于土的肉体才会活。天主创造人是为给人一个不朽的存在,"不朽"不等于"持续的存在",而是指与天主的接触。在与天主的接触中人可以是另外的存在方式,使人活的是天主的气息。"诚然,阴府不会赞颂你,死亡也不会称扬你;下到深渊的,也不会再仰望你的忠诚。"(依38∶18)旧约是在与天主关系的背景下启示出死后复活的信仰。

在伪经中有一些比较详细的描述,比如约公元150年成书的《哈诺克之书》第22章描述亡者的灵魂从阴府升起。那阴府不是死者的坟墓,而是太阳落下的西方,是一个独立的世界。在那里,义人和罪人是分开的,恶人在阴影中,而义人在明亮的水泉环绕中。复活的时间是在世界末日最后审判的时候。后来还有伪经《厄斯德拉第四书》,其中也描述亡者居住在不同的房间内,他们的灵魂仍然继续活着。在那里义人与罪人同样也已经显示出酬报的不同,不过恶人的酬报不只是处于阴影中,而是已经遭受惩罚。

新约中,路加福音第16章19到29节和第23章43节对这个中间过程有所提示。第16章中,乞丐拉匝路死后处于亚巴郎的"怀抱"中,而吝啬的富人死后处于火狱中。在第23章43节中,耶稣对那位也被钉在十字架上,向耶稣忏悔并且请求救恩的盗贼承诺:"我实在告诉你,今天你就要与我同在乐园里"。玛窦福音第10章28节则提到灵魂和肉身同下地狱的可能性:"你们不要害怕那杀害肉身,而不能杀害灵魂的,但更要害怕那能使灵魂和肉身陷于地狱中的。"死于基督内的人是永远生活的,这是新约中一个基础信念。关于死者的睡眠,在个人死亡和世界末日之间无意识的存在状态,新约中没有任何提示。

古代教会中没有任何关于灵魂不死的官方训导，可能也没有意识到其必要性。一方面根基于犹太教信仰的基督徒相信死者不会消失，他们在阴府等待复活，并且将为生前的善恶获得赏报。4世纪后，尼西亚大公会议和君士坦丁堡大公会议都谈到关于肉身复活的信仰。提到肉身复活，而不是死者复活，是因为在那个时候，肉身指整个的人，与天主相对。

1979年信理部颁发的《关于末世论的几个问题》文件中，在第2条指出，教会谈论复活时考虑的是整个人。但是在第3条指出："教会承认一个精神元素在人死后幸存，这个精神元素承载着认识和意志，如此人仍然保持存在，尽管暂时失去肉体。教会用灵魂指称这个精神元素，这是追随圣经和教会传统。"文件在第4条指出，教会一直为亡者祈祷，许多宗教都如此，如果复活在死亡时刻，祈祷还有什么意义。任何消除祈祷意义的观点都不能接受。在第5条严格区别我的幸存与永生中的人是不同的，末世主的再来 Parusia 与个人死后接受的私审判是不一样的。特别肯定圣母玛利亚灵魂肉体同时升天的情况是人间唯一特例，任何消除玛利亚升天意义的观点都不接受。《天主教教理》指出，"灵魂和肉体的结合是如此密切，以致该视灵魂为身体的'形'（forma）；这表示基于灵魂，由物质组成的身体成为一个活生生的人的身体。在人身上，精神和物质并非两个本性连接在一起，而是两者结合而成为独一的本性。……每个灵魂都直接由天主所造——并非由父母所'产生'——而且是不死不灭的：在死亡时灵魂与身体分离，但并不因此而泯灭，而会在末日复活时，重新与身体结合。有时人会把灵魂与神魂（spirit）加以区别，就如圣保禄这样祝祷说：'将你们整个的神魂、灵魂和肉身，在我们的主来临时，保持得无瑕可指。'教会教导我们，这样的区别并不构成灵魂的二元性。'神魂'是指当人被创造时，人已被赋予超性的终向，又指人的灵魂能被天主无条件地提升到与他共融的境界。"① 灵魂在肉体内的时候事实上就是开放的，某种意义上就是超越时空的，但是其完美仍然需要圣神的圣化，在于精神或者神魂的层次。

---

① 《天主教教理》365-366。

肆 炼狱

一、有炼狱吗？

炼狱是基督宗教末世论中最人情化的部分，最能够表现天主的爱和慈悲，也充分展示了天主愿意所有人得救的愿望。炼狱也肯定了死亡不是爱的界限，人不是生活在孤独中，而是处于一系列关系中，通过各种关系人成为人，不只是在生前，人死后仍然处于这种温馨的关系中，可以接受爱，接受祈祷。《天主教教理》说："那些死在天主的慈悲和友谊中的人，可是还有一些瑕疵，他们已经可以肯定获得了永远的救恩，但是在死后仍然需要经历一个炼净的过程，以达到必须的圣德，进入天堂的福乐。"①教会称炼狱是"被选者最后的净炼"，与地狱不一样。② 所以，炼狱，是最后彰显天主慈悲的地方，为了清洁所有愿意与他合一的人们的缺点。如托马斯说，那些没有失去天主友谊的人们，但是有一些障碍阻挡获得荣福直观，他们在炼狱里还有机会获得赦免。教会对炼狱的构想是：尽管死亡使得人的生命决定性地、无可挽回地确定了，但是人不必立刻进入永恒的命运决定中，虽然还有瑕疵，只要死于天主的爱内，就还有面见天主的希望，也可能一个人真正的深处的选择被一些次等的选择所掩蔽，他仍然是善良的，心里仍然有光明，所以经过炼狱他还有希望得救；另一方面，即使人忏悔了，但是仍然需要为他的行为造成的结果担负责任，仍然需要完成补赎。炼狱是一个有机会完成补赎、有机会在认识并且忏悔罪过后担负责任获得净化的地方。

教义中有三点直接涉及炼狱：1. 天主的圣德与不洁净不相容，任何瑕疵不得靠近祂；2. 许多人在这个世界中没有到达完全的纯洁；3. 与基督合一的人们享受诸圣共融，没有完全洁净的亡者有可能、也有必要获得圣人和现世人们的祈祷。炼狱观念的发展与基督论和人论相互联系，尤其是现在属于

---

① 《天主教教理》1030。
② 《天主教教理》1031。

人论中的恩宠教义和为亡者祈祷的礼仪传统。1979年关于末世论的教廷文件中拒绝任何对祈祷、葬礼、亡者礼仪的指责。国际神学委员会也特别强调为亡者祈祷的传统和地下墓窟壁画的见证。所以关于炼狱的教义基础更多的是来于教会纪念亡者的实践中。

不过,关于炼狱,在13世纪前没有确定的信理。直到1274年的里昂二次大公会议才有清晰的教导,本笃十二世1336年正式宣布炼狱为教义的一部分。后来是1439年的佛罗伦萨大公会议。两次大公会议都是以尝试与刚刚分裂的东正教和好为背景。炼狱的问题成为一个争论点,但是双方都相信生者的祈祷、施舍、善行对亡者有帮助。特兰托大公会议又针对新教的反对重申炼狱的训导,并提出可以为炼狱灵魂求大赦。

圣经中没有提到炼狱,这是反对者重要的依据。但是圣经启示人在死后灵魂仍然有得到净化的可能性,因而间接地证实了炼狱的存在。主要的经文有玛加伯下12:42-45为那些战场上牺牲的士兵祈祷和募集赎罪祭,他们是为了保卫天主的圣殿和天主的子民而战死沙场的,可是他们许多人身上携带着偶像,所以他们需要被赎罪。还有玛窦5:25-26;格前3:10-15;咏65;67;路16:22;若13:10;若一5:6等,综合形成了教父时代炼狱思想的来源。其中玛加伯下12:40-45在梵二会议文件里被教会宪章50条和《天主教教理》1032条引用。另外在伪经中也有一些证据。比如1世纪的《亚当厄娃的生活》描述舍特为死去的亚当致哀祈祷,天主慈悲为怀命令米加尔天使宣告:"舍特,不要继续爬在你死去的父亲身上了,来我这里,把他交给天主吧。他是天主的造物,天主会给他慈悲。"但是天主的慈悲并不排除惩罚:"舍特看到天主把亚当抓在手中,交给米加尔天使,说:让他在你手中接受惩罚吧,直到他的愧疚转化为喜乐的时日。"

二、炼狱学说发展的历史

在古代,希腊、罗马有敬礼死人的节日,如祭死节、死人节等等,中国的清明节也有很长的历史了,但是犹太人不给死人任何节日。处于希腊罗马社会中的教会反省这些风俗采取了自己对待死者的态度。但是使徒时代的教父对炼狱一词尚未有反省,而根据当时的一般见解,义人在死后,立刻享受天堂荣耀,尤其是为主殉道的人死后将立刻进入荣耀里,而恶人立刻受到地狱的刑罚。尤斯丁说:"义人的灵魂将去到一美好之地,不义的恶人将去到一最坏之处,等候审判的来到。"但是这在牧灵上有些困难。许多基督徒在死时未能完全圣洁,所以不能直接进入永福之境,怎么办?那是不是可以先进入一炼净的程序中,洁净后再见基督。所以炼狱思想的发展与忏悔、补赎有关。教会初期是神父领着罪人去主教那里领受补赎,进入忏悔者的行列。补赎做完后才领受宽恕。后来发展成为先赦罪宽恕,后补赎。但是二者都留有问题:如果补赎还没有做完人就死了,怎么办?初期教会没有炼狱的信理和概念,但是从2世纪起就形成了为死者祈祷、奉献弥撒的习惯,希望他们还有机会,能够完成死前没有完成的补赎,获得生前没有得到的罪赦。3世纪时为亡者祈祷已经进入了弥撒礼仪。4世纪的宗徒宪章中已含有清楚的炼狱反省。

由于基督再来的推迟,教父们开始认真思考人死到基督再来复活之间的状况。拉丁传统的教父与希腊传统的教父在观点上形成了不同的派别。其原因主要是各自所处的社会和具体问题不同造成的。西方主要遇到的是殉道和宗教迫害造成的困难,以及现实的大众牧灵问题。而北非和中东一带遇到的是灵智派的挑战和强大的希腊哲学传统的影响。西方传统中如德尔图良、西比连、奥古斯丁,比较强调炼狱的惩罚功能;东方传统中如亚利山大的克来孟、奥力金、金口若望克里索斯托莫则多描述炼狱的教育及治疗特征。德尔图良的态度主要来于圣女佩佩图的故事。她在梦中看到病死的弟弟虚弱而脏乎乎地站在一盆放在高处的水盆前,焦渴万分却不能喝到水。佩佩图解读这个梦是弟弟向她要祈祷和弥撒,于是她就为弟弟奉献了祈祷和弥撒。第二次她又看到弟弟,这时的弟弟干干净净,神清气爽,很舒服地喝水,愉快地游戏。所以德尔图良认为,在人死亡和最后复活这段时间中,如同囚牢一般,灵魂要在那里直到偿还所有的债务。类似的有西比连(+258),他需要的是牧养宗教迫害中受到伤害的灵魂。对于那些忠诚于信仰,无所畏惧的殉道者,天堂之门立即打开是没有问题的。可是也有一些基督徒,平常很虔诚行为也好,而在宗教迫害中没有勇气殉道,对偶像崇拜妥协,但在心里他们仍然有信仰,仍然希望做基督徒,渴望与教会和好。这种人在没有忏悔和补赎之前就死去了,怎么办?他们自然不能马上进入天堂,可也不至于下永恒的地狱。西比连针对这种情况,认为会有一个在死后清洁罪恶的机会。

在希腊传统中的教会,当时盛行的灵智派和强大的柏拉图、斯多亚哲学传统对教会是非常大的挑战。灵智派瓦冷替尼支在灵修观上,主张人在接受洗礼后,就进入到由圣神引导的清洁过程,其目标是相似于神的洁净,人的这个清洁过程从洗礼开始直到永恒。而获得了圣神的灵智者是可以避火的,火不能伤害他,因为有洗礼之水和圣神之风保护他。但是普通人会被火触及,火可能清洁他们,也可能摧毁他们。亚历山大的克来孟针对灵智派,就生命、死亡、不死、复活、最后的日子等问题发展了一套相当完整的教会学说。他认为在灵修升华的过程中,灵魂与肉体充分融合,不能分离,所以在最后的日子灵魂和肉体仍然要重新复合。在灵修升华的过程中,灵魂和肉体的融合也越来越紧密,在最后的日子主来临的时候,达到完美,与主共融。灵智人在死后,仍然有能力照顾那些需要自己帮助的人,在最后的日子共享主荣。所以,死去的人,如果仍然留在教会内,他们那时仍然不会与教会完全脱离关系,仍然可以得到教会内的互相照顾、互相支持,彼此分担苦难的共融,也就是这个世界上的教会和已经荣耀在天的教会的帮助。这种观点也非常符合保禄-若望神学,对他们来说,真正的区分线不是今世的生命和死亡,而是与基督共融还是没有基督,或者反对基督。这种关系开始于洗礼,虽然死亡终结人今生的历史,但是关系的深刻化和自己的清洁仍然可以在死亡的门槛之后继续发展,方式是通过向基督靠近的审判之火和教会团体的力量。克来孟的思想在奥力金和格列高里纳兹昂(+390)得到继续发展,直到若望克里索斯托莫(+407)成为体系。若望克里索斯托莫综合了希腊和圣经观点,他认为几乎所有的人都需要经过死亡之后到复活的中间过程,在其中清洁度不同的人们是分层次的,在他们的继续净化过程中,天堂的圣者和今世的人们都可以为他们祈祷、施舍、行善工、求弥撒,以帮助他们更加清洁。

中世纪还认为,炼狱是阴府中最靠近地狱的一部分;稍高部分则是婴儿界(limbus infantum),经院学派认为此地就是未受洗儿童死后拘留的地方,虽然没有任何痛苦,但在天堂之外;再高部分则是先祖界(limbus patrum),也叫做"乐园"(paradise)或"亚伯拉罕的怀里",他们说旧约的圣徒被保留在此，直等到基督下阴间后才被迁走。基督下阴间就被解释为拯救旧约圣徒，从阴间的先祖界出来。如早期教父奥利金说，基督把前世纪所有的义人，都从阴间迁到了乐园里。

希腊传统的东方教会观点，以及佛罗伦萨1439年大公会议中的争论，并不是他们没有惩罚和补赎的概念，而是不接受拉丁传统的名词。如同更早关于基督论讨论中的概念之争。他们也认为人死后需要炼净，但是不喜欢把炼狱想成一个地方，而是一种状态。他们把人死后的圣化过程看作是末世的一部分，是期待。东正教也承认有一种居间状态，灵魂在其中不必因远离天主而受到折磨，但这不是因为人的补赎，而是出于天主的恩赐。所以根据东正教传统，可以为亡者祈祷，但是不为他们奉献弥撒。

梵二会议文献《教会宪章》50条再次指出为炼狱灵魂祈祷的重要性："旅途中的教会，非常明白耶稣基督整个奥体的这种共融精神，从基督教会的初期，便以极大的热诚，孝敬追念已故的人；'因为替死者祈祷，使他们脱去罪恶，是一种神圣而有益的意念'，教会也为他们奉献祈祷。"祈祷是爱的行动，是彼此的认可与接纳，聚合祝福，改变生命环境，实现人内在的转化。祈祷使人有能力共融，有能力接受爱，养育希望，敏于感知，悟于忏悔，可以温暖冷酷的心，使延时转化为沃土。天主是爱，只有被爱充满的心才会看到天主。

不只如此，尘世的教会也纪念圣人们，"宗徒们及基督的殉难者，倾流自己的鲜血，提出了信德与爱德的伟大证据，教会始终相信他们在基督内和我们紧相连接，教会也以特殊的心情向他们和荣福童贞玛利亚及天神们，表示敬礼，虔诚地要求他们转祷助佑。此外，又有其他的人，更密切效法基督，加入了他们的行列；最后，还有那些因各种圣德的特殊操练及天主的奇恩，曾为教友们热心敬爱与师法。"我们纪念天上的神圣，并不仅是为了他们的模范，而是要藉着友爱的实行，加强天上、炼狱和世界整个教会在圣神之内的团结。对圣人们所表示的真纯敬爱，是以基督为终向，基督才是"众圣人的荣冠"。

三、对炼狱之说的反对

对炼狱的强烈反对主要来于新教。在中世纪之末,几乎所有的改教家都反对圣经中没有明确提到的炼狱教义。路德、魏克里夫(Wyclif)与胡斯(Huss)都猛力抨击。他们说炼狱是教会的发明,来于希腊文化影响。起初路德反对教会大赦的施行,但是接受炼狱,尤其是为亡者祈祷。1519年他提出否认炼狱,1524年 De Abroganda Missa 再次否认。1530年 Retractionem Purtatorii 再否认。其实路德最痛恨的是赎罪券。炼狱后来甚至成为天主教会与新教分歧的关键点。辩论涉及基础神学和神学人学,症结在恩宠问题上。因信成义,善工无用,使得炼狱没有存在的余地。新教坚持因信而得赦免,同样适合于死后生命,因此反对炼狱。加尔文反驳炼狱教义,认为炼狱可以补赎是对基督的亵渎,因为基督是唯一的赎罪祭。

新教方面,首先在人论上,他们认为:人因为原罪深刻地被腐蚀了,理性和意志都腐败了,所以内在地无法治愈。称义完全是外在来于耶稣功劳的安置;那是法律式的,只来于天主的头脑,犯罪人的行为毫无卷入。救恩完全来于天主愿意,人的行为一无所用。天主在人内看圣子的功劳而救人,如果看人的罪过,唯一的可能就是惩罚。所以炼狱问题最后触及的是人善工的功绩问题。在基督论方面:如果人在死后还存在没有完全被救赎的现象,还需要借善工和祈祷帮助成全和净化,这有损基督救恩的完满。因为炼狱的存在说明除了基督的救恩,人还需要自救,这是对基督救恩的贬损。马丁路德说基督对于人已经足够,死者的灵魂不需要经受惩罚,任何人为的努力都是多余的。① 在天人关系方面,他们认为天人对立,如果人做得多,天主就做得少。炼狱是以人的善工来净化,如果人做得这么多,天主参与的余地在哪里?

而在天主教的观点中,成义是圣化恩宠再创造性的神圣恩赐的影响,是接受来的,属于灵魂内在的,神圣恩宠圣神住在人内圣化人。这要求人与天主恩宠的合作。内在的清洁是一个漫长的过程,是非常内在的,涉及理性和

---

① Martin Luther, Widerruf vom Fegefeuer, 1530, pp. 360-390.

意志、思想和行为的清洁和更新,需要与天主的恩宠紧密合作。在人学方面:原罪伤害了人,但是没有完全破坏人的本性。人仍然有自由意志,仍然在恩宠内。基督论方面:人奉献的祈祷、善工、弥撒等有功绩完全是来于基督的救恩。基督是唯一泉源。在天人关系方面:人需要与天主合作。在合作上天主永远是主动的,天主赠与的多,人才能够做得更多。人的善工对于炼狱的灵魂有用是因为天主先给了恩宠。特兰托大公会议指出:天主的圣使我们圣;我们的义,是因为我们接受了天主在我们内心,根据圣神在我们心中的尺度。该大公会议还指出:有一个炼狱,而且,被拘留在那里的灵魂,可用信友们的善工,尤其是被天主所喜悦的弥撒圣祭来帮助。①

四、炼狱问题的本质及其当代思考

救恩是改造人内在生命的过程,这过程并不一定在死亡时完成。炼狱是人精神升华过程在死后的持续,使其有能力靠近基督,与天主共融,它不是一个地方,而是一种死后的生活方式。那时他与天主仍然保留特殊的关系,仍然生活在天主的爱与平安内,但是还没有准备好与天主面对面交谈。

不是说进入天堂一定要通过炼狱,但是实际上人很难在有生之年达到完善,或者与天主完全的和好。基督徒传统中,有为临终者敷圣油的圣事,为帮助人在这个死亡的时刻达到生命的高峰,实现与天主的完全和好,无条件服从天主的旨意。但是不是所有的人都能够实现呢?一方面,人的良心中有一些昏暗的区域,一生中总有一些伤害和压抑,不论是别人给我们的,还是我们给别人的,在死后它们仍然持续地发挥着作用,这些都阻挠我们获得真正自由,阻挠我们变得彻底光明,阻挠我们完美的喜乐。即使人的罪被宽恕,他带给世界的混乱仍然需要他负责任,带给他自己的恶果也不会因此烟消云散,而且他的罪造成的结果不仅影响别人,也影响他即使在他死后。

为了摆脱这些阻挠需要一种净化,这种净化在爱中完成。有人把炼狱的苦比喻为神秘学家们所说的暗夜。在这种状态中,人渴望天主,思慕天主,可是因尚未净化无法完全面对天主,这种刻骨铭心却又遥不可及在人的

---

① DS 1820.

内心深处形成深刻的痛苦。是爱而不能相见所带来的痛苦。但是这个人仍然处于爱中，人性的"我"被神圣的爱笼罩、弥漫，逐渐更加完全地向天主开放，逐渐挣脱自困的牢狱，越来越有能力接受天主的自我启示，越来越光明，越来越清晰地认识到自己被天主拥抱在怀中，经历到痛苦、悔恨和强烈的希望、深刻的喜乐，逐渐与天主与一切和谐共融。逐渐获得真正的心灵自由，直到心中充满爱，实现真正的自己，融于天主。事实上只有心中充满爱的人才能够看见天主，毫无保留地投入于天主。

五、炼狱之火

无法与天主面对面，意识到自己没有能力与天主进行完美的交谈，这种内心的痛苦被称为"失苦"。此苦虽然有痛苦失望，但仍然在希望中，仍然在渴望天主，且知道有一天会与天主面对面会晤。除此之外还有一种被称为"觉苦"，是外来的惩罚。传统是认为是来于火。

火，在圣经中，常常是天主的代表，圣神的象征。炼狱是爱的过程，是圣神对灵魂的深度进入，火是天主的光明、爱与喜乐之火。格林多前书3：10-15说："按照天主赐给我们的恩宠，我们像精明的建筑师，奠定了基础后，就在上面建筑。但是各人应该注意怎么样在上面建筑。除了已经奠立了根基，也就是耶稣基督外，任何人不能再奠立其它根基。人可以用金、银、宝石、木、草、禾秸，在这根基上建筑，各人的工程将来都必显露出来，因为主的日子要把它揭露出来；原来主的日子要在火中出现，这火要试验各人的工程怎样。谁在那根基上所建筑的工程存得住，他必要获得赏报；但谁的工程若被焚毁了，他就要受到损失，他自己固然可得救，可是仍像从火中经过的一样。"根据拉辛格的解读[1]，火并不存在，那是天主，上主自己其审判如火，其爱如火。它转化人，升华人，使人与基督荣耀的团体合一。人升华的困难在于人心缺乏信德靠近基督，害怕基督之火，可是这火解放人，使人自由，使人上升到天主那里。使人得救的是他自己对天主回答的"是"。不过对于我们大多数人来说，这个"是"或者"不"的基本选择往往掩盖在许多次要选择之

---

[1] J. Razinger, Escatologia, pp. 238–242.

下,它们如灰尘,如杂草,它们束缚人,限制我们的自由和成长。天主接受我们的"是",而杂质需要去除,人还需要升华,与基督的相遇就是升华,火可以成为人永恒的喜乐。进入永恒,进入永恒是指进入基督爱火,时间的深度是生命的深度,深度的进展由火实现,那是爱。本笃十六世在他第二个通谕《希望中得救》解释:

> 有些当代神学家的看法是,那燃烧并救人的火是法官和救主,耶稣自己。与祂相遇是最后审判的决定性行动。在祂的注视下,一切虚假将消失。是与祂的相遇,燃烧我们,升华我们,解放我们,使我们真正成为我们自己。我们一生中所建立的一切,可以证实只如草秸、虚张声势,而瓦解。不过在此相遇的痛苦中,我们生命中的不洁和病痛变得都很清楚,同时我们也就得救了。祂的注视,祂心的触摸,经由"如火般"的确实痛苦的改变,而治愈我们。但这是一种有福的痛苦,祂爱的神圣能力,如火焰般地深入我们,最后使我们能完全成为我们,如此也完全成为天主的。这样正义与恩宠之间的关系,也就清楚了,我们的生活方式不是无足轻重的,而我们的污秽不会永远遮蔽我们,至少只有我们还可以留着基督内,留在这里和爱内。的确,藉基督的苦难污秽已被焚毁。在审判的时刻,我们经验到并得到,祂的爱对世上和对我们本身是一切罪恶的不可抗拒的力量。爱的痛苦成了我们的救恩和喜乐。很清楚的是我们无法照世界上依年代计算,这种燃烧改变的"时期"。此相遇带来的改变"时刻"避开现世的时间推算,它是心的时间,是在基督奥体内与天主共融的"通道"时刻。天主的审判是希望,因为它是正义也是恩宠。假如它只是恩宠,会使世上的一切都无关紧要,在人类关于正义的呼求中,天主对成为负债者,这是我们对历史和天主要问的重大问题。假如它只是正义,最后只能给我们带来恐惧。天主在基督内降生成人,把审判和恩宠紧紧联系起来,使正义得以坚固:我们要"怀着敬畏和战栗"(斐2:12)迎接我们的得救。所以恩宠给我们希望,以信心与"审判官"会面,我们知道祂是我们的"护慰者"或 parakletos(参若壹2:1)。

我们彼此的爱在死后继续,这是几世纪来基督宗教主要的信念,今日它还是安慰的源泉。谁会不感到需要对他们的已亡的亲人,表达爱意、感激或甚至于寻求宽恕呢?那么有另一个问题:假如"炼狱"不过是在与主、法官和救主的会面中,藉火的净化,那么第三者如何可以干预,即使他或她与他是非常亲的?当我们问这样的问题,我们要记得没有一个人是孤立的,完全属于自己。我们的一生都与别人休戚相关,经由无数的互动而连在一起。没有人孤立而生活。没有人是独自犯罪。没有人是独自得救。别人的生活不断影响我的生活,我所想的、讲的,做的和完成的。同样,我的生活也影响别人的生活,无论是好是坏。为此我为别人的祈祷,对那个人不是不相干的,外在的,即使在死后亦然。在"存在"的彼此相连上,我对别人的感恩,为他的祈祷,在他的净化上能扮演某种角色。为此不必将现世的时刻转换为天主的时刻,在人灵的共融相通上,现世的时刻是被淘汰的。感动别人的心永不会太迟,也不会徒然。如此我们澄清了基督徒希望观念的重要因素。我们的希望也常是别人的希望,这样为我才是真正的希望。身为基督徒,我们不该只问:我怎样救我自己?而也该问:让别人得救我能做什么,使希望之星也能为他们升起?然后我要为我自己的得救尽力。

爱,是基督信仰的核心,关于炼狱的教义向我们肯定,死亡不是爱的界限。死者仍然处于共融的团体内,生活在天主的平安和爱内,最后的目的是与天主共融,诸圣相通。

炼狱之火的概念特别是在西方教会发展开来。大格列高里早已强调此为毫无疑问的信仰,他说:"我们相信人为了犯下的错谬,在审判前要经过炼净之火。"他也是清楚解说此概念的第一人。他说藉着代求和奉献能将人从火中救出来。奥古斯丁也提到过炼火。12世纪炼火变成炼狱,于是人们把那里想象得跟地狱差不多,成了各种刑法的集中营,天主似乎也是复仇的天主。同时教会接受人们的金钱大发"大赦",赎买灵魂,以减轻炼狱的痛苦。路德曾经非常痛恨的就是这个。中古世纪的经院学派与神秘派,对于炼狱有许多详细描述,他们中间大多数的人都认为这火是物质火。

早期教父已经说到炼净之火,有些人主张此火是在乐园里,有些人则说此火是最后审判时的大火。他们不常常以为这是物质火,而认为是属灵的管教。奥力金猜想,阴间,包括地狱在内,也是属于世界末了的最终之火,是洁净之火。后期希腊与拉丁教父,如三位卡帕多其亚教父、安布罗斯、奥古斯丁等,都持在居间之境有炼狱之火的观点。

六、炼狱的罪怎么赦免

炼狱的目的是为了使所有仍然留着小罪而死去的人完满清洁。国际神学委员会宣告:任何污点都阻挡与天主和基督内在的相遇。这不只是说折断和摧毁与天主的友谊,造成不可能与天主相遇的大罪,而是模糊与天主的友谊的小罪,它们也应该被清洁以便去除障碍。

一个人在对基督的信仰中死去,他的罪会得到赦免,但是罪的后果仍然存留。炼狱就是为了完成死亡前没有补赎完的暂罚和没有来得及悔改的小罪而作净化。活人和天堂中的灵魂可以为炼狱中的灵魂做出贡献,最有效的帮助是弥撒。

困难在于,罪的宽恕主要要求自由悔改。但是这些小罪怎么被宽恕呢,人死后,忏悔的时期已满,抉择的时刻已过。亚伦斯的亚历山大认为,人死前天主已经宽恕小罪,包括没有悔改的。但是这个观点普遍不被接受。托马斯认为,人死后不能再赢得功劳而获得赦免,小罪的赦免是在人死的时候得到最后抉择的机会,通过足够的忏悔而获得的。人死后在炼狱度过一段漫长的时间,在这段时间所受的苦使得小罪获得赦免,如同补赎。死亡时人可以获得忏悔的机会,而炼狱满全补赎。他得到教会的认同。博罗斯(L. Boros)说,死亡时有一个抉择机会,那时也就是炼狱。他认为,死亡时人与最内在的自我相遇,思考自己的整个存在,面对死亡的深渊完成自我实现。但是教会不接受这种观点。教会认为人死后没有能力再做决定,或者完备地运用意志。所谓的成熟与成圣不一样,圣首先是与天主的对话。炼狱应该有罪人与天主的对话,并且要求人的回答。另一方面教会还强调需要涉及他人,否则就成为自我奋斗,别人的祈祷还有什么用。

七、炼狱的痛苦和目的

清洁,是对于罪人拯救性的审判,属于基督的工程。其目的是拯救,对象是罪人,工具是审判。

传统上认为在炼狱有两种刑法:一种是遗憾,因为推迟看到天主;一种是感官上的,这是通过火产生的。与地狱不同的是炼狱的灵魂不是背对天主,而仍然是天主的朋友,在天主的爱内。在炼狱既不像在天堂,看不到天主;也不像在地狱,没有失去天主。所以这种推迟可能产生极大的痛苦对于炼狱中的灵魂,他们知道在世界上时失去了机会,而不能死后马上去享见天主,而处于一种强烈的没有满足的渴望中。他们如同在监狱里,焦急地期待相遇天主,强烈地承受着对于天堂的乡思。所以炼狱刑法的程度比任何这个世界的惩罚都更加沉重。这首先是由于推迟了见到天主。当人越是强烈地希望得到什么,而却得不到,就会更加痛苦。但是炼狱里也有很大的安慰,因为确保是处于天主的爱内,那里的痛苦是渴望的痛苦,在希望内,而地狱的痛苦是绝望的痛苦。炼狱里的喜乐和痛苦都是来于对天主的靠近和爱。他们的幸福与承受的痛苦都一样多。

拉丁传统神学中认为炼狱也有外来的加于感官上的痛苦,这在拜占庭传统中不被承认,中世纪也避开这个话题。但是有些文件引用格前3:10-15来解释。炼狱里的痛苦分各种层次和期限,随个人而不同,有的短有的长。但是长短是太阳历时间,还是心理时间?炼狱是一个地方,还是一种境界,教会文献都没有讨论。不过 Parusia 基督末世来临后再没有炼狱。

八、共融的教会

教会是"至公"的,①不分希腊人、罗马人、外邦人、犹太人、美国人、非洲人、亚洲人、欧洲人,不分奴隶、主人、富人、穷人,不分男人、女人、大人、小孩……超越种族、阶级和国籍的隔阂,教会属于所有的人。不但如此,教会

---

① 信经。

还是"诸圣相通"或者说"诸圣共融"的,也就是尘世的教会与天堂的教会和炼狱的教会互通祈祷、互通帮助,教会超越死亡。教会无法想象,如果没有诸位圣人作为会众的一部分,教会又将是怎样的呢?

第4世纪在信经中已经采用了"诸圣相通"这种称呼。梵蒂冈二次会议文献《教会宪章》49条也指出"直到主在荣耀中与众天使降来,并且摧毁死亡,一切都归于主的时候,基督徒的一部分正在现世旅途中,另一部分已经度过此世而在净炼中,另一部分则在光荣中,面见'三位一体的天主真象';可是,这一切人都在不同的等级与方式之下,共融于同样的爱主爱人之德,向我们的天主歌唱同样的光荣之曲。因为凡属于基督的每一个人,都分享祂同一的圣神,聚集在一个教会之内,彼此都依附于主。所以,旅途中的人,和安眠于主内的弟兄们之间的连系,绝不会中断,而且,按照教会永恒的信仰,这一连系会籍着精神财富的相通而加强。因为天乡的圣人们与基督之间密切联系,使整个教会在圣德的基础上更形坚固,使教会在现世奉献给天主的敬礼更加尊贵。"基督徒的期望不仅胸怀全人类和整个宇宙,而且超越生死。基督徒的爱没有界限,不论天堂的、炼狱的,还是现世的,都是天主的儿女,都在基督内组成一个家庭,团聚于同一的圣神内,彼此互爱互助,异口同声赞美至圣三位一体天主。